蔡贵龙◎著

盈余公告前股价漂移的
形成机理研究

The Study of
Pre-earnings Announcement Drift

中国财经出版传媒集团

经济科学出版社
Economic Science Press

图书在版编目（CIP）数据

盈余公告前股价漂移的形成机理研究／蔡贵龙著
. --北京：经济科学出版社，2022.6
ISBN 978 - 7 - 5218 - 3759 - 9

Ⅰ.①盈…　Ⅱ.①蔡…　Ⅲ.①股票价格 - 研究　Ⅳ.
①F830.91

中国版本图书馆 CIP 数据核字（2022）第 107545 号

责任编辑：杜　鹏　刘　悦
责任校对：王苗苗
责任印制：邱　天

盈余公告前股价漂移的形成机理研究
蔡贵龙　著
经济科学出版社出版、发行　新华书店经销
社址：北京市海淀区阜成路甲 28 号　邮编：100142
编辑部电话：010 - 88191441　发行部电话：010 - 88191522
网址：www. esp. com. cn
电子邮件：esp_bj@ 163. com
天猫网店：经济科学出版社旗舰店
网址：http://jjkxcbs. tmall. com
北京时捷印刷有限公司印装
710 × 1000　16 开　16.5 印张　290000 字
2022 年 8 月第 1 版　2022 年 8 月第 1 次印刷
ISBN 978 - 7 - 5218 - 3759 - 9　定价：88.00 元
（图书出现印装问题，本社负责调换。电话：010 - 88191510）
（版权所有　侵权必究　打击盗版　举报热线：010 - 88191661
QQ：2242791300　营销中心电话：010 - 88191537
电子邮箱：dbts@ esp. com. cn）

前　言

自 1968 年鲍尔与布朗（Ball and Brown）首次发现盈余公告股价漂移（PEAD）现象以来，大量的研究基于不同国家的数据验证了 PEAD 现象的普遍存在性，却仍无法完全解释 PEAD 现象的成因。因此，PEAD 现象是对有效市场理论的一大挑战，也是财务会计研究中一个重要的、基本的理论问题。然而，已有研究主要关注盈余公告后的股价漂移，关于盈余公告前股价漂移的研究十分匮乏。在公司盈余公告之前，股票价格已经提前异动，即盈余公告前股价漂移。盈余公告前股价漂移与盈余公告后股价漂移是相对而言的，都是属于盈余公告股价漂移的大范畴，两者在经济显著性、理论解释和监管意义上均存在较大的差异。对盈余公告前股价漂移进行研究，有助于我们重新审视 PEAD 的形态特征，并挖掘更多的学术创新，为我们进一步完善会计计量与信息披露理论、优化市场监管与内部人交易制度以及提升股票市场信息传递效率等提供新的依据和视角。

中国作为新兴转轨市场，资本市场有效性较弱，盈余公告股价漂移异象同样存在。由于中国股票市场某些制度建设滞后，公司治理水平、信息环境与市场监管等与发达国家存在较大差异，PEAD 的形态特征在中国股票市场表现出与国外市场一定的差异，主要体现为股价漂移大部分在盈余公告之前发生，而在盈余公告之后持续时间较短且迅速反转。然而，现有关于中国上市公司 PEAD 的研究也主要借鉴西方文献的做法，集中于盈余公告后的股价漂移。关于盈余公告前股价漂移的形成机理，尤其是中外上市公司 PEAD 的形态差异，我们仍然需要进一步研究。

本书在梳理国内外关于盈余公告股价漂移研究文献的基础上，结合中国股票市场重要的制度背景，识别和比较中国上市公司盈余公告前与盈余公告后股价漂移的形态差异，理论分析并实证检验中国上市公司盈余公告前股价漂移的形成机理。具体如下。

（1）通过对 A 股上市公司盈余公告股价漂移的形态进行描述，发现

PEAD 现象存在于中国资本市场且表现出一定的独特性：约 60% 的股价漂移发生在盈余公告之前，仅有约 23% 的股价漂移发生在盈余公告之后，表明在中国资本市场研究盈余公告前股价漂移具有更强的经济意义；随着时间的推移，尤其是 2007 年新会计准则的实施，盈余公告前股价漂移的幅度大幅下降，而盈余公告后股价漂移下降不太明显，表明中国股票市场的有效性得到一定的改善，但仍有待提升。

（2）通过构建研究盈余公告前股价漂移的理论分析框架，即"股票市场信息集合—市场参与者的信息获取及盈余预期形成过程—盈余公告前股票交易及股价漂移"的逻辑链条；指出在公司盈余公告之前，市场已存在各类与公司未来现金流量相关的重要信息，包括公司自身的盈余（历史盈余、盈余预测与盈余预告）与非盈余信息（公允价值与股权投资信息）、同一行业及上下游行业的公司信息等；提出解释盈余公告前股价漂移的四条作用路径：内幕信息泄露（内部人交易）、信息收集与传播（媒体报道）、信息发现与解读（分析师跟踪）、信息挖掘与利用（机构投资者持股）；在上述过程中，公司信息环境具有重要的影响。

（3）基于企业信息透明度对盈余公告前股价漂移的检验发现，首先，信息不透明的公司可能诱发更为严重的内幕信息泄露等代理问题，导致盈余公告前股价漂移的幅度显著增大；其次，在分析师跟踪人数较少、机构投资者持股较低以及内幕交易监管较弱的情况下，信息不透明导致的盈余公告前股价漂移幅度显著增大；最后，企业信息不透明也降低了股票的定价效率，导致更大幅度的盈余公告后股价漂移。

（4）基于内部人交易对盈余公告前股价漂移的检验发现，首先，较为频繁的内幕信息泄露是中国上市公司盈余公告前股价漂移的重要因素，盈余公告前较多的内部人交易导致盈余公告前股价漂移显著增大。其次，在信息环境较弱（信息透明度较低、分析师跟踪人数更少）、机构投资者持股比例较低、被证监会确定为涉及内幕交易案件的公司，内部人交易对盈余公告前股价漂移的促进作用更强；相反，随着内幕信息监管强度的加强，内部人交易对盈余公告前股价漂移的影响显著减弱。最后，盈余公告前的内部人交易也在一定程度上导致了更大幅度的盈余公告后股价漂移。

（5）基于机构投资者持股对盈余公告前股价漂移的检验发现，首先，机构投资者在盈余公告前的信息挖掘活动也会影响上市公司盈余公告前的股价漂移，机构持股较高的公司，盈余公告前股价漂移显著更大。其次，在公司信息透明度和媒体关注较低的情况下，机构持股对盈余公告前股价漂移的正向促进作用显著增强；机构异质性也对盈余漂移存在差异性的影响。最后，机构投资者在提升股票定价效率方面也存在一定的局限性，机构持股更多的公司，盈余公告后股价漂移幅度更大。

（6）基于媒体信息传播对盈余公告前股价漂移的检验发现，首先，盈余公告前较多的媒体报道加速了公司盈余信息融入股票价格的速率，导致更大幅度的盈余公告前股价漂移；其次，在公司信息透明度较低、分析师跟踪较少、机构持股较低的情况下，盈余公告前的媒体报道与盈余公告前股价漂移的正向关系更强；最后，盈余公告前的媒体报道也降低了利好消息公司盈余公告后的股价漂移。

本书研究表明，盈余公告前的股价漂移不仅由盈余公告前信息泄露所致，而是信息泄露、信息传播、信息解读和信息挖掘等过程交织作用的综合结果。基于此，本书从盈余漂移的学术研究、完善内幕交易制度、推进会计准则改革、发展机构投资者和分析师队伍、鼓励财经媒体参与治理等方面提出了若干建议。

本书的出版得到了国家自然科学基金面上项目"盈余公告前漂移的形成机理研究"（71772181）、国家自然科学基金重大项目"会计、审计对企业经营管理与宏观经济发展的影响研究"（71790603）、国家自然科学基金青年项目"基于企业集团内部网络的资本市场重大负面事件风险传染研究"（72002223）的资助，在此表示衷心感谢！

中国资本市场从建成发展至今，已取得了许多重大成果，在服务中国经济高质量发展中发挥着越来越重要的作用。信息是资本市场发展的关键要素，会计信息则是资本市场信息的重要来源，深刻影响着股票市场定价效率和良序发展。盈余漂移作为一个仍未解决的资本市场重要现象，始终是财务与会计研究一个基础且核心的研究课题。笔者希望本书的出版能够对盈余漂移领域的理论和研究提供一些有意义的参考，有助于我们更加深入地了解会计信息和信息披露在资本市场的微观经济后果，为完善我国资本市场相关制度提供一些有价值的政策启示。由于笔者水平有限，书中难免存在疏漏或不妥之处，敬请读者批评指正。

蔡贵龙

2022 年 2 月

目　　录

第1章 引 言

1.1 研究背景

1968 年，鲍尔和布朗（Ball and Brown，1968）在《会计研究杂志》（*Journal of Accounting Research*）发表了会计盈余数字的实证评价（*An Empirical Evaluation of Accounting Income Numbers*）一文，开创了会计领域的资本市场研究范式（Kothari，2001）。其中，鲍尔和布朗（1968）首次发现盈余公告后的股价漂移现象（post-earnings announcement drift），即在公司盈余公告后，如果未预期盈余为正，则存在正的超常收益，股票价格将持续向上漂移；如果未预期盈余为负，则存在负的超常收益，股票价格将持续向下漂移。根据有效市场理论（Fama，1970），股票价格应该迅速、准确地反映所有与资产价值相关的信息，投资者很难通过公开的信息获取超额投资回报。因此，盈余公告后股价漂移是对传统有效市场理论的一大挑战。

盈余公告前股价漂移（pre-earnings announcement drift）是与盈余公告后股价漂移相对而言的，都属于盈余公告股价漂移（PEAD）的大范畴，也是会计研究中一个重要的、基本的理论问题。大量文献发现，在公司盈余公告之前，企业股价已经提前反应。福斯特等（Foster et al.，1984）、伯纳德和托马斯（Bernard and Thomas，1989）发现，在盈余公告前 60 个交易日股价已经提前异动，且公告前 [-60,0] 窗口期的累计超额回报率占总窗口 [-60,60] 的累计超额回报率 60% 左右。因此，相对于盈余公告后股价漂移，盈余公告前股价漂移的经济意义更加明显。然而，纵观现有关于 PEAD 的研究，盈余公告后股价漂移受到更广泛的关注，盈余公告前股价漂移的研究则十分匮乏。

中国作为新兴转轨市场，资本市场有效性较弱，盈余漂移异象同样存在（张华和张俊喜，2004；于李胜和王艳艳，2006；孔东民和柯瑞豪，2007）。

然而，由于中国股票市场发展较晚，上市公司盈余质量、公司信息环境、市场监管与公司治理等均与成熟资本市场国家存在较大的差异（Allen et al.，2005；Jiang and Kim，2015），PEAD 在我国股票市场的表现与国外市场存在一定的差异，这可以从现有的 PEAD 文献初见端倪（见图 1 - 1）。具体体现在以下两个方面。

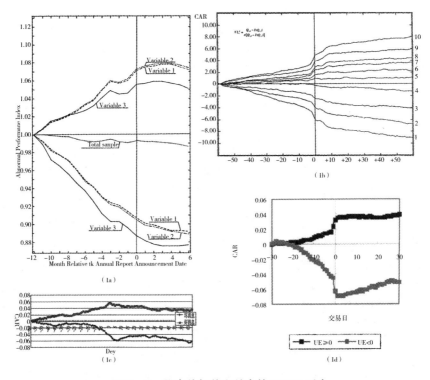

图 1 - 1　国内外相关文献中的 PEAD 形态

注：图（1a）来源于鲍尔和布朗（1968）的 FIG.1；图（1b）来源于伯纳德和托马斯（1989）的 FIG.1；图（1c）来源于于李胜（2013）的图 5 - 4；图（1d）来源于杨德明等（2009）的图 2。其中，图（1a/1b）是针对美国资本市场的研究，而图（1c/1d）是针对中国资本市场的研究。

（1）我国企业股价对盈利的反应主要在盈余公告之前实现。由于我国信息披露制度仍未完善，信息泄露和内幕交易较成熟资本市场表现得更加严重，我国上市公司股价提前异动的幅度可能更大。张华和张俊喜（2004）的研究发现，对未预期盈余为正的公司来说，盈余公告前 [-60，0] 窗口期的累计超额回报率占总窗口 [-60，120] 的累计超额回报率 67% 左右，初步提供了我国上市公司股价在盈余公告前漂移的幅度较国外市场更大的证据。

（2）基于美国数据的 PEAD 研究发现，盈余公告后股价沿着未预期盈余方向持续漂移，这一过程将持续 3 个月左右（Watts，1978；Bernard and Thomas，1989）。与国外不同，我国上市公司盈余公告后股价漂移的持续时间较短，且股价在盈余公告后迅速随之反转（张华和张俊喜，2004；杨德明等，2009）。例如，杨德明等（2009）的研究发现，未预期盈余为负的公司累计超额回报率在盈余公告后 3 ~ 4 个交易日反而开始反转向上漂移。

国内学者已经尝试对盈余公告后股价漂移进行解释（详见第 2 章的文献综述），然而，关于我国上市公司盈余公告股价漂移的形成机理，尤其是中外上市公司盈余公告股价漂移的形态差异，我们仍然有待进一步研究。由于我国上市公司股价漂移大部分在盈余公告之前发生，对盈余公告前股价漂移的研究可能更为必要（谭伟强，2013）。盈余公告前股价漂移与盈余公告后股价漂移存在紧密的联系，对盈余公告前股价漂移的研究，一方面有助于我们理解我国上市公司股价漂移为何大部分在盈余公告前发生；另一方面也能够进一步解释我国上市公司在盈余公告后的股价漂移幅度较弱甚至反转的现象。

1.2 研究问题与研究方法

本书将在梳理国内外关于盈余公告股价漂移的研究文献基础上，结合我国股票市场重要的制度背景，系统地研究中国上市公司盈余公告前股价漂移的形成机理。如图 1 - 2 所示，本书将重点研究以下三方面内容：第一，中国上市公司盈余公告前股价漂移与盈余公告后股价漂移形态的识别和比较研究；第二，中国上市公司盈余公告前股价漂移的机理研究；第三，中国上市公司盈余公告前股价漂移的实证检验。基于上述内容，本书的研究思路如下。

（1）基于现有关于盈余漂移的相关研究文献，主要梳理盈余公告后股价漂移的理论解释，并简要介绍与盈余公告前股价漂移的相关研究，从理论上分析盈余公告前股价漂移与盈余公告后股价漂移两者在经济显著性、理论解释及监管意义上的差异，从而帮助我们理解盈余公告前股价漂移的研究意义。

（2）从中国股票市场重要的制度背景出发，包括资本市场有效性较低、公司业务与商业模式创新、会计信息披露制度变革、"散户为主"的投资者结构特征及市场监管较为薄弱等，分析中国上市公司盈余漂移的制度因素，进一步地，初步描绘 A 股上市公司盈余公告股价漂移的形态，讨论我国上市公司盈余公告前股价漂移与盈余公告后股价漂移形态的差异，从而帮助我们理解在中国进一步研究盈余公告前股价漂移的价值。

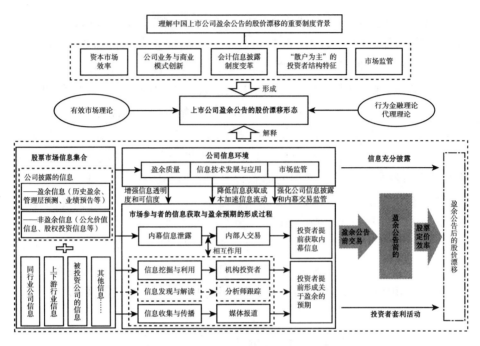

图 1-2　本书研究思路与逻辑框架

（3）结合已有研究文献，从理论上分析可能导致盈余公告前股价漂移的影响因素。首先分析公司盈余公告之前，股票市场存在的各类与公司未来现金流量相关的重要信息；其次分析市场主要参与者如何在盈余公告前获取或捕捉公司未预期盈余信息，主要包括内幕信息泄露、信息收集与传播、信息发现与解读、信息挖掘与利用四条路径。通过上述路径，投资者在盈余公告前形成盈余预期并进行股票交易，从而导致盈余公告前的股价漂移。本部分内容为后续进一步实证研究提供了一个理论性分析框架，并奠定坚实的理论基础。

（4）分别从公司信息环境（信息透明度）、内幕信息泄露（内部人交易）、信息挖掘与利用（机构持股）、信息收集与传播（媒体报道）四个角度，实证检验 A 股上市公司盈余公告前股价漂移的形成机理，在此基础上，进一步考察上述因素对盈余公告后股价漂移的影响。

本书将采用规范研究和实证研究相结合的方法对以上问题进行研究：对于第一个和第二个问题，本书主要采用文献分析和统计分析的方法，首先从文献上归纳和总结盈余公告股价漂移的研究结论，基于已有文献初步识别和分析盈余公告前和盈余公告后股价漂移的联系和区别；其次通过统计分析描述 A 股上市公司的盈余公告股价漂移形态，并进一步分析和比较我国上市公

司盈余公告前和盈余公告后股价漂移的形态差异。对于第三个问题，本书采
用文献分析和理论分析的方法，构建研究盈余公告前股价漂移的理论分析框
架。对于第四个问题，本书借助文献分析、案例研究和大样本实证检验（描
述性统计分析和多元回归分析）的方法进行研究。

通过对以上问题的回答，本书不仅能够帮助我们系统地理解我国上市公
司盈余公告前股价漂移的形成机理，也有助于我们理解我国上市公司盈余漂
移形态与国外成熟资本市场上市公司盈余漂移形态的差异。

1.3　研究意义

相对于盈余公告后股价漂移，对盈余公告前股价漂移进行研究在理论解
释、经济显著性和监管意义等方面均具有重要意义。

（1）理论解释和学术价值方面。关于盈余公告后股价漂移的研究主要基
于有效市场理论和行为金融理论的逻辑框架展开（见第 2 章文献综述），重
点在于探讨哪些因素影响盈余公告后股价漂移及对资本市场有效性的影响。
与盈余公告后股价漂移不同，盈余公告前股价漂移产生的原因主要在于投资
者在盈余公告之前便已提前获悉或预期公司未来盈余信息，这一过程受到投
资者在盈余公告前的信息搜寻和挖掘活动、信息传递和泄露的重大影响。因
此，盈余公告前股价漂移可能与盈余信息质量及其披露制度、公司治理与市
场监管、公司业务模式创新及其信息披露等有关。这些因素不仅可能影响同一
行业内企业或供应链上下游企业之间的信息传递，还可能影响企业盈余信息泄
露、内幕交易的可能性，导致公司股价提前异动。因此，相对于盈余公告后股
价漂移的研究，盈余公告前股价漂移的研究有可能挖掘出更多的学术创新。

（2）经济显著性方面。在盈余信息公告之前，股价已经提前反应，并且
大部分的股票市场反应发生在盈余公告之前。例如，基于美国数据研究发现，
盈余公告前 $[-60,0]$ 窗口期的累计超额回报率占总窗口 $[-60,60]$ 的累计
超额回报率达 60% 左右（Bernard and Thomas, 1989）。基于中国数据的研究
也发现，对未预期盈余为正的公司来说，盈余公告前 $[-60,0]$ 窗口期的累计
超额回报率占总窗口 $[-60,120]$ 的累计超额回报率高达 67% 左右（张华和张
俊喜，2004）。因此，从经济显著性方面来看，盈余公告前的股价反应远大于盈
余公告后的股价反应，研究盈余公告前股价漂移具有更重要的经济意义。

（3）信息与市场监管方面。对盈余公告后股价漂移进行研究，对于认识会计信息的作用、发展并完善有效市场理论具有重要的研究意义。而盈余公告前股价漂移的产生更多源于信息的传递、挖掘或信息的提前泄露，这涉及企业财务会计计量模式和信息披露制度、市场监管与公司治理、公司业务模式创新及其信息披露等因素。因此，对盈余公告前股价漂移进行研究，对于深入探究同一行业或供应链系统内的企业信息传递机制、完善会计计量模式和信息披露、优化信息监管、提高公司治理水平等具有重大的政策和现实意义。

结合中国特殊的制度背景和盈余漂移相关文献，在中国进一步研究上市公司盈余公告前股价漂移在理论与实践两个方面均具有重要的价值。

（1）理论价值主要体现在三个方面：第一，通过全面地识别、分析和解释中国上市公司盈余公告前股价漂移的形态，深刻揭示会计计量、盈余管理、盈余信息披露方式变化等对盈余公告前股价漂移的影响，有助于进一步完善会计计量与盈余信息披露理论；第二，通过深入分析和实证检验内幕信息泄露和内幕交易等公司治理和市场监管问题对盈余公告前股价漂移的影响，能够为进一步发展公司治理理论、市场监管与有效市场理论提供新的观点和证据；第三，通过实证检验基于供应链的业务模式、基于股权投资的业务模式和基于互联网的业务模式等商业模式创新及其信息披露对盈余公告前股价漂移的影响，可为发展公司业务模式创新的信息披露理论提供新的依据。

（2）盈余公告前股价漂移既可能是盈余信息市场效率（信息流通）提升的体现，也可能是股票市场信息环境恶化、公司代理问题（信息泄露）更加突出的反映。对中国上市公司盈余公告前股价漂移的形成机理研究和系列实证检验，有重要的实践价值：一是有助于进一步找到完善我国上市公司信息披露政策和优化股票市场信息环境的关键代理问题因素和突破口；二是有助于进一步认识各类新会计准则的作用及其局限性，为完善我国上市公司会计准则制定提供新的依据和视角；三是为监管层进一步完善我国上市公司内部人交易制度规定、加强内幕信息披露和内幕交易监管提供一定的政策启示。

1.4 本书结构安排

基于图1-2的研究思路和逻辑框架，本书结构安排如图1-3所示。

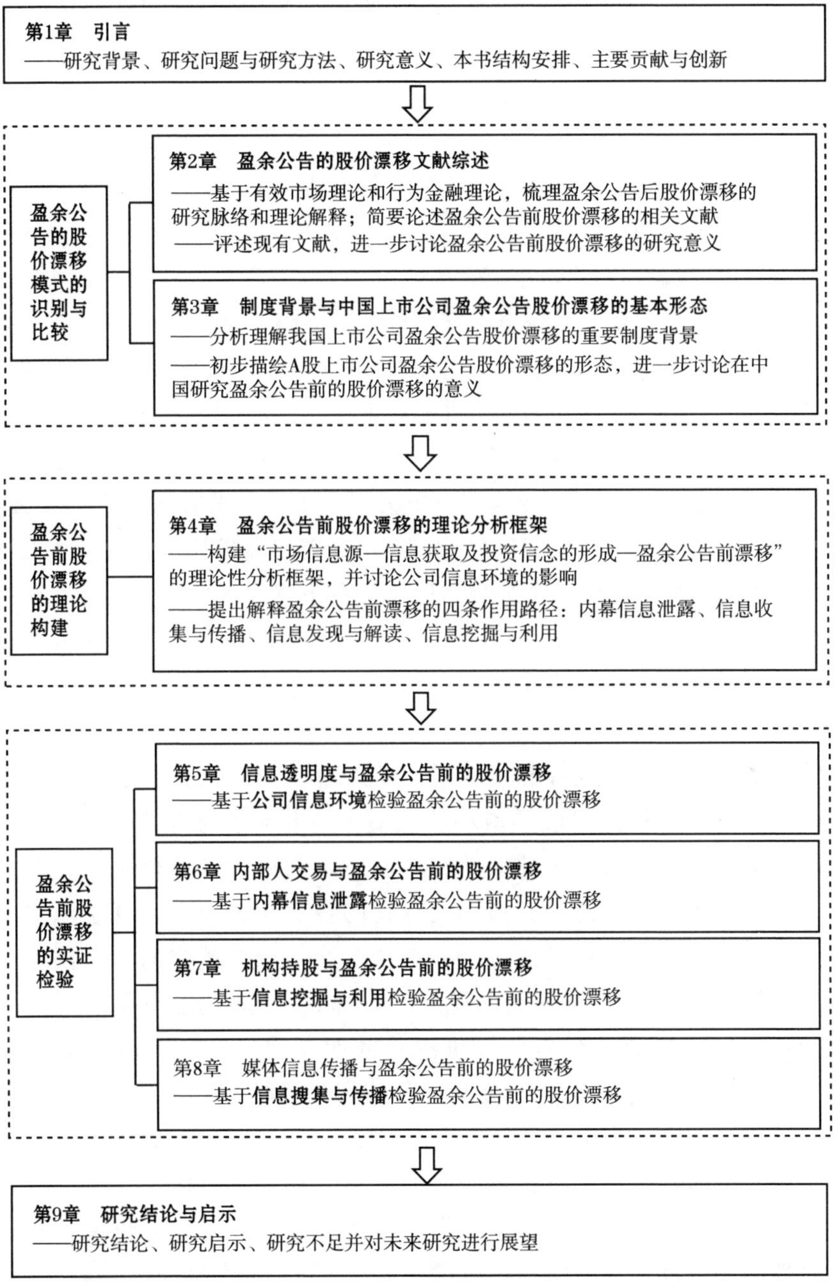

第1章　引言
——研究背景、研究问题与研究方法、研究意义、本书结构安排、主要贡献与创新

第2章　盈余公告的股价漂移文献综述
——基于有效市场理论和行为金融理论，梳理盈余公告后股价漂移的研究脉络和理论解释；简要论述盈余公告前股价漂移的相关文献
——评述现有文献，进一步讨论盈余公告前股价漂移的研究意义

盈余公告的股价漂移模式的识别与比较

第3章　制度背景与中国上市公司盈余公告股价漂移的基本形态
——分析理解我国上市公司盈余公告股价漂移的重要制度背景
——初步描绘A股上市公司盈余公告股价漂移的形态，进一步讨论在中国研究盈余公告前的股价漂移的意义

盈余公告前股价漂移的理论构建

第4章　盈余公告前股价漂移的理论分析框架
——构建"市场信息源—信息获取及投资信念的形成—盈余公告前漂移"的理论性分析框架，并讨论公司信息环境的影响
——提出解释盈余公告前漂移的四条作用路径：内幕信息泄露、信息收集与传播、信息发现与解读、信息挖掘与利用

盈余公告前股价漂移的实证检验

第5章　信息透明度与盈余公告前的股价漂移
——基于**公司信息环境**检验盈余公告前的股价漂移

第6章　内部人交易与盈余公告前的股价漂移
——基于**内幕信息泄露**检验盈余公告前的股价漂移

第7章　机构持股与盈余公告前的股价漂移
——基于**信息挖掘与利用**检验盈余公告前的股价漂移

第8章　媒体信息传播与盈余公告前的股价漂移
——基于**信息搜集与传播**检验盈余公告前的股价漂移

第9章　研究结论与启示
——研究结论、研究启示、研究不足并对未来研究进行展望

图1-3　本书的结构安排

第2章将对盈余公告股价漂移的相关文献进行综述。首先基于有效市场理论和行为金融理论的统一分析框架，重点梳理盈余公告后股价漂移的研究脉络和理论解释；其次简要介绍盈余公告前股价漂移的相关文献；最后对现有文献进行评述，分析现有盈余漂移研究存在的不足，并讨论盈余公告前股价漂移与盈余公告后股价漂移在经济显著性和理论解释等方面存在的差异，为本书重点研究盈余公告前股价漂移奠定坚实的文献基础。

第3章首先介绍一些理解我国上市公司盈余漂移的重要制度背景，主要包括我国资本市场有效性较低、近年来企业业务与商业模式的创新加速、资本市场建立以来的重要会计信息披露制度变革、以"散户为主"的投资者结构、较为薄弱的市场监管等。其次基于2002年第一季度至2016年第四季度的A股上市公司季度盈余数据，初步描绘我国上市公司盈余公告股价漂移的形态，讨论并分析我国上市公司盈余公告前股价漂移与盈余公告后股价漂移之间的联系与区别。主要发现我国上市公司股价大部分在盈余公告前反应，而盈余公告后的股价反应较弱且较为迟缓；随着时间推移，盈余公告前股价漂移的幅度大幅下降，而盈余公告后股价漂移下降不太明显，表明我国股票市场的有效性得到一定的改善但仍有待进一步地提升。最后对一些重要问题进行讨论，加深我们理解在中国资本市场研究盈余公告前股价漂移的重要意义。

第4章基于上述文献和制度背景，从理论上分析盈余公告前股价漂移的形成机理，主要构建"股票市场信息集合—市场参与者的信息获取及盈余预期形成过程—盈余公告前股票交易及股价漂移"的逻辑链条；重点分析在上市公司盈余公告之前，市场已存在的各类与公司未来现金流量相关的重要信息，包括公司自身的盈余（历史盈余、盈余预测与盈余预告）与非盈余信息（公允价值与股权投资信息）、同一行业及上下游行业的公司信息等；提出解释盈余公告前股价漂移的四条作用路径：内幕信息泄露（内部人交易）、信息收集与传播（媒体报道）、信息发现与解读（分析师跟踪）、信息挖掘与利用（机构投资者持股）。本章的目的在于，一方面帮助我们较为全面地理解影响盈余公告前股价漂移的重要因素，为后续实证研究做好铺垫；另一方面也为学者进一步研究盈余公告前股价漂移提供一个理论性的分析框架。

第5章实证检验企业信息透明度与盈余公告前股价漂移的关系，旨在探讨公司信息环境如何影响资本市场上的信息流动，进而影响盈余公告前的股价漂移。以 2002～2016 年 A 股上市公司发布的季度盈余公告为研究对象，有以下发现：首先，相对于信息透明度较高的公司，信息不透明的公司具有更高的盈余公告前股价漂移。其次，在分析师跟踪人数较少、机构投资者持股较低、内幕交易监管较弱的情况下，信息不透明导致的盈余公告前股价漂移幅度显著增大。这些结果表明，公司信息透明度较低可能诱发更为严重的内幕信息泄露和内幕交易等代理问题，进而导致盈余公告前的股价漂移。最后，相对于信息透明度较高的公司，信息越不透明的公司也具有较高的盈余公告后股价漂移，表明企业信息质量较低或信息不透明提高了外部投资者的信息风险，增强了投资者对公司盈余信息的不信任，导致盈余信息融入股价的效率降低。总的来说，本章研究表明，信息不透明既加剧了资本市场的信息不公平问题（内部人信息优势放大和外部投资者信息风险加大），也降低了股票的定价效率（盈余公告后的股价漂移更大），这将不利于我国资本市场有效性的提高。

第 6 章实证检验内部人交易对盈余公告前股价漂移的影响，旨在进一步检验内幕信息泄露是否能够解释盈余公告前的股价漂移。以 2007～2016 年 A 股上市公司季度盈余公告为研究对象，首先考察内部人交易是否具有信息优势，研究发现，盈余公告前的内部人交易活动能够有效预测未预期盈余的方向，表明内部人具有较强的信息优势。其次研究盈余公告前的内部人交易是否导致盈余公告前股价漂移，研究发现，在盈余公告前的内部人交易方向与未预期盈余方向一致（内部人净买入"好消息"公司或净卖出"坏消息"公司）的情况下，盈余公告前的股价漂移幅度显著更大。再其次在公司信息环境较弱（信息透明度较低、分析师跟踪人数更少）、机构投资者持股比例较低时，内部人交易对盈余公告前股价漂移的促进作用更强；相反，随着内幕信息监管强度的加强，内部人交易对盈余公告前股价漂移的影响显著减弱；相对于未被证监会确定为内幕交易或信息泄露的公司，被证监会确定为涉嫌内幕交易、股价操纵及内幕信息泄露的公司具有显著更大的盈余公告前股价漂移。最后研究盈余公告前的内部人交易对盈余公告后股价漂移的影响，发现盈余公告前的内部人交易也在一定程度上导致了更大幅度的盈余公告后股价漂移。本章研究表明，较为频繁的内幕信息泄露是我国上市公司盈余公告前股价漂移的重要影响因素，内部人交易不仅导致资本市场信息披露的不公平性，也降低了股票资产的定价效率。

第 7 章实证检验机构投资者持股对盈余公告前股价漂移的影响，旨在考察机构的信息挖掘与利用能否解释盈余公告前股价漂移。以 2002～2016 年 A 股上市公司发布的季度盈余公告为研究对象，研究发现：首先，机构持股较高的公司，盈余公告前股价漂移幅度显著增大。其次，在公司信息透明度和媒体关注较低的情况下，机构持股对盈余公告前股价漂移的正向促进作用显著更大，表明当公司信息环境较弱时，机构投资者的信息优势更加突出；相对于长期型机构投资者或非基金机构投资者，短期型机构投资者和基金持股较多的公司具有显著更大的盈余公告前股价漂移，表明机构异质性对盈余漂移存在差异性影响。最后，机构持股更多的公司，盈余公告后股价漂移幅度也更大，表明我国机构投资者在提升股票定价效率方面仍存在一定的局限性。本章研究表明，机构投资者在盈余公告前的信息挖掘活动能帮助其提前形成盈余预期，在一定程度上导致了盈余公告前的股价漂移。

第 8 章实证检验盈余公告前的媒体报道对盈余公告前股价漂移的影响，旨在检验媒体信息传播能否解释盈余公告前股价漂移。以 2002～2016 年 A 股上市公司发布的季度盈余公告为研究对象，首先考察媒体报道能否提供增量信息，研究发现，盈余公告前的媒体报道越正面，公司更可能发布较高的未预期盈余；盈余公告前的媒体报道越负面，公司更可能发布较低的未预期盈余，表明盈余公告前的媒体报道能够有效预测公司未来的盈利情况。其次考察盈余公告前的媒体报道能否解释盈余公告前股价漂移，研究发现，相对于媒体报道较少的公司，盈余公告前媒体报道较多的公司具有更大幅度的盈余公告前股价漂移。再其次在公司信息透明度较低、分析师报告较少、机构持股较低的情况下，盈余公告前的媒体报道与股价漂移的正向关系更强。最后研究盈余公告前的媒体报道是否影响盈余公告后股价漂移，研究发现，盈余公告前的媒体报道降低了利好消息公告后的股价漂移，而对利空消息的反应不太明显。本章研究支持了媒体报道的信息媒介作用，盈余公告前较多的媒体报道加速了公司盈余信息融入股票价格的速率，一定程度上解释了盈余公告前的股价漂移现象。

第 9 章将对全书进行总结，首先基于本书研究发现对我国上市公司信息披露、内幕交易监管、会计准则等提出一些可行的政策建议；其次从盈余公告的股价漂移整个过程（即同时考虑盈余公告前股价漂移与盈余公告后股价漂移）的角度简要讨论本书研究的价值；最后讨论本书研究存在的不足及未来的研究方向。

1.5 主要贡献与创新

绝大多数 PEAD 的研究聚焦于盈余公告后的股价漂移，关于盈余公告前股价漂移的研究较为匮乏。本书通过盈余公告前股价漂移与盈余公告后股价漂移形态的识别和比较研究，结合中国股票市场的信息环境，考察中国上市公司盈余公告前股价漂移的形成机理，在理论和实证两个方面分别具有以下研究贡献与创新。

1.5.1 理论方面的贡献与创新

（1）本书基于有效市场理论和行为金融理论的统一分析框架对现有盈余公告后股价漂移的文献进行梳理，更加系统、清晰地展示了盈余公告后股价漂移的研究脉络。这一分析框架突破了以往研究将有效市场理论和行为金融理论对立开来的局限，本书将行为金融理论与有效市场理论的研究有机地串联起来，指出基于行为金融理论的研究是在逐步放宽有效市场理论的三个重要假设基础上对盈余公告后股价漂移展开研究。对盈余公告后股价漂移的研究文献进行系统的梳理，一方面为我们进一步分析盈余公告后股价漂移找到研究的突破口和定位；另一方面也有助于我们识别盈余公告前股价漂移与盈余公告后股价漂移在理论解释方面的差异，强化对盈余公告前股价漂移研究意义的认识。

（2）本书首次提供了一个研究盈余公告前股价漂移的理论分析框架，对盈余公告前股价漂移的形成机理进行较为全面、系统的理论分析，为后续进一步研究盈余公告前股价漂移奠定了坚实的理论基础。该理论分析框架突破了国内部分学者简单地将盈余公告前股价漂移归结于信息泄露的思维定式，指出盈余公告前股价漂移不仅受到信息泄露的影响，也取决于盈余公告前的媒体信息传播、分析师和机构投资者的信息发现和挖掘能力。通过系统地分析盈余公告前股票市场存在的各类可用于推断公司未来现金流量的信息渠道（包括公司历史盈余、业绩预测与预告、公允价值与股权投资信息、同行业以及上下游行业的公司信息等），综合讨论和分析内幕信息泄露、信息收集与传播、信息发现与解读、信息挖掘与利用四条作用路径对盈余公告前股价漂移的影响，有助于我们更加全面、系统地理解盈余公告前股价漂移的形成机理。

1.5.2 实证方面的贡献与创新

本书从盈余公告前股价漂移的角度扩展了现有关于盈余公告股价漂移实证研究的视角，更加完整地描绘了盈余公告股价漂移的形态特征并实证检验盈余公告前股价漂移的形成机理，获得了更为丰富的研究结论。具体有以下内容。

（1）本书首次从公司信息透明度和内部人交易的角度对盈余公告前股价漂移进行实证检验，为我们理解信息泄露和内幕交易等代理问题影响盈余公告前股价漂移提供直接的经验证据。同时，将研究视角放宽到考虑盈余公告前与盈余公告后的股价漂移，能更加全面、完整地反映信息泄露和内幕交易对资本市场定价效率的影响。本书研究发现，内幕交易不仅加剧了盈余公告前的信息不公平问题，也降低了盈余公告后的股票定价效率，表明内幕交易活动对资本市场带来的负面影响远超过仅基于盈余公告后股价漂移得出的结论，为监管层进一步加强打击内幕交易提供了强有力的支持性证据。

（2）本书首次从媒体信息传播和机构投资者信息挖掘的角度对盈余公告前股价漂移进行实证检验，一方面有助于帮助我们理解财经媒体和机构投资者如何影响股票市场的信息流通效率；另一方面扩宽了我们理解盈余公告前股价漂移的思维，从而更好地理解实证研究中的一些研究发现。例如，如果简单地将盈余公告前股票市场反应等同于信息泄露，则可能得出盈余公告前信息泄露降低了盈余公告后股价漂移，进而得出信息泄露提高了股票定价效率的结论。这一结论显然难以被理解。相反，若盈余公告前股价漂移很大程度上由媒体信息传播或机构信息挖掘所致，则盈余公告前股价漂移较高恰恰反映了媒体信息传播和机构投资者的信息挖掘活动提高了股票市场的信息传递效率。

（3）既有关于中国上市公司盈余漂移的研究文献相对西方文献略显单薄，且研究视角单一、研究样本时间较早，无法帮助学者更好地理解中国上市公司盈余漂移的形成机理，也难以为监管层进一步提高资本市场效率提供有效的政策启示。本书紧密联系中国股票市场重要的制度背景，首先通过识别和比较中国上市公司盈余公告前与盈余公告后股价漂移形态，指出对盈余公告前股价漂移进行研究更加符合中国上市公司的盈余漂移形态特征；其次通过系统地实证检验，更充分地揭示影响中国上市公司盈余公告前股价漂移的因素；最后总结出中国上市公司盈余公告前股价漂移的理论。本书研究结论有助于我们深入理解中国上市公司盈余漂移的基本形态，也为进一步丰富和完善中国上市公司会计计量与盈余信息披露理论、公司治理理论、市场监管与内幕交易监管提供新的观点和新的证据。

第2章 盈余公告股价漂移的文献综述

本章主要综述盈余公告股价漂移的相关文献：首先，简要介绍盈余公告股价漂移的基本概念及其特征，区分盈余公告前和盈余公告后的股价漂移；其次，基于有效市场理论和行为金融理论的统一分析框架，梳理盈余公告后股价漂移的研究脉络和理论解释；最后，由于盈余公告前股价漂移的研究较少，本书将简要介绍与盈余公告前股价漂移相关的一些文献。本章一方面有助于我们从整体上把握盈余公告后股价漂移的研究现状和不足；另一方面能够凸显盈余公告前股价漂移的研究意义和理论价值，也为后续进一步深入分析和研究盈余公告前股价漂移奠定坚实的文献基础。

2.1 盈余公告股价漂移的基本概念

本书以盈余公告股价漂移（PEAD）这一概念统括盈余公告前的股价漂移（pre-earnings announcement drift，Pre-EAD）和盈余公告后的股价漂移（post-earnings announcement drift，Post-EAD），两者均是资产定价和资本市场效率研究中重要的市场异象之一，也是会计研究中一个重要的、基本的理论问题。

盈余公告后股价漂移是指公司盈余公告后一段时间内股票价格按照未预期盈余的方向持续漂移的现象。具体地，在公司公告盈余之后，如果未预期盈余为正，则存在正的超常收益，股票价格将持续向上漂移；如果未预期盈余为负，则存在负的超常收益，股票价格将持续向下漂移（Ball and Brown，1968；Bernard and Thomas，1989、1990），且这一趋势持续3个月左右（Watts，1978；Bernard and Thomas，1989）。这一现象最早由鲍尔和布朗（1968）发现，在此之后，学者们基于不同国家的数据均验证了 PEAD 现象的普遍存在性（见表2-1）。

表 2 – 1　　　　　　　　　中国与国外市场存在 PEAD 现象的主要研究

国家	代表性研究文献
中国	赵宇龙（1998）；张华和张俊喜（2004）；于李胜和王艳艳（2006）；孔东民和柯瑞豪（2007）；杨德明等（2007）；谭伟强（2008）；杨德明和林斌（2009）；特隆（Truong, 2011）；于李胜（2011）；陆婷（2012）；张肖飞（2012）；张圣平等（2014）；张然和汪荣飞（2017）；陈宋生等（Chen et al., 2017a）；蔡贵龙等（Cai et al., 2018）
美国	鲍尔和布朗（Ball and Brown, 1968）；福斯特等（Foster et al., 1984）；伯纳德和托马斯（Bernard and Thomas, 1989、1990）；弗里曼和赛（Freeman and Tse, 1989）；巴托夫等（Bartov et al., 2000）；金东哲和金明善（Kim D. and Kim M., 2003）；柯滨和拉马林格古达（Ke and Ramalingegowda, 2005）；利夫纳特和门登霍尔（Livnat and Mendenhall, 2006）；萨德卡（Sadka, 2006）；加芬克尔和索克斌（Garfinkel and Sokobin, 2006）；侯恪惟（Hou, 2007）；杰弗里等（Jeffrey et al., 2008）；赫舒拉发等（Hirshleifer et al., 2009）；艾尔斯等（Ayers et al., 2011）；钟和赫拉兹迪尔（Chung and Hrazdil, 2011）；张琦等（Zhang et al., 2013）；科瓦奇（Kovacs, 2016）；陈等（Chen et al., 2017b）
英国	休等（Hew et al., 1996）；达尔金尼杜等（Dargenidou et al., 2018）
日本	曼德和夸克（Mande and Kwak, 1996）
芬兰	布兹等（Booth et al., 1996）
新西兰	特隆（Truong, 2010）
西班牙	福尔奈尔和萨纳夫里亚（Forner and Sanabria, 2010）
澳大利亚	弗格森和马托西（Ferguson and Matolcy, 2003）
全球数据	格里芬等（Griffin et al., 2010）；黄等（Hung et al., 2015）

　　盈余公告前股价漂移是与盈余公告后股价漂移相对而言的，两者主要区别在于时间窗口的不同。在公司盈余公告之前，企业股价已经提前反应且沿着未预期盈余方向持续漂移。福斯特等（1984）、伯纳德和托马斯（1989）发现，在盈余公告前 60 个交易日股价已经提前异动，且公告前 [−60,0] 窗口期的累计超额回报率占总窗口 [−60,60] 的累计超额回报率 60% 左右。因此，盈余公告前股价漂移的幅度大于盈余公告后的股价漂移。

2.2　盈余公告后股价漂移的文献综述

　　现有文献关于盈余漂移的研究主要聚焦于盈余公告后的股价漂移，此类研究成果较为丰富。早期的研究主要基于有效市场理论的逻辑框架，从风险定价的角度尝试解释盈余公告后的股价漂移。然而，此类研究始终难以很好地解释盈余公告后的股价漂移。随着行为金融理论的兴起，学者们逐步放松有效市场理论的前提假设，从行为金融的角度对盈余公告后股价漂移进行较为丰富的理论解释。关于盈余公告后股价漂移的综述性文献较少且时间较早，科萨里（Kothari，2001）和谭伟强（2013）是仅有的两篇关于 PEAD 的综述性文献。谭伟强（2013）从有限套利的框架对相关文献进行梳理，本书则首次尝试构建基于有效市场理论和行为金融理论的统一分析框架对 PEAD 的相关文献进行梳理，具体如图 2-1 所示。

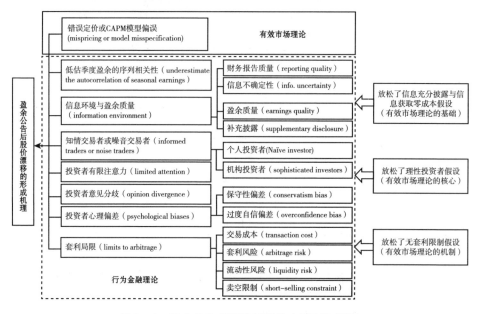

图 2-1   盈余公告后股价漂移的主要理论解释

2.2.1   盈余公告后股价漂移的文献综述：基于有效市场理论的框架

根据有效市场理论（Fama，1970），股票价格应迅速、准确地反映所有与资产价值相关的信息，投资者很难通过公开的信息获取超额投资回报。因此，盈余公告后股价漂移是对传统有效市场理论的一大挑战。

有效市场理论的成立需要满足以下三个前提假设。第一，资本市场上的信息披露充分且分布均匀，即每个市场参与者均能在同一时间得到等量等质

的信息（吴世农，1996），且信息的获取没有成本或成本几乎为零。第二，
市场存在大量的理性投资者（sophisticated investors），具体包括三个层次内
容：一是理性投资者为了追逐收益最大化将对证券价值进行理性评估和交易；
二是即使存在部分非理性投资者（Naïve investors），他们的交易行为是随机
的，不会主导资产价格；三是即使非理性投资者的交易行为并非随机发生，
理性投资者的套利交易（arbitrage activities）将消除非理性投资者对股价带来
的噪音（Friedman，1953）。第三，投资者将对新信息做出迅速的反应导致股
价发生相应变化。由于法玛（Fama，1970）提出的有效市场定义依赖较强的
前提假设，詹森（Jensen，1978）提出了更符合现实的定义，即若市场不存
在基于信息的非正常收益机会（考虑交易成本），则市场是有效的。

　　基于上述逻辑，部分学者从风险定价的角度对盈余公告后股价漂移进行
解释以维护有效市场理论。此类文章的观点一般认为，资本市场存在的各种
股价异象（如 Post-EAD）是承担了额外风险的结果，即学者在估算超额收益
时由于采用了不恰当的资产定价模型（CAPM 模型）或遗漏了某些风险因子
才导致所谓的股价异象（Ball，1978；Kim D. and Kim M.，2003）。例如，鲍
尔（Ball，1978）认为，盈余公告后股价漂移主要源于 CAPM 模型在估算超
额收益时存在的遗漏变量或模型偏误问题。福斯特等（1984）通过对比不同
的预期模型（基于盈余还是股票收益）发现，采用股票收益预期模型没有发
现盈余公告后的股价漂移，采用基于盈余的预期模型仍然发现盈余公告后存
在显著的超额收益，从而认为盈余公告后股价漂移的产生可能源于资产定价
模型的偏误。金东哲和金明善（2003）发现，当把未预期盈余风险因子
（earnings surprise risk factor）加入 Fama-French 三因子模型后，盈余公告后 60
个交易日的累积超额回报在经济意义和统计意义上均不显著；相反，若采用
传统的 Fama-French 三因子模型（Fama and French，1993）或即使加入动量风
险因子（Jegadeesh and Titman，1993）仍无法消除股价漂移。

　　部分文献基于各种资产定价模型仍然无法完全解释盈余公告后股价漂移
的现象。伯纳德和托马斯（1989）的研究发现，无论是基于 CAPM 模型 β 系
数的变化，还是采用 APT 套利定价模型进行风险调整，均无法完全解释 Post-
EAD 现象，因而没有证据支持遗漏风险因子导致 Post-EAD 的结论。类似地，
迪亚和席瓦库马尔（Chordia and Shivakumar，2006）发现，即使采用 Fama-
French 三因子模型进行风险调整后盈余公告后的股票超额收益仍具有较高的
显著性。萨德卡 G. 和萨德卡 R.（Sadka G. and Sadka R.，2003）进一步将流

动性风险加入三因子模型，尽管发现新的资产定价模型对盈余漂移的解释力大大提高了，但仍无法完全消除盈余公告后股价漂移现象。吴世农和吴超鹏（2005）基于中国数据也发现，通过三因子模型调整风险后盈余惯性现象仍然存在，不支持风险定价假说。综合上述文献，基于有效市场理论框架（风险定价）对 Post-EAD 的研究未能完全解释盈余公告后的股价漂移现象。这一观点与科萨里（Kothari，2001）一致，作者在对 Post-EAD 文献进行综述后认为，由于 PEAD 几乎在每个季度均被发现且主要集中在盈余公告前后的短窗口内，基于风险衡量偏差的视角解释 PEAD 难以令人信服。

2.2.2 盈余公告后股价漂移的文献综述：基于行为金融理论的框架

由于有效市场理论在解释 Post-EAD 方面不太理想以及行为金融理论的兴起，学者们基于行为金融理论的框架对 Post-EAD 进行解释，取得了较为丰富的研究成果。与有效市场理论不同，行为金融理论放松了有效市场理论的三个前提假设，一方面承认资本市场上的投资者非完全理性，投资者认知局限或心理偏差对资产定价具有重大影响；另一方面认为市场中存在诸多套利限制，即使是理性的投资者也难以充分进行套利交易消除投资机会。因此，本书尝试从有效市场理论的三个前提假设出发，将现有基于行为金融理论对 Post-EAD 的研究文献划分为三类进行综述：第一，放松信息充分披露假设（有效市场理论的基础）的研究，即从信息环境和盈余质量角度对 Post-EAD 的解释；第二，放松理性投资人假设（有效市场理论的核心）的研究，即从投资者非理性行为对 Post-EAD 的解释；第三，放松无套利限制假设（有效市场理论的实现机制）的研究，即从投资者面临的各种套利限制对 Post-EAD 的解释。

2.2.2.1 信息环境与盈余质量的角度

有效市场理论成立的基础在于市场信息是充分披露和均匀分布的，因此，每一个市场参与者均能以较低的成本获得等质等量的信息。然而，现实中市场参与者可以获得的信息集存在较大差异，且这一差异受到企业信息环境和盈余质量的重大影响。盈余公告后股价漂移的实质是投资者对当期盈余信息的反应不足（under-reaction），即投资者未能完全识别当期盈余包含的企业未来盈余的信息（Bernard and Thomas，1990；Bartov，1992；Ball and Bartov，1996；Rangan and Sloan，1998；Soffer and Lys，1999；Cao and Narayanamoorthy，2012）。在企业信息环境或盈余质量较差的情况下，投资者难以及时获取充分、准确的信息，面临较高的信息风险和不确定性，这将加剧投资者反应不足的问题并导致更高的盈余公告后漂移（Francis et al.，2007）。因此，企业信息环境与盈余质量在一定程度上能够解释 Post-EAD。

（1）信息不确定性的影响。张晓虎（Zhang，2006）考察了企业信息不确定（information uncertainty）对盈余公告后股价漂移的影响，作者发现，企业信息不确定性较大加剧了投资者认知偏差（过度自信）进而导致更大幅度的盈余公告后股价漂移，作者进一步指出，更透明的公司信息披露有助于降低信息不确定性从而提高新信息融入股价的效率。弗朗西斯等（Francis et al.，2007）基于贝叶斯理性学习理论指出，投资者将降低信息不确定性较大的盈余信息在投资决策中的权重，只有在信息不确定消减之后才逐步提高盈余信息的决策权重，作者发现，信息不确定性较大的公司具有较低的盈余公告日市场反应和更大幅度的盈余公告后股价漂移，支持了这一假说。进一步地，张琦等（Zhang et al.，2013）的研究发现，在考虑交易成本因素后信息不确定几乎不影响盈余公告后股价漂移，因此，信息不确定或信息风险主要通过提高交易成本影响 Post-EAD。国内方面，于李胜和王艳艳（2006）基于中国数据同样发现，企业信息不确定性增强了盈余公告后的股价漂移。

（2）财务报告质量。公司财务报告质量（financial reporting quality）也对投资者解读盈余信息影响重大。财务报告质量较差将提高投资者分析和获取公司真实盈余信息的成本从而导致投资者反应不足。李（Lee，2012）的研究发现，财务报告可读性（financial report readability）较差的公司具有显著更大的盈余公告后股价漂移，且在分析师跟踪人数较少和机构持股较低的公司作用更强，表明财务报告可读性加重了投资者处理信息的负担及对盈余信息反应不足的问题。黄等（Hung et al.，2015）则以国际财务报告准则（IFRS）的实施为财务报告质量的外生冲击事件，发现相对于未采用 IFRS 的公司，采用 IFRS 的公司具有显著更低的盈余公告后股价漂移，且这一积极作用在机构持股较多、交易成本较低和套利限制较少的公司更加明显。因此，IFRS 的实施提升了公司信息质量，增强了投资者的信息处理能力，进而加速了盈余信息融入股价的速度。

（3）盈余质量的影响。首先，盈余公告后的股价漂移是未预期盈余大小及其持续性的函数（Cao and Narayanamoorthy，2012）。盈余质量（earnings quality）可能在两个方面影响 Post-EAD：第一，盈余管理程度较大，盈余的可信度较低，投资者可能降低盈余信息在其股票投资决策中的权重（Brav and Heaton，2002；Francis，2007），因此，对于前期盈余管理程度比较严重的公司，未预期盈余对股价的影响较弱；第二，盈余管理程度较大的企业，盈余持续性也较低（Richardson et al.，2005），从而 Post-EAD 程度较低。柯林斯和赫里巴尔（Collins and Hribar，2000）的研究发现，应计异象与盈余公告后漂移的叠合将加大股价漂移的程度，即应计盈余越小、未预期盈余越大的组合获得的超额收益率最高，而应计盈余越大、未预期盈余越小的组合将获得最低的收益率。路易斯和孙（Louis and Sun，2011）发现了类似的结果，由于管理层在未预期盈余较高（低）时可能通过负（正）的应计盈余平滑盈余，PEAD 程度受到盈余管理方向的影响。席瓦库马尔（Shivakumar，2006）研发发现，由于现金流量的持续性更高，相对未预期应计盈余，未预期现金流量与盈余公告后超额收益率的相关程度更大。此外，弗格森和马托西（Fergusona and Matolcsy，2004）以审计质量衡量公司盈余质量进而研究审计质量对盈余漂移的影响，作者发现，聘请大型审计师事务所进行审计的公司具有显著较低的盈余公告后股价漂移，表明审计质量较高的公司提高了盈余信息质量及可信度，使盈余信息更快地融入股价。国内研究方面，于李胜和王艳艳（2006）以盈余管理程度衡量企业信息环境，发现盈余管理较大的公司具有显著更大的盈余惯性。然而，杨德明等（2007）的研究并没有发现盈余质量对盈余惯性有显著的影响。

其次，盈余持续性（earnings persistence）直接反映了企业当期盈余包含未来盈余信息的程度，盈余持续性是影响 Post-EAD 的重要因素。盈余持续性较高，表明当期盈余增长部分更可能延续至下一会计期间，当期盈余预测未来盈余的能力更强。如果投资者能够识别盈余持续性差异对未来盈余的影响，则盈余持续性对盈余公告后的股价反应无显著影响；相反，如果投资者低估或无法识别盈余持续性差异对未来盈余的影响，则盈余持续性可能解释盈余公告后股价漂移的现象，且盈余持续性越高，盈余公告后股价漂移的程度越大（Chen，2013；Amir et al.，2015）。然而，关于盈余持续性与 Post-EAD 的关系，现有研究结论仍存在一定的分歧。埃米尔等（Amir et al.，2015）将盈余分解为收入和成本并计算各个盈余成分的持续性，发现投资者无法分辨各盈余成分的持续性存在的差异，因而造成错误估计盈余持续性并导致 Post-

EAD 的发生。陈（Chen，2013）分别计算了每个公司的时间序列持续性（time-series persistence）和随时间变化的持续性（time-varying persistence），发现随时间变化的持续性与盈余公告后股价漂移显著正相关，而时间序列持续性与盈余公告后股票反应无显著关系，表明投资者无法识别随时间变化的盈余持续性差异，而能够完全分辨出时间序列持续性的差异。类似地，曹和纳拉亚纳摩西（Cao and Narayanamoorthy，2012）研究盈余波动对盈余漂移的影响，发现盈余波动较小的公司具有较高的盈余持续性，从而导致更大幅度的盈余公告后股价漂移。白天玺和黄志忠（2015）基于中国的数据发现了类似的结果。然而，门登霍尔（Mendenhall，2002）的研究发现，盈余公告后的股价漂移程度与盈余持续性不显著正相关，表明投资者不仅意识到季度未预期盈余的自相关特性，且能完全识别盈余持续性差异给企业未来盈余产生的影响。

最后，会计稳健性（accounting conservatism）通过作用于盈余持续性而影响 Post-EAD。会计稳健性指对盈利的确认标准高于损失，即坏消息的确认相对于好消息更及时（Watts，2002）。巴苏（Basu，1997）的研究发现，相对于盈利或利润增长的公司，当期亏损或利润下降的公司均值反转（mean revert）的可能性更大，从而盈余持续性较低。纳拉亚纳摩西（Narayanamoorthy，2006）以公司是否亏损或利润下降衡量会计稳健性，同样发现亏损或利润下降的公司盈余持续性较低，进一步，亏损或利润下降的公司盈余公告后股价漂移的幅度较小，这些结果表明投资者无法识别（低估）会计稳健性包含的盈余自相关特性的信息。

（4）补充性信息披露或自愿性信息披露的影响。为了帮助投资者更好地理解公司盈余信息，上市公司在发布盈余公告的同时可能自愿披露（voluntary disclosure）或补充披露（supplementary disclosures）其他信息，以提供更多相关的信息缓解投资者对公司盈利前景的不确定性，使投资者对当期盈余做出更快的反应并降低盈余公告后股价漂移的幅度（Zhang，2012）。其中，部分上市公司自愿披露管理层关于下一期的盈利预测信息以帮助投资者对盈余信息做更为准确的解读。王（Wang，2008）的研究指出，与未发布盈利预测的公司相比，发布管理层盈利预测的公司具有更小幅度的盈余公告后股价漂移，且这一积极效应随着管理层盈利预测质量的提升而显著增大。然而，管理层盈利预测对股价的影响受到其历史准确度的影响。类似地，李和赛（Li and Tse，2008）发现，同时发布盈余公告和管理层盈利预测的公司具有更低的盈余公告后股价漂移，对于公司前期管理层盈利预测越准确的公司，盈余公告后的股价漂移消失了，表明公司发布盈余公告并补充披露盈利预测有助于分析师和投资者更好地获取未来盈余的信息。张（Zhang，2012）的研究也发现，管理层盈利预测的准确度有效地降低了盈余公告后的股价漂移。此外，部分公司也会通过召开业绩说明会向投资者解释和评价过去阶段取得的业绩及未来业绩展望，这有助于投资者更好地理解公司盈利信息。金布罗（Kimbrough，2005）的研究发现，对于那些在盈余公告日附近召开业绩说明会的公司，分析师的预测误差及盈余公告后股价漂移幅度显著降低，表明自愿召开业绩说明会有助于分析师和投资者更好地理解当期盈余包含的未来盈余信息。

2.2.2.2　投资者非理性行为的角度

理性投资者是有效市场理论的核心假设。理性投资者通过收集信息、评估股票价值并进行套利交易，能够促进公司股价回归基本价值水平。然而，完全理性的投资者几乎不存在。噪音交易者的存在、投资者的注意力有限、投资者心理偏差和意见分歧等已被证明是 Post-EAD 的重要影响因素。

（1）知情交易者和噪音交易者的影响。知情交易者（informed traders）指拥有私有信息的交易者，一般认为机构投资者是一类重要的知情交易者。市场参与者系统性低估未预期盈余的序列相关性导致了盈余公告后的股价漂移（Bernard and Thomas，1990；Bartov，1992；Ball and Bartov，1996），故投资者成熟度对于 PEAD 具有重大的影响。然而，现有研究结论仍存在较大的不一致。巴托夫等（Bartov et al.，2000）是较早一篇探讨机构投资者影响 Post-EAD 的研究，作者发现，机构持股比例与盈余公告后股价漂移幅度显著负相关，表明机构投资者更加理性（sophisticated investors）。柯滨和拉马林格古达（Ramalingegowda，2005）进一步探讨了机构投资者影响 Post-EAD 的机制，发现短期型机构投资者能有效识别未预期盈余的序列相关特征并进行套利交易，结果显著降低了盈余公告后的股价漂移。陈等（Chen et al.，2017b）的研究发现，机构投资者的羊群行为若与未预期盈余方向一致（herd in the same direction of earnings surprises），则盈余公告后的股价漂移幅度更大，这使盈余信息更快地融入股价并保持平稳，作者认为，机构投资者的这类羊群行为提高了股票定价效率。米利安（Milian，2015）指出存在非理性的套利交易者（unsophisticated investors），这些非理性的套利交易者试图对盈余公告后股票超额收益进行套利交易，导致盈余公告后股价反转现象（即盈余公告前股票超额收益较高组的股票在盈余公告后的市场回报反而较低）。与国外研究结论不同，国内类似研究普遍发现机构投资者加剧了盈余公告后的股价漂移，且不利于资本市场定价效率的提升。孔东民和柯瑞豪（2007）的研究发现，我国上市公司盈余公告后的股价漂移主要由机构投资者驱动。由于卖空限制，机构投资者使上市公司在发布好消息之后表现出更大幅度的股价漂移。蔡贵龙等（Cai et al., 2018）发现了类似的结果，作者进一步研究发现，我国机构投资者的羊群行为导致了更大幅度的盈余公告后股价漂移，且不利于股价的稳定。

　　部分研究考察内部人交易对 Post-EAD 的影响。由于公司内部人更容易接触公司内幕信息，内部人也常被认为是一类重要的知情交易者。盈余公告前的内部人交易使更多的盈余信息提前融入股价，导致较低的盈余公告后股价漂移；然而，当盈余公告前的内部人交易与未预期盈余方向一致时反而导致较高的盈余公告后股价漂移，表明市场无法有效识别这类内部人交易包含的信息含量（Choi et al., 2017）。部分研究发现，盈余公告后的内部人交易对盈余公告后股价漂移具有重要影响（Dargenidou et al., 2018）。盈余公告后内部人交易方向与未预期盈余方向相反的情况下，盈余公告后的股价漂移基本不存在；相反，若盈余公告后内部人交易方向与未预期盈余方向一致，则盈余公告后的股价漂移更高，表明盈余公告后的内部人交易能够帮助投资者更好地理解未预期盈余对公司价值的实质影响。

　　个人投资者一般被认为是天真型投资者（Naïve investors or unsophisticated investors）或股票市场上的噪音交易者（noise traders），相比机构投资者，个人投资者更难以识别盈余的序列相关特征，因而常常被认为是导致 Post-EAD 的一类重要投资者。巴塔查里亚（Bhattacharya, 2001）、巴特利奥和门登霍尔（Battalio and Mendenhall, 2005）将交易划分为大规模交易和小规模交易，均发现小规模交易者（small investors）更偏好于采用随机游走模型作为盈余预期，作者认为，小规模交易者的活跃度是盈余公告后股价漂移的主要来源。然而，此类文章均没有直接衡量个人投资者，交易规模不一定能很好地捕捉个人投资者的影响。赫舒拉发等（Hirshleifer et al., 2008）使用个人投资者交易账户研究个人投资者对 Post-EAD 的影响，没有证据支持个人投资者交易加剧了盈余公告后的股价漂移。张肖飞（2012）使用我国某营业部的个人投资者交易数据同样发现，个人投资者的交易活动并非是 Post-EAD 的驱动因素。

（2）投资者有限注意力的角度。投资者的有限注意力（limited investor attention）也被认为是投资者非理性的一个表现，因而成为理解投资者对盈余信息反应不足和盈余漂移的重要因素。德拉维尼亚莱和波莱（Dellavigna and Pollet，2009）通过理论模型推论得出，由于投资者的注意力有限，当公司公告盈余信息时只有部分投资者注意到，盈余公告时股价对信息不能完全反应；随着越来越多的投资者关注到这一信息并进行交易，盈余信息才逐渐融入股价，表现为盈余公告后的股价漂移。进一步地，作者发现，周五公告的盈余信息相对于其他时间公告的盈余具有显著更大的股价漂移，证实了投资者有限注意力是产生 Post-EAD 的重要因素。赫舒拉发等（Hirshleifer et al.，2009）以同一天发布的盈余公告数量作为投资者注意力有限问题更严重的场景，发现同时发布的盈余公告数量较多的情况下，投资者注意力越分散，股价漂移的现象更为严重。类似地，赫舒拉发等（Hirshleifer et al.，2011）通过理论模型也支持了上述论断。黄等（Hung et al.，2015）发现，财务报告质量的提高显著降低了盈余公告后的股价漂移，且在那些受到注意力更分散的公司更显著，也支持了有限注意力的假说。张圣平等（2014）认为，盈余公告后两天内的媒体报道可以引导投资者的关注，媒体报道较多的公司盈余公告后股价漂移幅度显著降低，支持了媒体报道缓解投资者有限注意力并加速盈余信息融入股价的假说。

（3）投资者认知偏差的影响。部分文献从投资者的心理偏差（psychological bias）和意见分歧（opinion divergence）等认知偏差（cognitive biases）的角度对 Post-EAD 进行解释。丹尼尔等（Daniel et al.，1998）和费舍尔（Fischer，2001）通过构建理论模型认为，投资者对私有信息过度自信而忽略市场信息（过度自信偏差假说，overconfidence in private information）是盈余漂移的一个重要因素。巴尔贝里斯等（Barberis et al.，1998）通过理论模型推论得出盈余公告后的股价漂移受到投资者保守性偏差（conservative bias）的影响，即投资者在获得新信息时难以及时更新原有的信念导致对新信息反应不足。实证研究方面，梁（Liang，2003）认为，若投资者决策更依赖于自己收集的信息（私有信息），则投资者意见分歧更大时将导致更大幅度的盈余漂移，实证检验的结果支持了过度自信偏差假说。然而，加芬克尔和索克斌（Garfinkel and Sokobin，2006）认为，投资者意见分歧表示一种股票投资风险，盈余公告日附近的交易量越大表明投资者对于盈余信息的意见分歧越大以及股票的风险更大，故投资者意见分歧越大的公司具有显著较高的盈余公告后超额收益。吴世农和吴超鹏（2005）基于中国数据认为，投资者框架依赖性偏差是盈余漂移的重要来源，即投资者对盈余信息的反应依赖于信息度量的方式。

2.2.2.3　套利局限的角度

投资者套利活动是有效市场理论的重要实现机制。然而，受到交易成本、套利风险（arbitrage risks）、卖空限制（short sales constraints）和流动性风险（liquidity risk）等因素的影响，投资者套利活动受到一定的限制（arbitrage constraints），从而无法完全消除噪音交易者对股价的影响。

（1）交易成本的影响。投资者交易成本（transaction costs）包括信息获取成本、买卖价差和印花税等。这些交易成本限制了理性投资者交易获利的可能性和交易的积极性，理性投资者只有在投资收益超过交易成本时才会进行交易，这将造成新信息无法及时、完全地融入股价。伯纳德和托马斯（Bernard and Thomas，1989）发现，盈余公告后的累积超额收益率尽管跟随未预期盈余的大小而同向变化，但均不会超过交易成本这一上限，表明交易成本是造成盈余公告后股价漂移的主要因素。然而，作者并未对此进一步实证检验。布尚（Bhushan，1994）首次从实证角度证实了交易成本对 Post-EAD 的影响，作者采用股价和股票交易金额衡量交易成本，股价或股票交易金额越高则交易成本越低，研究发现，股票交易成本较高的公司具有显著更大幅度的盈余公告后股价漂移。股价是交易成本一个较为粗糙的衡量指标，采用市场微观数据构造更为贴切的衡量指标，相关研究发现，交易成本较高的公司在盈余公告日的市场反应较弱，且盈余公告后股票超额收益率更高（Ng et al.，2008），同样支持了交易成本是股价漂移的重要影响因素。迪亚等（Chordia et al.，2009）研究发现，盈余公告后股价漂移主要存在于流动性较差的公司，而流动性较差的公司具有更高的交易成本，因此，交易成本是 PEAD 的主要决定因素，能够解释 70% ~ 100% 的盈余公告后超额收益。张琦等（Zhang et al.，2013）提出了一个研究信息风险和交易成本的统一框架，发现在控制交易成本之前，信息风险较高的公司具有更大的盈余漂移；而在考虑交易成本之后，信息风险对盈余漂移不再具有解释力度，且采用四因子风险定价模型估算盈余公告后超额收益也不显著异于 0，因而认为，交易成本才是影响盈余惯性的主要因素。

（2）套利风险和卖空限制的影响。公司特质性风险（idiosyncratic risks）

可能阻碍投资者的套利活动（Wurgler and Zhuravskaya, 2002; Shleifer and Vishny, 1997）。进一步地，部分研究将特质性风险定义为套利风险，发现股票套利风险显著加大了盈余公告后的超额收益率，表明套利风险降低了套利者从盈余惯性获利的意愿从而导致对公司盈余信息反应不足（Mendenhall, 2004）。除了套利风险外，卖空交易作为一种常见的套利机制也在各个国家受到一定的政策限制。以中国为例，卖空机制（融资融券）一直到2010年才开始在个别股票实现，且投资者仍然面临较高的卖空成本。郑（Zheng, 2009）的研究发现，公司发布坏消息或好消息公告之后，卖空交易活动显著增加，但卖空交易只加速了好消息公司的股价回归基本面水平，却没有证据显示卖空交易加速了坏消息融入股价。相反，拉瑟等（Lasser et al., 2010）的研究发现，卖空机制对 Post-EAD 具有重要的影响，具体地，卖空交易降低了好消息公司的股价向上漂移幅度（盈余公告后正的超额收益更大），却加剧了坏消息公司的股价向下漂移幅度（盈余公告后超额收益更小）。因此，卖空机制对盈余公告后股价漂移的影响存在不对称性。伯默尔和吴（Boehmer and Wu, 2012）针对坏消息公司进行研究发现，卖空活动更多的公司在发布坏消息后的盈余漂移消失了，而卖空活动较少的公司仍具有显著向下的股价漂移，表明卖空机制降低了坏消息公司的盈余漂移，加速了坏消息融入公司股价。

（3）流动性风险的影响。股票流动性反映了投资者能够以较低的成本进行买卖交易且不会对股票价格产生较大的冲击。萨德卡（Sadka, 2006）将公司层面的流动性分解为固定部分和变动部分，变动部分的流动性属于不可分散风险，即为流动性风险，研究发现，流动性风险越大的公司具有显著更大的盈余公告后股价漂移。迪亚等（Chordia et al., 2009）的研究发现，盈余公告后股价漂移主要存在于流动性较差的公司。国内研究方面，谭伟强（2008）的研究发现，坏消息的公司具有更差的流动性和不确定性，且好消息公司相比于坏消息公司对流动性更为敏感，表明盈余惯性是股票价格对流动性补偿的结果。

总的来说，关于 Post-EAD 的研究主要围绕有效市场理论和行为金融理论的研究思路展开，先从有效市场理论的风险定价角度出发，到逐步放松有效市场理论的三个假设：信息充分披露假设—理性人假设—成本为零的套利活动，从行为金融的角度对 Post-EAD 的形成机理进行检验。表 2 - 2 是部分主要的研究文献。

表 2 - 2   盈余公告后股价漂移的主要研究视角与研究文献

理论	研究视角	主要相关文献
有效市场理论	错误定价或 CAPM 模型偏误	Ball（1978）；Foster et al.（1984）；Kim D. and Kim M.（2003）
行为金融理论	**1. 信息环境与盈余质量的角度**	
	信息不确定性	Francis et al.（2007）；Zhang（2006）；Zhang et al.（2013）；于李胜和王艳艳（2006）
	财务报告质量	Hung et al.（2015）；Lee（2012）
	盈余持续性	Amir et al.（2015）；Cao and Narayanamoorthy（2012）；Chen（2013）；Mendenhall（2002）；白天玺和黄志忠（2015）
	盈余管理	Collins and Hribar（2000）；Louis and Sun（2011）；Shivakumar（2006）；Fergusona and Matolcsy（2004）；于李胜和王艳艳（2006）；杨德明等（2007）
	会计稳健性	Narayanamoorthy（2006）
	补充性披露	Wang（2008）；Li and Tse（2008）；Kimbrough（2005）；Zhang（2012）
	2. 投资者非完全理性的角度	
	低估季度盈余的序列相关性	Bernard and Thomas（1989）；Foster（1977）；Ball and Bartov（1996）；Soffer and Lys（1999）；Rangan and Sloan（1998）；Mendenhall（2002）
	知情交易者或噪音交易者	Bartov（2000）；Bhattacharya（2001）；Battalio and Mendenhall（2005）；Ke and Ramalingegowda（2005）；Hirshleifer et al.（2008）；Campbell et al.（2009）；Milian（2015）；Chen et al.（2017b）；Choi et al.（2017）；Cai et al.（2018）；Dargenidou et al.（2018）；孔东民和柯瑞豪（2007）；张肖飞（2012）
	投资者有限注意力	Hirshleifer et al.（2009、2011）；Dellavigna and Pollet（2009）；Hung et al.（2015）；张圣平等（2014）
	投资者心理偏差	Barberis et al.（1998）；Daniel et al.（1998）；Fischer（2001）；Liang（2003）；吴世农和吴超鹏（2005）
	投资者意见分歧	Liang（2003）；Garfinkel and Sokobin（2006）
	3. 套利局限的角度	
	交易成本	Bernard and Thomas（1989）；Bhushan（1994）；Ng et al.（2008）；Chordia et al.（2009）；Zhang et al.（2013）
	套利风险	Mendenhall（2004）
	流动性风险	Sadka（2006）；Chordia et al.（2009）；谭伟强（2008）
	卖空限制	Boehmer and Wu（2012）；Lasser et al.（2010）；Zheng（2009）

2.3　盈余公告前股价漂移的文献综述

福斯特等（Foster et al.，1984）、伯纳德和托马斯（Bernard and Thomas，1989）较早便指出盈余公告前股价漂移的现象，发现在盈余公告前60个交易日股价已经提前异动，且公告前［-60,0］窗口期的累计超额回报率占总窗口［-60,60］的累计超额回报率60%左右。然而，直接研究盈余公告前股价漂移的文献至今仍比较匮乏，且未成体系。因此，这里只论述部分相关的文献。

（1）信息传递的角度。部分研究从信息传递（information transfer）的角度研究盈余公告前的股价漂移。市场上存在诸多与公司盈余相关的信息，即使公司未公告盈余信息，市场参与者仍然可以通过其他渠道信息预判公司的盈利情况，提前做出股票交易。其中，最为常见的即为同行业内的信息传递。伊顿等（Eaton et al.，2010）的研究是仅有的一篇直接探讨盈余公告前股价漂移的文献。作者将盈余公告前漂移定义为同行业内较早公布盈余的公司之后，较晚公告盈余的公司之前的时间窗口，较晚公告盈余公司在自身盈余公告前的股价漂移。研究发现，较早公告盈余的公司对未公告盈余公司的股价具有一定的预测能力，表明市场对同行业内盈余信息之间的相关性反应不足。需要指出的是，拉姆纳特（Ramnath，2002）尽管未指明盈余公告前股价漂移这一概念，但同样发现，同行业内最先公告盈余的公司信息对行业内其他公司收益率具有一定的预测能力，表明投资者低估了同行业内的盈余信息之间的关系。

（2）信息发现或挖掘的角度。投资者的投资能力很大程度取决于其信息发现或挖掘的能力（information discover）。不同类型投资者的信息发现或挖掘能力存在较大差异。例如，相对于散户或个人投资者，分析师和机构投资者的信息挖掘能力更强。投资者在正式的盈余信息公告之前有动机通过一系列的信息搜寻途径提前获取公司盈利信息，从而获得更高的超额收益。投资者在盈余公告前的信息搜寻行为也在一定程度上能够解释盈余公告前的股价漂移。例如，达等（Da et al.，2010）的研究发现，公司谷歌检索数量与下一期的未预期盈余显著正相关，盈余公告前的谷歌检索数量增加（减少）能有效预测正（负）的未预期盈余。德雷克等（Drake et al.，2012）的研究发现，投资者在盈余公告的前 2 周左右通过谷歌搜索公司信息的数量增加，且这一信息搜寻活动导致公司股价在盈余公告前提前反应而在盈余公告日反应减弱，表明投资者在盈余公告前的信息搜寻行为加速了盈余信息融入股价。冯旭南（2014）则以百度搜索指数研究投资者在业绩预告附近的信息搜寻活动，发现在业绩预告公告前的四个交易日内投资者通过百度搜索公司信息的活动增强，这一结果导致股价对业绩预告公告时的市场反应较弱，表明投资者在业绩预告前的信息搜寻活动加速了信息融入股价。

（3）信息泄露的角度。还有部分研究提供了信息泄露（information leakage）是盈余公告前股价漂移的间接证据。由于美国等发达国家在内部人交易监管较为严格，内部人为了规避被定性为内幕交易的嫌疑，甚至在盈余信息公告之前更早时间提前进行股票交易。埃利奥特等（Elliot et al.，1984）发现，内部人在好消息公告前的 12 个月便存在增加（或减少）购买（卖出）公司股票的行为。柯滨等（Ke et al.，2003）发现，在公司季度盈余连续增长一段时间后突然停止的前 3 ~ 9 个季度内部人便提前卖出公司股票从而达到既避免投资亏损又规避被认定为内幕交易的法律风险。盈余公告前的内部人交易可能基于内幕信息提前进行股票交易，可能对股价带来重大的影响。巴塔查里亚等（Bhattacharya et al.，2000）的研究发现，墨西哥股票市场在公司发布一些重要事项时（包括盈余公告事件）市场反应平淡，作者进一步研究认为，由于墨西哥内部人交易盛行，内部人利用内幕信息交易使信息已在对外公告前融入股价，导致信息正式发布时已不具有信息含量。阿埃伦（Ahern，2017）基于美国证监会判定的内幕交易案件的研究发现，高达 26%的内幕交易案件与盈余信息公告相关，内部人在盈余公告前 11 个交易日的内幕信息交易获得了近 14%的超额收益，这在一定程度上支持了信息泄露可能导致盈余公告前的股价漂移。库洛夫（Kurov et al.，2019）采用高频交易数据研究宏观信息公告前的股价漂移，发现在美国公告重大宏观信息之前的 30 分钟内股价朝着正确方向提前异动，并认为，信息泄露是导致这一现象的部分因素。国内部分研究持有类似的观点。张华和张俊喜（2004）的研究发现，我国企业股价对盈利的反应主要在盈余公告之前实现，并认为不排除信息泄露和内幕交易导致盈余公告前股价漂移的可能性。杨德明和林斌（2009）甚至直接将盈余公告前 30 天的股票市场反应定义为盈余公告前信息泄露的程度。

2.4 文 献 评 述

现有关于 PEAD 的研究尽管取得了较为丰富的研究成果，但仍然存在一些不足。

（1）关于盈余公告后股价漂移的研究缺乏一个令人满意的系统性分析框架。现有研究主要探讨盈余公告后股价漂移的形成机理，且主要围绕有效市场理论和行为金融理论分别展开。然而，各项研究之间缺乏有机联系，仅仅是"菜单式"地从各个角度对盈余公告后的股价漂移进行解释（谭伟强，2013），缺乏一个统一的理论框架可以完全解释盈余公告后的股价漂移，甚至部分研究结论之间互相矛盾。例如，主流观点认为，交易成本较高的公司具有更大的盈余公告后股价漂移（Bhushan，1994；Ng et al.，2008），而曹和纳拉亚纳摩西（Cao and Narayanamoorthy，2012）的研究则表明，盈余公告后股价漂移主要存在于交易成本较低的公司。类似地，个人投资者往往被认为是市场上的噪音提供者，然而，现有研究关于个人投资者如何影响盈余公告后股价漂移也缺乏一个统一的定论。

（2）关于盈余公告前股价漂移的研究比较匮乏，且研究过程割裂了盈余公告前股价漂移和盈余公告后股价漂移的可能联系。尽管相关文献指出盈余公告前的股价漂移幅度相对盈余公告后股价漂移更大（Bernard and Thomas，1989），但学者们总习惯性地忽略盈余公告前的股价漂移，对盈余公告前股价漂移形成机理的研究文献屈指可数，以至于盈余公告前股价漂移是如何产生的仍不可得知。此外，盈余公告前股价漂移和盈余公告后股价漂移两者是紧密联系的。现有关于盈余公告后股价漂移的研究一般忽视盈余公告前股价漂移的影响，且割裂了盈余公告前股价漂移和盈余公告后股价漂移的可能联系，这可能是部分研究结论存在矛盾的原因。谭伟强（2013）指出，在研究PEAD 时，需要将研究的视角放宽到同时考虑盈余公告前后的价格漂移。

（3）关于中国上市公司盈余公告股价漂移的研究较少且至今仍缺乏一个合理的分析框架。既有研究中国上市公司盈余漂移的文献相对于西方文献略显单薄，且滞后于外文文献。首先，从现有的中文研究文献来看，研究一般借鉴外文研究思路对盈余公告后股价漂移进行解释，且时间窗口主要在 2008 年之前，至今仍无法很好地解释中国 A 股上市公司的盈余漂移现象。其次，现有中文文献关于盈余公告股价漂移的研究视角较为单一。相比外文文献从财务报告质量、上市公司发布的各种补充性信息披露、各种可能的套利局限等视角进行探索，中文文献对盈余公告股价漂移的解释理论单一，无法帮助学者更好地理解中国上市公司盈余公告股价漂移的形成机理，也难以为监管层进一步提高股价定价效率提供有效的政策启示。最后，从我国制度建设背景来看，2007 年实施新会计准则、2010 年证监会加强对内幕交易活动的监管以及融资融券的推出允许机构卖空等套利交易（后面将详细介绍），这些制度变革均对中国上市公司的信息环境产生重大影响。然而，现有研究却较少从较长的时间窗口考察我国制度环境变化是否影响我国上市公司盈余公告股价漂移的形态。进一步地，由于我国制度建设落后，内幕交易监管和惩处制度有待完善，信息泄露和内幕交易问题比较严重，盈余公告前股价漂移问题可能更为突出，然而，目前也鲜有中文文献对此进行系统的研究。

第3章 制度背景与中国上市公司 PEAD 的基本形态

本章将分析一些有助于我们理解中国上市公司盈余公告股价漂移的重要制度背景，包括中国资本市场的有效性、公司业务与商业模式创新、企业信息披露制度的发展与变革、以"散户为主"的投资者结构特征以及较为薄弱的市场监管五方面内容，在此基础上，基于 A 股上市公司的季度盈余数据初步描绘上市公司盈余公告股价漂移的基本形态，一方面帮助我们更直观地认识中国资本市场股票价格对盈余信息的反应现状；另一方面也为后续进一步探讨和分析中国上市公司盈余公告股价漂移的形成机理作铺垫。

3.1 理解盈余公告股价漂移的重要制度背景

3.1.1 中国资本市场的有效性较低

根据有效市场理论（Fama，1970）可知，有效市场一般划分为三个层次：其一，弱式有效市场（weak form EMH），即股票价格充分反映了所有历史信息，此时投资者基于历史信息做出的决策难以获得超额收益；其二，半强式有效市场（semi-strong form EMH），即股票价格充分反映了所有公开的信息，此时投资者基于公开信息做出的股票交易无法获得超额收益，基于内幕交易可以获得一定的超额收益；其三，强式有效市场（strong form EMH），即股票价格充分反映了市场所有信息，包括公开和内幕信息，此时投资者无法获得超额收益。盈余公告的股价漂移（尤其是盈余公告后股价漂移）与有效市场息息相关。若资本市场是弱式有效的，则投资者基于市场各类与公司价值相关的信息重新评估公司价值并制定相应的投资策略（基本面分析），能够获得一定的超额收益，此时盈余公告前股价漂移和盈余公告后股价漂移均可能存在。若资本市场是半强式有效的，则盈余公告后股价应迅速调整到位，盈余公告后的股价漂移不应存在，然而，此时投资者更可能通过寻求内幕信息获取超额收益，投资者内幕交易将使股价提前异动，表现为盈余公告前的股价漂移。若市场是强式有效的，则盈余公告的股价漂移基本消失。

中国资本市场自 1990 年 12 月 1 日成立①发展至今，上市公司个数及股票市场价值取得了迅猛发展。截至 2017 年底，A 股上市公司共有 3 467 家，股票总市值高达约 63.18 万亿元（见图 3 - 1）。因此，A 股上市公司已经成为中国企业和经济发展的重要组成部分。

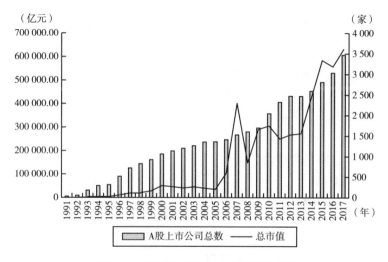

图 3 - 1　中国 A 股资本市场规模的发展

资料来源：Wind 数据库。

由于我国资本市场各项制度（信息披露、投资者保护、市场监管等）建设仍未健全，机构投资者卖空约束和交易成本较高（Chang et al.，2014；汪毅慧等，2003；田存志等，2015）、个人投资者（噪音交易者）比例过大、市场投机行为普遍及价值投资理念缺乏，我国资本市场的有效性较低。国内学者对我国股市有效性的实证检验结果也基本表明股市的有效性较低（见表 3 -1）。目前尚无文献支持中国股市达到半强式/强式有效市场，而我国股

---

① 1990 年 12 月 1 日，深圳证券交易所开始营业；1990 年 12 月 19 日，上海证券交易所也正式营业；2004 年 6 月 25 日，深圳中小板市场成立并对外营业；2009 年 10 月 30 日，创业板市场开始营业。

票市场存在的各类"异象"（如本书研究的盈余漂移）也基本否定我国股市
达到半强式有效市场的结论。此外，关于我国股市是否达到弱式有效也未达
成统一的意见。

表3-1   国内学者关于中国股市有效性的研究及结论

主要观点	相关文献
未达到弱式有效市场	俞乔（1994）、张亦春和周颖刚（2001）、陈灯塔和洪永森（2003）、陈灯塔和周颖刚（2006）
达到弱式有效市场	张兵和李晓明（2003）、何诚颖和程兴华（2005）、陈小悦等（1997）
未达到半强式有效市场	吴世农（1996）、赵宇龙（1998）、沈艺峰（1996）
达到半强式/强式有效市场	无

3.1.2 公司业务与商业模式创新

随着信息技术、移动互联网、以数字经济为代表的新经济的发展，企业
业务与商业模式创新加速。根据中国互联网发展报告（2017），截至2016年
底，中国数字经济的规模总量达到22.58万亿元，占GDP比重达30.3%，位
居全球主要国家第二位（见图3-2）。数字经济成为当前及未来经济增长的
新引擎和新亮点。

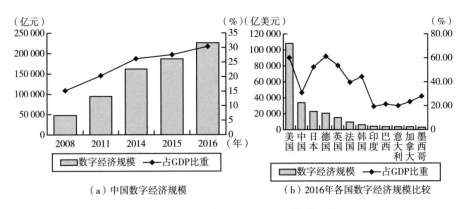

（a）中国数字经济规模   （b）2016年各国数字经济规模比较

图3-2   中国及各国数字经济规模的比较

资料来源：中国信息通信研究院、天风证券研究所。

近年来，中国上市公司的业务模式创新重点沿着以下方向展开："互联
网+"战略的应用、供应链系统的整合以及企业多元化经营与股权投资等。

首先，2015 年中国政府工作报告中提出的"互联网 +"战略加速了传统产业的升级换代。"互联网 +"战略就是借助互联网平台，通过采用新一代信息通信技术，将互联网与各行各业（包括传统行业）结合起来，这将大大加速企业信息的传递并降低投资者的信息搜寻成本，从而提高企业的信息市场效率。例如，随着 O2O 模式（指实体店和网上商店融合，线上线下并存的销售方式）的出现，越来越多的上市公司在实体店的基础上拓展电子商务业务，部分上市公司线上业务逐渐在其经营收入占据重要地位。例如，仅在 2013 年的天猫"双十一"活动当天，罗莱家纺（002293）天猫旗舰店销售额 1.6 亿元，而罗莱家纺当年的总销售收入约 25 亿元，仅"双十一"当天的销售额便占全年销售收入的 6.4%。因此，上市公司线上业务成为投资者在企业盈余公告前获取经营状况的重要信息来源。

其次，在互联网和大数据等信息技术迅猛发展的时代背景下，企业能够以较低的成本与上下游企业进行联通、整合，企业与供应商和客户的经济联系越来越紧密，供应商和客户在企业的经营决策中也将扮演着越来越重要的角色。由于企业与其客户存在紧密的业务往来，企业客户信息会影响投资者对企业未来盈利的期望，因而对公司股价影响重大。已有部分研究开始关注供应商或客户财务状况及业绩对企业股价的影响，并发现上市公司股价会对供应商或客户的财务状况及业绩做出反应（Hertzel et al.，2008；Pandit et al.，2011；Kang et al.，2012）。随着供应链金融的发展及供应链企业之间联系的加强，投资者透过供应链上其他企业的相关信息评估公司价值的情况将更加普遍。

最后，受到近年来持续的政策利好推动，包括 IPO 注册制的加速、科创板的挂牌、新三板转板等制度创新等，越来越多的上市公司进入创投行业，Wind 甚至推出了"创投概念股"。图 3-3 描述了我国上市公司投资 A 股其他公司的情况，平均有 434 家上市公司持有 A 股其他公司的股权，2012 年时这一数字最高达到 497 家，占 A 股上市公司总家数的 20% 左右，表明我国上市公司交叉持股情况存在一定的比重。据《中国证券报》统计，2017 年上半年，共有 490 家上市公司持有其他上市公司股票，初始投资金额高达 1 252.45 亿元[①]。此外，近年来我国上市公司配置金融资产的企业数量和金额也呈增长态势，"实体企业金融化"的现象逐渐普遍（王红建等，2017）。当企业的

① 中国证券报．"上市公司炒股：1 公司狂赚 18.6 亿 1 公司新股中签 68 次"[EB/OL]（2017 - 09 - 01）http：//finance. ifeng. com/a/20170901/15632884_0. shtml.

盈利有很大比例是由股权投资创造时，企业股价也将会对其所投资企业的盈余信息做出反应。

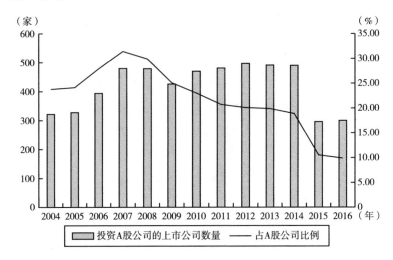

图3-3 投资A股公司的上市公司数量及比例

资料来源：Wind 数据库。

企业转型与业务模式的创新及其信息披露将对传统 PEAD 研究带来新的挑战，盈余公告前股价漂移的研究也显得更有价值。

3.1.3 企业信息披露制度发展与变革

自我国资本市场建立以来，一系列旨在完善上市公司财务会计与信息披露制度、改善资本市场有效性的政策相继出台，为我们研究盈余公告的股价漂移提供了绝佳的研究场景。

3.1.3.1 业绩预告制度

我国业绩预告制度采取半强制制度。资本市场建立初期，由于上市公司信息透明度较低，公司内部人利用内幕信息进行证券交易和操纵股价，导致股价波动较大，不利于资本市场的健康发展。为了避免上市公司因连续亏损或重大亏损导致业绩公告时股价出现暴跌的风险，1998 年 12 月 9 日，证监会开始推行业绩预亏制度①，要求当年出现重大亏损的上市公司应在年报公

---

① 具体规定请见证监会发布的《关于做好上市公司 1998 年度报告有关问题的通知》。

告前发布预亏公告，此即我国上市公司业绩预告制度的雏形。

2000 年 12 月，上交所和深交所进一步明确预亏公告的时间，要求上市公司在 2000 年会计年度结束后的两个月内发布预亏公告，若预计出现连续 3 年亏损的还需发布三次提示公告。2001 年开始扩大业绩预告的范围并进一步缩短业绩预告的时间。根据相关规定，预计 2001 年度出现亏损或利润总额大幅变动（利润总额下降或上升 50% 及以上）的公司应在会计年度结束后的 30 个工作日内发布业绩预告。2002 年开始进一步扩大业绩预告的对象，要求上市公司预计半年报、第三季度报和年报出现亏损或净利润大幅变动（净利润增减 50% 及以上）的应在前一季度予以警示，且要求对不准确的业绩预告及时进行修正。2004 年开始将"扭亏为盈"纳入业绩预告范围；同年，首次强制要求中小板上市公司发布业绩快报，并鼓励主板上市公司披露业绩快报。2006 年我国上市公司业绩预告制度基本成型，上交所和深交所均在《股票上市规则》中对业绩预告和业绩快报制度进行说明。深交所发布《中小企业板信息披露业务备忘录第 1 号：业绩预告、业绩快报及其修正》对中小板上市公司的业绩预告制度做了系统说明（见图 3 - 4）。深交所主板公司业绩预告时间与中小板公司一致，但不要求深市主板公司对第一季度业绩进行预告；同时，上交所则取消沪市主板公司对季度业绩预告的强制性要求。此后，尽管两地交易所均对业绩预告制度进行多次修订，基本规定保持不变。

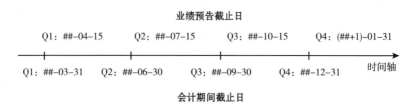

图 3 - 4 2006 年起始各个季度业绩预告（修正）的截止日

已有研究表明，业绩预告能够更及时地向投资者传递管理层的私有信息（薛爽，2001；蒋义宏等，2003；戴德明等，2005），也对分析师预测行为产生重大影响并有效降低分析师的预测误差（王玉涛和王彦超，2012；李馨子和肖土盛，2015）。然而，我国上市公司披露的业绩预告质量较低，表现为业绩预告不够及时（Huang et al.，2013），削弱了业绩预告更为及时地向投资者传递公司前瞻性盈余信息的功能；同时，业绩预测也存在较大误差，且业绩预测的发布较为随意并频频"变脸",高达 62% 的样本存在修正业绩预测的行为(李馨子和罗婷,2014),表明我国上市公司业绩预测的准确度较低。

3.1.3.2 公平信息披露制度的实施

我国证券市场作为新兴转轨市场,信息泄露和内幕信息交易等投机行为普遍存在。这不利于创造一个公平的信息环境,且严重打击了资本市场中小投资者的信心并可能加剧投资者的投机心理,阻碍了资本市场的健康发展和壮大。

2006 年 8 月 9 日,深交所发布《深圳证券交易所上市公司公平信息披露指引》(以下简称《指引》),宣告了公平信息披露制度(fair disclosure regulation)在我国上市公司的实施。根据相关规定,上市公司在发布非公开重大信息时,不得私下提前向特定对象(如分析师或机构投资者等)单独披露、透露或泄露;而应向所有投资者公开披露,确保所有投资者能够同时获得等质的信息。2009 年 4 月 2 日,《证券时报》报道了《信息披露"潜规则"挑战法律底线》一文[①],描述了我国机构利用与上市公司的紧密关系先于公开披露获得公司经营数据的信息披露"潜规则"乱象。为此,2009 年 4 月 9 日,上交所发布《关于进一步做好上市公司公平信息披露工作的通知》(以下简称《通知》),强调了上市公司公平信息披露工作的重要性。

根据国内相关研究,公平信息披露不仅不会导致信息披露质量的下降,还有助于抑制信息泄露问题,并显著降低公司股价波动(朱红军和汪辉,2009),表明公平信息披露制度的积极意义。然而,部分研究也发现,公平信息披露制度的出台降低了分析师的预测准确度(刘少波和彭绣梅,2012;谭跃等,2013),这可能不利于分析师预测价值对投资者投资决策的辅助作用。杨书怀(2012)研究发现,公平信息披露制度公告之后,信息泄露程度呈先下降后上升的趋势,表明监管层应该加强信息披露监管和信息违规行为处罚。

3.1.3.3 "新会计准则"的实施

2006 年 2 月 15 日,财政部颁布了包括 1 项基本会计准则和 38 项具体会

---

① 证券时报. 信息披露"潜规则"挑战法律底线 [EB/OL] (2009 - 04 - 02) http://www.p5w.net/today/200904/t2262062.htm.

计准则的新会计准则体系，并于 2007 年 1 月 1 日起开始在我国上市公司执行。新会计准则基本实现了与国际会计准则（IFRS）的趋同，对于完善我国上市公司会计信息披露制度和提升资本市场有效性具有重要的意义。国际研究成果表明，IFRS 的采用显著改善了上市公司的会计信息环境（Horton et al. ，2013）和会计信息的决策有用性（价值相关性）（Barth et al. ，2008），提高了股价的定价效率（Hung et al. ，2015）。因此，国内学术界和实务界人士均对 2007 年开始执行的新会计准则寄予厚望。从国内相关研究文献来看，大部分研究结论也表明，新会计准则的实施显著增强了会计信息的价值相关性（薛爽等，2008；张然和张会丽，2008；刘永泽和孙嚣，2011），提高了我国上市公司的财务报告质量。

3.1.3.4 公允价值计量与其他综合收益信息披露

新会计准则大量采用公允价值（fair value）计量属性是财务报告信息含量和会计信息价值相关性提升的主要原因（王乐锦，2006；刘永泽和孙嚣，2011）。王乐锦（2006）对我国新会计准则中公允价值的运用情况进行分析发现，38 个具体会计准则中有 17 个准则在不同程度上运用了公允价值计量属性。刘永泽和孙嚣（2011）通过实证研究支持了公允价值信息的价值相关性。新会计准则允许股权投资等金融资产采用公允价值进行计量。王玉涛等（2010）的研究发现，金融资产（可供出售金融资产）公允价值变动产生的未实现损益具有增量的价值相关性。

其他综合收益（other comprehensive income）的披露和列报对于财务报告质量和公允价值信息的价值相关性也具有重要影响。新会计准则尽管允许股权投资等金融资产采用公允价值进行计量，但与公允价值变动相关的资产利得和损失直接计入所有者权益变动表，加大了投资者理解公允价值变动损益的难度。为了增强财务报告的透明度和提供价值相关的会计信息，财政部于2009 年 6 月发布了《企业会计准则解释第 3 号》，要求上市公司自 2009 年 1 月 1 日起在利润表中增设“其他综合收益”和“综合收益总额”项目。王鑫（2013）、徐经长和曾雪云（2013）通过实证研究均发现，其他综合收益中可供出售金融资产的公允价值变动具有一定的价值相关性，表明其他综合收益改善了财务报告的透明度，提升了公允价值信息的决策有用性。杨有红和闫珍丽（2018）的研究发现，其他综合收益信息显著降低了分析师预测分歧，同时提高了分析师预测的准确度。

3.1.4 "散户为主" 的投资者结构特征

资本市场有效性受到投资者结构特征的重要影响。纵观国外成熟资本市场，以机构投资者为主体的投资者结构是一个常见的特征。一般认为，投资者对企业信息的搜寻和理解能力是导致盈余公告前、盈余公告后股价漂移的重要因素。理性成熟型的机构投资者（sophisticated investors）往往能够发挥专业的信息搜寻和识别能力，通过套利交易获取超额回报，从而提高市场有效性（Bartov et al., 2000；Ke and Ramalingegowda, 2005）；相反，天真型的个人投资者（Naïve investors）可能扰乱市场有效的套利行为，带来较多噪音，从而削弱市场有效性（Milian, 2015）。德龙等（De long et al., 1990）通过理论模型研究指出，个人投资者（噪音交易者）较多的情况下可能抑制机构投资者的理性投资行为，此时机构投资者可能采取与噪音交易者趋同的投资策略以避免噪音交易者产生的股票基本面风险（fundamental risks），导致股票价值进一步偏离公司基本面水平。

一直以来，以散户为主的投资者结构被认为是我国股票市场表现出高投机性、高换手率和个股暴涨暴跌的重要因素（史永东和王谨乐，2014）。为此，2001 年前后，监管层提出 "超常规发展机构投资者" 的思路，以期发挥机构投资者平抑市场波动及价值投资功能。此后机构投资者在我国发展迅速，机构投资者的持股市值稳步上升和机构类型逐步多样化。然而，A 股 "散户化" 的特征仍十分明显。截至 2015 年 9 月 30 日底，公募基金、私募、券商、保险、QFII、社保基金六大机构持股市值占 A 股流通市值的比例仅为 16.45%。2011～2014 年，个人投资者持股市值占流通股比重从 2011 年的 73.3% 增长至 2014 年底的 78.41%，个人投资者持仓占流通市值比重呈上升的趋势[①]。图 3-5 是中登公司披露的 A 股账户持有人的市值分布情况。可以看到，持股市值在 1 万元以下的投资者比例约 30%，持股市值在 10 万元以下的投资者账户比例近 80%，持股市值在 50 万元以下为 95% 左右。因此，以散户为主的投资者结构仍然是我国股票市场的一个重要特征。

---

① 每日经济新闻. A 股散户比例超八成　养老金入市或改善投资者结构［EB/OL］（2015 - 12 - 13）http：//money. 163. com/15/1231/00/BC4H5UI200253B0H. html.

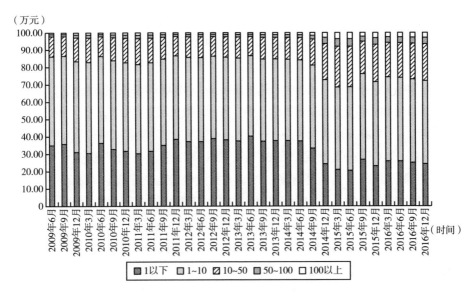

图 3 - 5　中国 A 股账户持有人市值（占比）分布

资料来源：《中国证券登记统计年鉴》。

3.1.5　较为薄弱的市场监管

　　由于我国资本市场发展较晚，市场监管制度和法规建设存在一定的滞后性，加剧了上市公司信息披露的不规范和知情人的内幕交易问题（朱茶芬等，2011）。具体地，一方面，内幕交易的法律威慑力不强。我国至今仍没有出台专门的内幕交易法律，现有关于内幕交易的法律规定仍存在一定的法律漏洞，包括内幕交易主体的认定过于狭窄、缺乏集团诉讼和民事诉讼赔偿机制等。另一方面，内幕交易的执法力度不严。证监会于 2007 年发布了《上市公司董事、监事和高级管理人员所持本公司股份及其变动管理规则》，对公司内部人一些可能涉及内幕交易的行为进行规定和禁止。然而，实际执行中对内部人相关违规行为的处罚力度较弱。我国企业公司治理质量低下，加上内幕交易的违规成本低下进一步诱发了内幕信息泄露和内幕交易行为的发生（朱伟骅，2009；唐齐鸣和张云，2009）。

　　内幕交易是中国资本市场一个较为严峻的问题①。中国证监会于 2008 ~

---

　　①　中国证监会. 内幕交易：不可触碰的"高压线"［EB/OL］（2012 - 04 - 18）http：//www. csrc. gov. cn/pub/newsite/tzzbh1/tbtzzjy/tbfxff/201310/t20131017_236521. html.

2013 年共集中调查了 785 件内幕交易案件，占同期调查案件总量的 52%。其中，向公安机关移送 95 件涉嫌内幕交易犯罪的案件，占同期移送案件总量的 57%。为此，2010 年 11 月，证监会、公安部、监察部、国资委和预防腐败局五部门联合发布《关于依法打击和防控资本市场内幕交易的意见》，在全国范围内开展内幕交易综合防治工作。根据相关统计数据，自党的十八大（2012 年底）以来，证监会一共启动内幕交易正式立案调查 430 件，仅 2016 年一年证监会关于内幕交易案件的行政处罚罚没金额首次突破亿元①。由于信息提前泄露及严重的内幕交易，投资者在盈余公告之前便已获悉盈余信息，公司股价在盈余公告前做出大部分的反应。因此，信息泄露、内幕交易及监管效率很大程度上能够解释盈余公告前股价漂移的现象。

总的来说，企业商业模式变革加速、企业信息披露制度发展与变革、"散户为主"的投资者结构和较为薄弱的市场监管等制度背景有助于我们深入理解中国上市公司的盈余漂移现象；同时，一些重大的制度变革给我们提供了丰富的研究场景（research setting）来将 PEAD 研究与中国公司的治理、信息披露、信息传递等问题联系起来，并且能够构造一些 Difference-in-Difference 模型进行分析检验，从而在技术上较好地避开内生性问题给研究结论带来的偏差。

3.2 中国上市公司盈余公告股价漂移的基本形态

本部分描述我国上市公司盈余公告股价漂移的基本形态。主要识别以下四个问题：第一，中国上市公司是否存在盈余公告的股价漂移现象？第二，如果存在，盈余公告前、盈余公告后股价漂移的特征表现如何？第三，盈余公告前、盈余公告后股价漂移存在哪些区别与联系？第四，随着资本市场建立以来各项信息披露制度和监管政策的完善，上市公司盈余公告的股价漂移是否存在一定的变化？

---

① 新浪财经. 证监会：从严打击内幕交易　严禁泄露内幕信息炒股［EB/OL］（2017 - 09 - 22）http：//finance. sina. com. cn/stock/y/2017 - 09 - 22/doc-ifymfcih2461761. shtml.

3.2.1　研究样本、数据来源与变量衡量

3.2.1.1　研究样本和数据来源

由于自 2002 年开始中国上市公司被要求披露季度盈余数据，本书以 2002 年第一季度至 2016 年第四季度（共 56 个季度）的中国 A 股主板上市公司季度盈余公告为初始研究对象。在此基础上，本书依次剔除以下样本：（1）金融行业样本；（2）参照柯滨和拉马林格古达（Ke and Ramalingegowda，2005）的做法，剔除季度盈余公告数据少于 10 个季度的样本；（3）剔除被 ST 和 ＊ST 的样本；（4）剔除盈余公告前、后 60 个交易日内缺乏股票交易数据的样本。最终获得 2 827 家上市公司，共 91 069 个公司—季度样本。样本的具体筛选过程如表 3 - 2 所示。

表 3 - 2　　　　　　　　　　　　样本的筛选过程

2002~2016 年季度盈余公告总观测值	113 596
剔除季度数据少于 10 个季度的公司	2 465
剔除金融行业样本	1 396
剔除 SUE 缺失的样本	7 252
剔除盈余公告日前、后 60 个交易日无股票交易数据的样本	6 552
剔除 ST 样本	4 862
最终研究样本	91 069

上市公司季度盈余（季度盈余公告日、季度每股盈余）的数据主要来自 Wind 数据库，并与 CSMAR 披露的季度盈余数据进行抽查对比，以确保季度盈余公告日和季度每股盈余的可靠性。上市公司的股票日交易数据及相关财务数据主要来源于 CSMAR 数据库。

3.2.1.2　主要变量的衡量

（1）未预期盈余的衡量。参考柯滨和拉马林格古达（Ke and Ramalingegowda，2005）、利夫纳特和门登霍尔（Livnat and Mendenhall，2006）的研究，

本书使用季度随机游走模型①衡量季度未预期盈余（SUE），即：

$$SUE_{i,t} = \frac{(EPS_{i,t} - EPS_{i,t-4})}{P_{i,t}} \qquad (3-1)$$

其中，$EPS_{i,t}$ 和 $EPS_{i,t-4}$ 分别为公司 i 在季度 t 和季度 t-4 期的每股盈余（earnings per share）；$P_{i,t}$ 为公司 i 在第 t 个季度末的股票价格。在分析过程中，本书进一步将 SUE 进行十等分处理以缓解可能存在的异常值问题；同时，将 SUE 最高的 30% 定义为发布"好消息"的公司（GN），SUE 最低的 30% 定义为发布"坏消息"的公司（BN）。根据已有文献的研究，SUE 越高的公司股票正向市场反应越大；发布"好消息"的公司，股票价格将正向往上漂移，而发布"坏消息"的公司，股票价格将负向往下漂移。

（2）盈余公告前、后股价漂移程度的衡量。伯纳德和托马斯（Bernard and Thomas，1989）指出，上市公司盈余公告后将持续漂移 60 个交易日左右。类似地，本书使用上市公司盈余公告前（后）60 个交易日的累积超额回报率分别衡量盈余公告前（后）的股价漂移程度。

盈余公告前累积超额回报：

$$CAR(-60, -2)_{i,q} = \sum_{t=-60}^{-2} (R_{i,t} - R_{p,t}) \qquad (3-2)$$

盈余公告后累积超额回报：

$$CAR(+2, +60)_{i,q} = \sum_{t=+2}^{+60} (R_{i,t} - R_{p,t}) \qquad (3-3)$$

其中，$R_{i,t}$ 为股票 i 在第 t 日的回报率；$R_{p,t}$ 为根据股票规模（SIZE）和账面市值比（BM）划分的投资组合的日加权回报率；参照法玛和弗伦奇（Fama and French，1993）的做法，在每年初，根据 SIZE 和 BM 分别将股票五等分，再交乘（5×5）划分成 25 个投资组合，每个投资组合的股票具有相对接近的股票规模和账面市值比。SIZE 以股票在年初的市场价值衡量；BM 为上市公司总资产的账面价值除以权益的市场价值与债务的账面价值之和。$R_{i,t}$ -

---

① 本书使用前一年同一季度的每股盈余作为盈余预期的原因在于：中国资本市场充斥着大量的散户投资者，由于缺乏专业的投资知识和能力，散户更倾向于根据上一期的盈余形成自己的预期（Ayers et al.，2011）。另外，由于我国分析师群体的发展相对落后，现阶段我国分析师主要对年度盈余进行预测，关于季度盈余预测的信息较少，故难以使用分析师预测的一致性作为企业的盈余期望值计算未预期盈余。

$R_{p,t}$ 为股票的日超额回报率。$CAR(-60, -2)_{i,q}$ 和 $CAR(+2, +60)_{i,q}$ 分别为股票 i 在季度 q 的盈余公告前、后的股价漂移程度变量。在分析过程中，本书也使用盈余公告前后 30 个交易日的累积超额回报率 ［$CAR(-30, -2)_{i,q}$ 和 $CAR(+2, +30)_{i,q}$］进行衡量。此外，本书使用盈余公告日前后 1 个交易日的股票累积超额回报 $CAR(-1, +1)_{i,q}$ 衡量盈余公告日的市场反应程度。

3.2.2　中国上市公司是否存在盈余公告的股价漂移现象

首先，本书观察上市公司在盈余公告前后 60 个交易日内每个交易日的股票市场反应。根据法玛（Fama，1970）的有效市场假说，如果公司发布的信息具有增量信息含量，则股票价格将迅速做出相应的调整。通过检验股票价格是否在某个特定事件前后存在超额回报率可以测定该事件对公司价值的影响。

图 3 - 6 和图 3 - 7 区分"好消息"和"坏消息"组分别描述股票日超额回报率在盈余公告前后 60 个交易日的均值及 95% 置信区间。可以看到，不管是发布"好消息"还是"坏消息"的公司，盈余公告日前后 1 个交易日的股票市场反应最大，表明盈余公告具有一定的信息含量。然而，"好消息"组和"坏消息"组的股票市场反应在盈余公告前后 60 个交易日内存在一定的差异：（1）对于发布好消息的公司，日超额回报率约在盈余公告前 30 个交易日和盈余公告后 7 个交易日内显著大于 0；此后基本不显著异于 0。（2）对于发布坏消息的公司，日超额回报率在盈余公告前 60 个交易日基本显著小于 0，而在盈余公告后直到 20 个交易日之后才显著小于 0；盈余公告后前 20 个交易日内股票日超额回报率基本不显著异于 0。以上结果表明，盈余公告具有一定的信息含量，且投资者更多在盈余公告前便已经对盈余信息提前做出反应，相反，盈余公告后投资者的反应较弱且比较迟缓。

其次，本书进一步观察上市公司在盈余公告前后 60 个交易日内的累积超额回报率。表 3 - 3 是在将未预期盈余（SUE）十等分后分时间窗口报告股票累积超额回报率的均值。可以发现，在 SUE 最低组（Lowest），$CAR(+2, +60)$ 的均值为 -0.017 且在 1% 水平显著小于 0；在 SUE 最高组（Highest），$CAR(+2, +60)$ 的均值为 0.012 且在 1% 水平显著大于 0；当投资者买入最高组的股票并卖空最低组的股票时，投资者在盈余公告后 60 个交易日内可以获得 2.9% 的超额投资回报率。当只用盈余公告后 30 个交易日的累积超额回报率 CAR（ +2，+30）时同样可以发现中国上市公司在盈余公告后存在一定的股价漂移现象。此外，本书采用五等分后得到的结果类似。

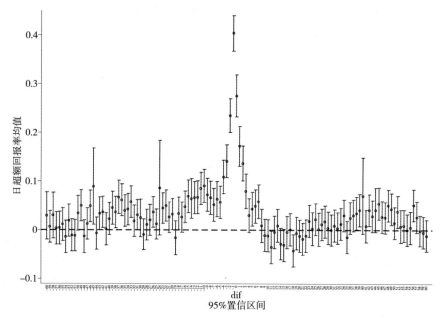

图 3 - 6　好消息组公司的日超额回报率均值及 95% 置信区间

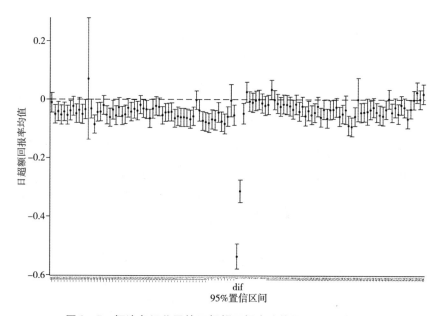

图 3 - 7　坏消息组公司的日超额回报率均值及 95% 置信区间

表 3 – 3　　　中国上市公司盈余公告前后 60 个交易日的累积超额回报率

RANK_SUE	Pre-Announcement		During	Post-Announcement	
	CAR(-60, -2)	CAR(-30, -2)	CAR(-1, +1)	CAR(+2, +30)	CAR(+2, +60)
Lowest	- 0. 041 ***	- 0. 024 ***	- 0. 011 ***	- 0. 004 ***	- 0. 017 ***
2	- 0. 024 ***	- 0. 012 ***	- 0. 009 ***	- 0. 008 ***	- 0. 017 ***
3	- 0. 015 ***	- 0. 009 ***	- 0. 007 ***	- 0. 008 ***	- 0. 018 ***
4	- 0. 005 **	- 0. 004 ***	- 0. 004 ***	- 0. 006 ***	- 0. 013 ***
5	- 0. 002	- 0. 004 ***	- 0. 002 ***	- 0. 007 ***	- 0. 014 ***
6	0. 002	- 0. 001	0. 001	- 0. 004 ***	- 0. 009 ***
7	0. 006 ***	0. 003 ***	0. 002 ***	- 0. 001	0. 002
8	0. 016 ***	0. 008 ***	0. 007 ***	0. 003 **	0. 005 **
9	0. 023 ***	0. 017 ***	0. 009 ***	0. 004 ***	0. 011 ***
Highest	0. 033 ***	0. 024 ***	0. 010 ***	0. 001	0. 012 ***
H – L	0. 074 ***	0. 049 ***	0. 021 ***	0. 005 *	0. 029 ***

注：＊表示 $p < 0.1$，＊＊表示 $p < 0.05$，＊＊＊表示 $p < 0.01$。

图 3 – 8 描绘了 A 股上市公司在盈余公告日前后 60 个交易日的累积超额收益率，清晰、直观地展示了我国上市公司盈余公告前后的股价漂移形态。可以看到，自盈余公告前 60 个交易日开始，股票价格已经对即将公告的未预期盈余信息做出反应；截至盈余公告前 1 个交易日 [$t – 60, t – 1$]（t 为盈余公告日），股票价格已做出较大幅度的市场反应；盈余公告之后的 60 个交易日，股价持续顺着未预期盈余的方向漂移，但此时反应的幅度已相对较弱。同时，在 SUE 最高组（RANK10），股票价格往上漂移的幅度最大；而在 SUE 最低组（RANK1），股票价格向下漂移的幅度最大，这些结果表明，股价漂移幅度受到未预期盈余信息含量的影响。此外，考虑到季度之间的时间间隔为 3 个月，为了避免季度之间研究窗口的重叠，我们使用盈余公告前后 30 个交易日重新描绘股价的漂移形态后得到的结果基本类似。

本部分研究表明，中国 A 股上市公司在盈余公告日之后存在一定的股价漂移，这一发现与传统的研究盈余公告后股价漂移的结果类似（孔东民和柯瑞豪，2007；Truong，2011）。然而，从表 3 – 3 和图 3 – 8 来看，盈余公告前和盈余公告后的股价漂移存在一定的差异，后面将对此进一步进行探讨。

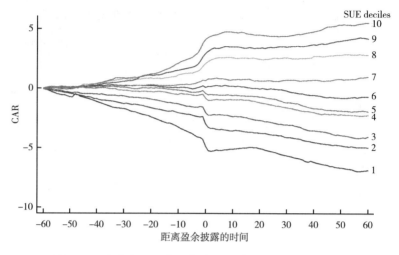

图 3 - 8　上市公司盈余公告前后 60 个交易日的股价漂移

3.2.3　盈余公告前、盈余公告后股价漂移的特征与区别

PEAD 可细分为两个阶段进行研究，即盈余公告前的股价漂移和盈余公告后的股价漂移。纵观现有关于 PEAD 的研究，盈余公告后股价漂移受到更广泛的关注，而盈余公告前股价漂移的研究则相对匮乏。本部分将分别论述 A 股上市公司在盈余公告前、盈余公告后股价漂移的形态特征。

从表 3 - 3 可以初步发现，在盈余公告前窗口期（ - 60，- 2），SUE 最高（最低）时公司的累积超额回报率均值为 0.034（ - 0.041）且在 1% 水平显著，表明投资者在上市公司盈余公告前已提前预期或获悉盈余信息并做出相应的反应；盈余公告前股价漂移幅度 [CAR(- 60，- 2)$_{H-L}$ = 0.075] 占整个窗口期（ - 60，+ 60）的比例为 60%[①]，而盈余公告后的股价漂移幅度 [CAR(+ 2，+ 60)$_{H-L}$ = 0.029] 占比仅为 23.2%，表明上市公司在公告盈余信息之前股价已反映了绝大多数的未预期盈余的信息。图 3 - 8 反映了类似的结果。

由于盈余公告后股票价格的市场反应较弱，为了更清晰地反映股票价格在盈余公告前、盈余公告后的反应情况，我们分开两个窗口（ - 60，- 2）和（ + 2，+ 60）分别计算累积超额收益率，如图 3 - 9 和图 3 - 10 所示。图 3 - 10

[①]　2007 年之前盈余公告前的股价漂移幅度占整个窗口期（ - 60，+ 60）的漂移幅度比例高达 66.8%，这一比例与张华和张俊喜（2004）的研究结果类似。

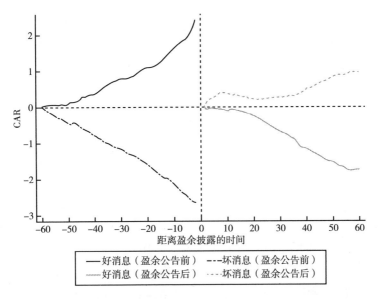

图 3 – 9　上市公司盈余公告前后 60 个交易日的股价漂移

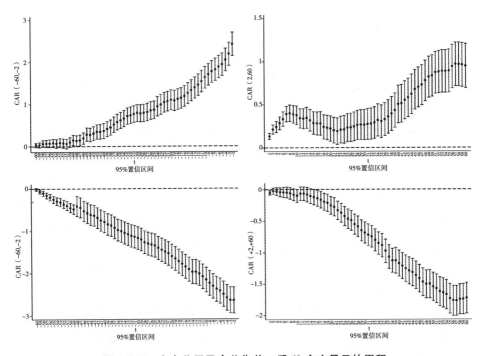

图 3 – 10　上市公司盈余公告前、后 60 个交易日的累积

超额回报率均值及 95％置信区间

分别描绘了"好消息"和"坏消息"组的公司在盈余公告前后累积超额回报率的均值和95%置信区间。可以看到：（1）对于发布好消息的公司，自盈余公告前约50个交易日开始，CAR（－60，－2）开始显著大于0且逐渐上升；发布坏消息的公司则在盈余公告前60个交易日开始，CAR（－60，－2）便已经显著小于0，表明投资者提前对盈余信息做出反应且对坏消息的反应更快。（2）中国上市公司盈余公告后的漂移情况相比国外市场也有所区别。公司发布盈余信息之后，尽管整体来看盈余公告后公司股价存在一定的漂移且方向与未预期盈余的符号一致，但投资者对未预期盈余的反应比较迟缓：好消息的公司股价在盈余发布后短暂上升，随之反转向下，之后再持续上升；坏消息的公司股价在盈余公告后一段时间窗口内股价反应较弱，且一直到盈余公告后15个交易日累积超额回报率才显著小于0。

总的来说，公司发布盈余信息之前，投资者已预期或获取盈余信息，并提前做出较大的反应；然而，投资者在盈余信息公告后的反应不足且比较迟缓，这在一定程度上表明我国资本市场的有效性仍然较弱。

3.2.4 盈余公告前股价漂移与盈余公告后股价漂移之间的联系

既然盈余信息具有一定的增量信息，其对公司价值的影响也应该是一个确定的数额。不管是盈余公告前股票价格提前对盈余信息做出反应，抑或盈余公告之际及之后的股票市场反应，这些市场反应共同促使股票价值调整到其真实价值水平。因此，盈余公告前股价漂移和盈余公告后股价漂移必然存在一定的联系。具体地，假设公司当季的未预期盈余对企业价值的增量影响为 δ，盈余公告前股票市场反应为 λ，盈余公告日的市场反应为 η，那么盈余公告后的股票市场反应（假定股票价格已针对此增量信息调整到位）应该为 $\delta - \lambda - \eta$。因此，若股票价格在盈余公告之前便已反映了大部分的未预期盈余信息，则在盈余公告之后股票价格的市场反应可能较弱甚至进行回调。

我们把盈余公告前的市场反应 CAR（－60，－2）数值进行十等分，并取最高（低）的30%为盈余公告前市场反应较高（低）组[①]：若为"好消息"公司，则以 CAR（－60，－2）大于70分位数为盈余公告前市场反应较高组（GN-HighPre），CAR（－60，－2）小于30分位数为盈余公告前市场反应较低组（GN-LowPre）；若

---

① 本书使用中位数划分盈余公告前市场反应的高低组重新进行分析的结果基本类似。

为"坏消息"公司，则以 CAR(-60, -2) 小于 30 分位数为盈余公告前市场反应
较高组（BN-HighPre）；CAR(-60, -2) 大于 70 分位数为盈余公告前市场反应较
低组（BN-LowPre）。在此基础上，针对上述四组公司描绘其盈余公告之后 60 个
交易日的累积超额回报率。图 3 - 11 和图 3 - 12 根据盈余公告前市场反应分拆成
高、低组两种情况对"好消息"和"坏消息"公司进行描述。

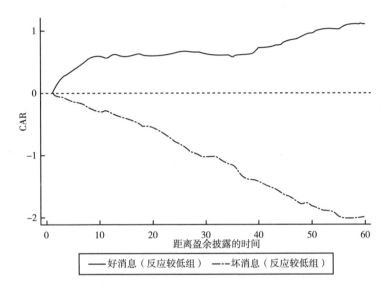

图 3 - 11　上市公司盈余后 60 个交易日的股价漂移：CAR(-60, -2) 较低组

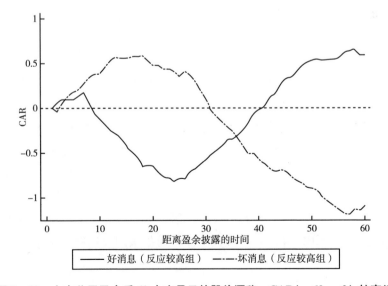

图 3 - 12　上市公司盈余后 60 个交易日的股价漂移：CAR(-60, -2) 较高组

从图 3 – 11 可以发现，若盈余公告前的累积市场反应较弱，即投资者前期对未预期盈余信息的反应不足（under-reaction），则盈余公告后股票价格将持续往上漂移，这一形态更加接近于传统的盈余公告后漂移形态；相反，如图 3 – 12 所示，在盈余公告前股票市场反应较高的情况下，对于"好消息"的公司，盈余公告后累计超额回报率先回调为负，此后再逐渐往上；对于"坏消息"的公司，盈余公告后累计超额回报率先回调为正，此后再逐渐往下。因此，若盈余公告前的累积市场反应较高，股票价格可能在盈余公告前已反映了大部分信息甚至过度反应（over-reaction），则盈余公告之后股票价格存在一定的回调。

3.2.5 中国上市公司盈余公告股价漂移在不同时间段的变化

最后，本章分析了中国上市公司盈余漂移在不同时间段的变化，这有助于我们评价过去十几年来中国上市公司各项重要信息披露制度变革是否有效，以及资本市场有效性是否得到显著的改善。

3.2.5.1 全样本期间内盈余公告股价漂移的变化趋势

图 3 – 13 描绘了 2003 ~ 2016 年中国上市公司盈余漂移的变化趋势。具体地，在每个季度，我们将"好消息"组的累积市场反应均值减去"坏消息"组的累积市场反应均值，得到每个季度在不同时间窗口的盈余漂移幅度。例如，$PEAD(-60, -2) = CAR(-60, -2)_{GN} - CAR(-60, -2)_{BN}$。在此基础上，计算每年不同时间窗口的盈余漂移的均值，然后依次根据 $PEAD(-60, -2)$、$PEAD(-1, +1)$ 和 $PEAD(+2, +60)$ 绘制堆积面积图。因此，图 3 – 13 的理解如下：$PEAD(-60, -2)$ 与横坐标之间的距离为盈余公告前窗口 $(-60, -2)$ 的盈余漂移幅度；$PEAD(-1, +1)$ 与 $PEAD(-60, -2)$ 两条曲线之间的距离表示盈余公告日附近 $(-1, +1)$ 的盈余漂移幅度；$PEAD(-1, +1)$ 与横坐标之间的距离表示时间窗口 $(-60, +1)$ 的盈余漂移幅度；类似地，$PEAD(+2, +60)$ 与 $PEAD(-1, +1)$ 两条曲线之间的距离表示盈余公告后窗口 $(+2, +60)$ 的盈余漂移幅度，而 $PEAD(+2, +60)$ 与坐标之间的距离表示时间窗口 $(-60, +60)$ 的盈余漂移幅度。

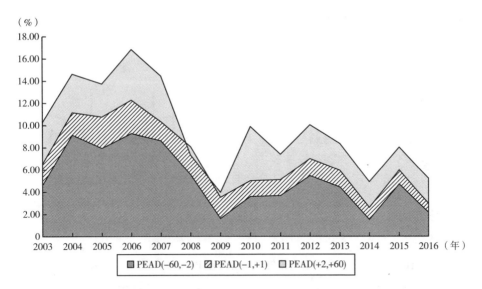

图 3 - 13　2003 ~ 2016 年中国上市公司盈余漂移程度的变化（堆积面积）

　　从图 3 - 13 可以直观地看出，随着时间的推移，不管是盈余公告前股价漂移、盈余公告日市场反应还是盈余公告后股价漂移，均在一定程度上呈下降的趋势。具体地，盈余公告日前后 60 个交易日的股价漂移幅度最大值出现在 2006 年，此时 PEAD（- 60，+ 60）的均值为 16.83%，其中，PEAD（- 60，- 2）和 PEAD（+ 2，+ 60）的均值分别为 9.27% 和 4.56%；而在 2016 年，PEAD（- 60，+ 60）的均值下降为 5.21%，对应的 PEAD（- 60，- 2）和 PEAD（+ 2，+ 60）的均值分别下降为 2.15% 和 2.26%。

　　图 3 - 14 和图 3 - 15 分别是样本期间内各个季度盈余公告前和盈余公告后股价漂移的均值。其中，对于盈余公告前的股价漂移，56 个季度中有 54 个季度（占比 96.4%）的均值大于 0，表明盈余公告前股价漂移的现象在长时间范围内普遍存在；PEAD（- 60，- 2）呈现出明显的下降趋势；对于盈余公告后的股价漂移，56 个季度中有 43 个季度（占比 76.8%）的均值大于 0。因此，盈余公告后股价漂移的现象也普遍存在，但 PEAD（+ 2，+ 60）下降的趋势比较弱。

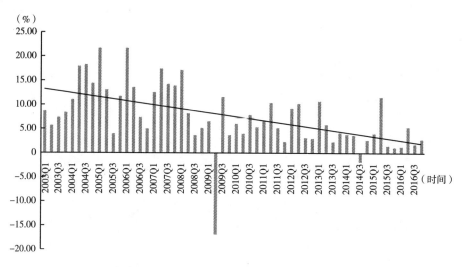

图 3 - 14　各个季度盈余公告前股价漂移 PEAD(- 60, - 2) 的均值

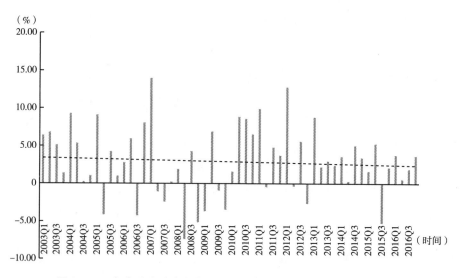

图 3 - 15　各个季度盈余公告后股价漂移 PEAD(+ 2, + 60) 的均值

　　综上所述，盈余公告的股价漂移总体呈下降的趋势，表明我国股票市场有效性在逐步提升。值得注意的是，从 2007 年开始，我国上市公司的盈余漂移幅度开始下降且比较明显，这可能与 2007 年基本完成股权分置改革及新会计准则的实施有关。由于历史遗留问题，中国资本市场自建立以来长期存在股权分置的问题，即公开发行前股东所持股份暂不对外流通。2005 年 4 月 29 日，中国上市公司股权分置改革开始推进；截至 2007 年底，已完成或实施股

权分置改革的上市公司比重达到 98%，股权分置改革基本完成。与此同时，从 2007 年 1 月 1 日开始，中国上市公司开始执行与国际财务报告准则趋同的新会计准则。新准则会计的实施对上市公司会计信息质量具有重要的影响（Barth et al.，2008），故对盈余公告的股价漂移影响重大（Hung et al.，2015）。为此，本书以新会计准则实施为分界点，进一步描述上市公司盈余公告股价漂移形态在 2007 年前后的变化。

3.2.5.2　2007 年新会计准则实施前后的变化

表 3 - 4 是区分 2003 ~ 2007 年和 2008 ~ 2016 年两个时间段对中国上市公司盈余公告前后的累积超额收益率的统计。可以看到：首先，2007 年之前，盈余公告前累计超额回报率 CAR(-60，-2) 在 SUE 最高组的均值为 0.062，在 SUE 最低组的均值为 - 0.063，股价漂移幅度 $[CAR(-60，-2)_{H-L}]$ 为 0.125；2007 年之后，盈余公告前累计超额回报率 CAR(-60，-2) 在 SUE 最高组的均值为 0.019，在 SUE 最低组的均值为 - 0.029，股价漂移幅度 $(CAR(-60，-2)_{H-L})$ 为 0.048；2007 年前后盈余公告前的股价漂移幅度显著下降（p - value < 0.01），且下降比例高达 61.6%。对于盈余公告日的股票市场反应显示出类似的结果：相对于 2007 年之前，2007 年之后 $CAR(-1，+1)_{H-L}$ 在 5% 水平显著降低且下降比例为 39.3%。

表 3 - 4　　　　中国上市公司盈余公告前、后 60 个交易日的
累积超额回报率：分时间段

RANK_SUE	CAR(-60，-2)		CAR(-1，+1)		CAR(+2，+60)	
	2003 ~ 2007 年	2008 ~ 2016 年	2003 ~ 2007 年	2008 ~ 2016 年	2003 ~ 2007 年	2008 ~ 2016 年
Lowest	- 0.063 ***	- 0.029 ***	- 0.016 ***	- 0.009 ***	- 0.009 **	- 0.020 ***
2	- 0.030 ***	- 0.021 ***	- 0.011 ***	- 0.008 ***	- 0.013 ***	- 0.019 ***
3	- 0.021 ***	- 0.012 ***	- 0.009 ***	- 0.006 ***	- 0.019 ***	- 0.018 ***
4	- 0.007 **	- 0.004 *	- 0.007 ***	- 0.003 ***	- 0.010 ***	- 0.014 ***
5	0.000	- 0.003 *	- 0.003 ***	- 0.002 ***	- 0.013 ***	- 0.015 ***
6	- 0.004	0.004 *	0.001	0.001	- 0.003	- 0.011 ***
7	0.004	0.007 ***	0.003 ***	0.002 ***	0.011 ***	- 0.003
8	0.024 ***	0.012 ***	0.009 ***	0.006 ***	0.024 ***	- 0.004 **

续表

RANK_SUE	CAR(-60, -2)		CAR(-1, +1)		CAR(+2, +60)	
	2003 ~ 2007 年	2008 ~ 2016 年	2003 ~ 2007 年	2008 ~ 2016 年	2003 ~ 2007 年	2008 ~ 2016 年
9	0. 038 ***	0. 016 ***	0. 013 ***	0. 006 ***	0. 023 ***	0. 005 **
Highest	0. 062 ***	0. 019 ***	0. 013 ***	0. 008 ***	0. 025 ***	0. 006 **
H - L	0. 125 ***	0. 048 ***	0. 028 ***	0. 017 ***	0. 034 ***	0. 026 ***
Mean-Diff.	0. 077 ***		0. 011 **		0. 008	

注：*** 、** 和 * 分别表示在 1% 、5% 和 10% 水平上显著。

其次，2007 年之前，盈余公告后的累积超额回报率 CAR(+2, +60) 在 SUE 最高组的均值为 0. 025，在 SUE 最低组的均值为 - 0. 009，两者差额为 0. 034 且在 1% 水平显著；2007 年之后，CAR(+2, +60) 在 SUE 最高组的均值为 0. 006，而在 SUE 最低组的均值为 - 0. 020，两者差额为 0. 026 且在 1% 显著。以上结果表明，2007 年前后我国上市公司均存在一定的盈余公告后漂移，这一结果与张（Truong，2011）的研究一致。然而，相对于 2007 年之前，尽管 2007 年之后盈余漂移幅度也下降了（降比为 23. 5%）但不显著。因此，中国资本市场有效性尽管得到一定的改善，但有效性仍有待提高。

最后，我们以 2007 年为分界线分别描绘出上市公司在盈余公告前后 60 个交易日的股价漂移形态。图 3 - 16 和图 3 - 17 分别描绘了 2003 ~ 2007 年和 2008 ~ 2016 年两个时间段盈余公告前窗口（ - 60, - 2）、盈余公告后窗口（ + 2, + 60）累积超额回报率的均值及其 95% 置信区间。我们可以比较直观地看到，2003 ~ 2007 年，盈余公告前的漂移幅度较大，且盈余公告之后投资者对盈余信息的反应比较迟缓，尤其是对于发布"坏消息"的公司，盈余公告后短暂时间窗口（约 30 个交易日）累积超额收益率不显著小于 0，甚至呈现盈余公告后股价先上升再下降的情形；2008 ~ 2016 年，盈余公告前的漂移幅度下降比较明显；盈余公告后，对于发布"好消息"的公司，累积超额收益率仅在短时间内显著大于 0，此后累积收益率均不显著异于 0，股价呈现"上升—下降—保持平稳"的特征，表明投资者对好消息的公司反应迅速，盈余公告后较短时间内盈余信息已充分反应完毕；对于发布"坏消息"的公司，累积超额收益率在盈余公告后均显著小于 0，因此，尽管发布"坏消息"公司的股价在盈余公告后仍持续漂移，但股价的反应方向从一开始便同未预

期盈余方向保持一致，因此，相对于 2008 年之前，投资者对"坏消息"的
反应速度也提高了。

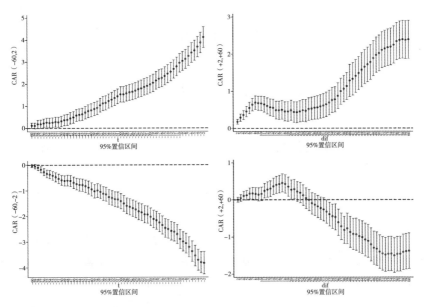

图 3 - 16　上市公司盈余公告前、后 60 个交易日的股价漂移——2008 年之前

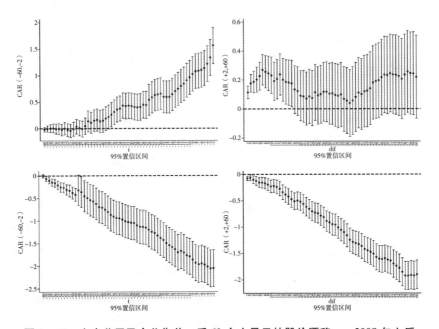

图 3 - 17　上市公司盈余公告前、后 60 个交易日的股价漂移——2008 年之后

　　本书认为，随着我国过去十几年资本市场各项制度建设的完善，尤其是 2007 年新会计准则的实施，中国上市公司的盈余公告前股价漂移幅度得到大幅的降低；尽管盈余公告后股价漂移在一定程度上降低了但幅度相对较小，表明中国股票市场的有效性得到了一定的改善，但仍有待进一步提升。

3.3　一些重要问题的讨论

　　基于 A 股上市公司盈余公告股价漂移的基本形态，以下问题值得我们进一步思考。

　　问题一：盈余公告后股价漂移的研究是否需要考虑盈余公告前的股价漂移？

　　传统研究中国上市公司盈余漂移的文献主要借鉴外文文献的做法，将研究窗口聚焦于盈余公告之后，较少考虑盈余公告前股价漂移对研究结论的影响。这一研究思路可能不太符合中国上市公司股价漂移大部分发生在盈余公告前的形态特征，导致现有相关研究的结论和理论较为苍白，我们至今仍无法很好地解释 A 股上市公司盈余公告股价漂移的形成机理。例如，由本书 3.2.3 部分可知，A 股上市公司盈余公告前的股价漂移幅度较大，而盈余公告后的股价漂移幅度较弱，这是否表明我国资本市场的有效性较高？答案很明显是否定的。因此，若综合考虑盈余公告前、后的股价漂移，现有基于盈余公告后股价漂移的研究结论和启示可能需要重新考量。

　　问题二：如何解释中国上市公司较大幅度的盈余公告前股价漂移？

　　与以美国为主的成熟资本市场国家相比，中国上市公司盈余公告前的股价漂移幅度更大。例如，张华和张俊喜（2004）的研究发现，对未预期盈余为正的公司来说，盈余公告前（-60,0）窗口期的累计超额回报率占总窗口（-60,120）的累计超额回报率 67% 左右；本书统计发现，2007 年之前盈余公告前（-60,-2）的股价漂移幅度为 12.5%，而盈余公告后（+2,+60）的股价漂移幅度仅为 3.4%，两者的比值为 3.68。然而，国内相关盈余漂移的研究主要考察盈余公告后的股价漂移，较少研究关注盈余公告前的股价漂移。对于我国上市公司为何表现出较大幅度的盈余公告前股价漂移，我们至今知之甚少，以至于部分学者简单地归结为盈余公告前的信息泄露（杨德明和林斌，2010）。从第 2 章对盈余公告前股价漂移的文献回顾可知，盈余公告前的股价漂移既可能是股票市场信息环境恶化、公司代理冲突加剧和机构市场操纵的反映，也可能是信息市场效率（股票市场信息的流通）提升的体现。米利安（Milian，2015）的研究发现，非理性的套利交易者（unsophisticated investors）试图对盈余公告后股价超额收益进行套利，导致盈余公告前股票超额收益较高的公司在盈余公告后的市场回报反而较低。这是否表明中国股票市场的套利交易者非理性成分较高？对这些问题的考察有助于我们重新审查或评判中国机构投资者或套利交易者发挥的作用。因此，未来需要更多的实证研究对我国上市公司盈余公告前的股价漂移进行检验。

问题三：如何解释过去十几年中国上市公司盈余公告股价漂移的变化？

由本书 3.2.5 部分可知，随着我国过去十几年资本市场各项制度建设的推进和逐步完善，盈余公告的股价漂移幅度整体上呈一定的下降趋势。然而，若区分盈余公告前和盈余公告后的股价漂移来看，盈余公告前的股价漂移显著降低，而盈余公告后的股价漂移下降的幅度较弱。进一步地，2007 年前后盈余漂移的变化比较明显。在 2007 年附近中国资本市场发生较大的变化：2006 年 12 月建立了上市公司信息公允披露制度；2007 年 1 月开始实施新会计准则；2007 年 12 月底，股权分置改革基本完成。这些制度变化如何影响盈余公告股价漂移？哪些制度对盈余漂移带来显著的影响？对这些问题的回答有助于我们深入理解盈余漂移背后的机理，也能够为监管层进一步加强我国资本市场制度建设，提高资本市场有效性提供一定的政策建议。

3.4　本章小结

中国上市公司的盈余漂移根植于一系列特殊的历史制度背景，包括资本市场有效性低下、企业商业模式创新、会计信息披露制度变革、以"散户为主"的投资者结构和较为薄弱的市场监管等。这些制度背景有助于我们更好地理解中国上市公司盈余公告股价漂移的形态特征以及其与国外资本市场盈余漂移形态的差异。在这些制度因素的作用下，我国上市公司的盈余公告股价漂移形态表现出与国外上市公司盈余漂移形态较大的差异，主要表现为我国上市公司的股价漂移绝大部分已在盈余公告之前反映，盈余公告后的股价反应较弱甚至存在一定的反转；随着我国资本市场信息披露制度的建设和会计准则与 IFRS 的趋同，我国上市公司盈余公告前股价漂移的幅度大幅减小，而盈余公告后股价漂移也得到一定的降低，但显著性不高。

本书认为，基于中国特殊的制度背景对 A 股上市公司的盈余公告前股价漂移进行研究，不仅能够丰富会计计量、信息披露和市场监管等理论，也有助于我国上市公司会计准则制定和信息披露政策的优化。

第4章 盈余公告前股价漂移的
理论分析框架

本章提供了一个研究盈余公告前股价漂移的理论性分析框架（见图4-1）。第3章已详细介绍了理解盈余公告前股价漂移的制度背景，这里不再赘述。本章将重点分析以下三部分内容：第一，分析盈余公告前股票市场上存在的可能用于影响投资者决策的信息集合，这些信息对于帮助投资者提前捕捉公司盈余信息和进行股票交易具有重大影响；第二，分别从内幕信息泄露、信

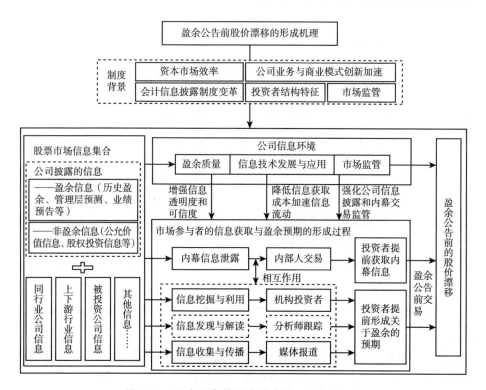

图4-1 盈余公告前股价漂移的理论分析框架

息收集与传播、信息发现与解读、信息挖掘与利用四条路径，基于公司内部人、传播媒介（媒体）、外部分析师和机构投资者等市场参与者的角度分析投资者在盈余公告前如何获取盈余信息或形成盈余预期；第三，从盈余质量、信息技术发展与应用、市场监管等信息环境出发论述这些因素如何影响投资者的信息获取及投资信念。本章的研究，一方面帮助我们较为全面地理解影响盈余公告前股价漂移的重要因素，为后续实证研究做好铺垫；另一方面也为国内其他学者进一步研究盈余公告前股价漂移提供一个理论性分析框架。

4.1 与公司盈余相关的市场信息集

在公司正式公告盈余信息之前，市场已存在较多与公司盈余相关的信息。这些信息有助于市场参与者形成关于公司未来盈余的预期（earnings expectation），从而影响投资者的投资决策。具体包括以下内容。

4.1.1 上市公司自身披露的信息

本书将公司自身披露的信息分为两大类：盈余信息与非盈余信息。盈余信息比较相关的包括历史盈余信息、管理层盈利预测、业绩预告等信息。具体如下。

（1）投资者可以根据公司历史盈余信息及其自相关特性推断未来盈余信息。这一方法的获利性取决于一国资本市场的有效程度。根据法玛（Fama，1970）的有效市场理论，当资本市场尚未达到弱有效资本市场时，基于历史信息做出的投资决策可以获得一定的超额收益。同时，盈余漂移的研究文献指出，公司季度未预期盈余之间存在一定的自相关特性（Bernard and Thomas，1990；Bartov，1992；Rangan and Sloan，1998；Cao and Narayanamoorthy，2012），正是由于投资者无法识别或低估了这一序列相关特征才导致了盈余公告后的股价漂移。根据伯纳德和托马斯（Bernard and Thomas，1990）的发现，第 t 季度的未预期盈余（SUE_t）与接下来四个季度的未预期盈余（SUE_{t+1}、SUE_{t+2}、SUE_{t+3} 和 SUE_{t+4}）之间存在（+、+、+、-）自相关关系。后续关于季度盈余序列相关特征的研究同样发现了类似的规律。

表 4-1 是基于中国上市公司季度盈余数据的回归结果，同样支持了季度

未预期盈余的序列自相关特征。因此,投资者根据历史盈余信息可以在一定程度上推断公司未来盈余大小,即未预期盈余存在一定的持续性。当然,这一持续性也受到公司盈余质量的影响,当公司盈余质量较差时,季度盈余之间的持续性可能较弱,从而加大了投资者使用历史盈余形成未来盈余预期的难度。

表4-1 中国上市公司季度未预期盈余的序列自相关特征

变量	(1)	(2)	(3)
	Dep. Var. = SUE$_t$		
SUE$_{t-1}$	0.304 *** (28.11)	0.293 *** (27.15)	0.270 *** (24.28)
SUE$_{t-2}$	0.072 *** (12.09)	0.070 *** (11.64)	0.065 *** (10.59)
SUE$_{t-3}$	0.033 *** (6.39)	0.035 *** (6.54)	0.029 *** (5.47)
SUE$_{t-4}$	-0.371 *** (-45.65)	-0.371 *** (-45.00)	-0.385 *** (-45.36)
Constant	-0.001 *** (-23.63)	-0.001 (-1.19)	0.000 (0.91)
年份—季度固定效应	—	YES	YES
行业固定效应	—	YES	—
公司固定效应	—	—	YES
Observations	55 092	55 092	55 092
R-squared	0.204	0.225	0.255

注:(1)本表采用的数据和变量定义具体见第3章,SUE衡量公司季度未预期盈余;(2) *** 、** 和 * 分别表示在1%、5%和10%水平上显著;(3)括号为t值。

(2)管理层业绩预测也常常为投资者提供反映公司盈利前景和公司价值的前瞻性信息。现有文献通常将管理层业绩预测(management earnings fore-cast)与业绩预告(后面介绍)等同进行研究。与张翼和林小驰(2005)、赫斯特(Hirst et al.,2008)的做法一致,本书对管理层业绩预测和业绩预告严格区分并分别介绍。管理层盈利预测一般在报表期间截止日之前发布,而业绩预告则是在报表期间结束之后盈余信息正式披露之前发布的关于公司盈利状况的信息(见图4-2)。由于管理层对公司未来经营业绩具有更多信息优势，管理层有动机在盈余信息发布之前自愿向外发布盈利预测，这有助于降低投资者的信息风险使其更及时地获取与公司价值及决策相关的信息（Healy and Palepu, 2001; Hirst et al., 2008）。拜耳（Beyer et al., 2010）指出，管理层业绩预测为美国投资者提供了近55%的会计信息。已有研究发现，管理层盈利预测相对于分析师预测更加准确（Hassell and Jennings, 1986），且能够帮助分析师降低预测的偏差（Clement et al., 2003）；进一步地，投资者会对管理层盈利预测信息做出相应的反应，例如管理层盈利增加的预测导致显著为正的股票市场反应，而对盈利减少的预测表现出负的市场反应（Ajinkya and Gift, 1984; Waymire, 1984）。由于我国上市公司更注重对历史信息的披露而不太重视对前瞻性财务信息的披露，管理层自愿业绩预测在我国资本市场建立初期不太普遍。随着监管层强制和鼓励上市公司在正式报告发布之前提前进行业绩预告，管理层在报表期间结束之前进行业绩预测的行为也逐渐增多①。因此，管理层业绩预测将丰富我国投资者的信息来源。

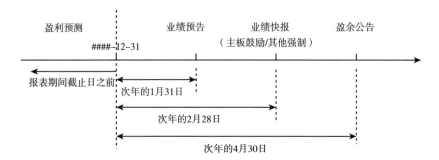

图4-2　中国上市公司盈余信息披露的重要事件及时间点（以年报为例）

（3）越来越多的公司在发布盈余信息之前采用业绩预告和业绩快报的方式及时地向市场传递公司盈余信息。我国业绩预告（earnings pre-announcements）制度实行半强制制度（具体介绍见第3章），即符合条件的公司需要在正式披露报告之前发布业绩预告，其他公司则不属于强制披露对象。业绩预告的范围也从仅要求亏损公司在年报公告之前发布预亏公告，逐渐扩大到业绩大幅变动（增减50%及以上）的公司和扭亏为盈的公司；业绩预告对象

---

① 通过在巨潮资讯网站输入"盈利预测"关键词后发现我国部分上市公司已自愿进行盈利预测，如杭州解百集团股份有限公司（600814）在2013年7月27日发布了关于2013~2014年度的合并盈利预测数据，http://www.cninfo.com.cn/cninfo-new/disclosure/fulltext/bulletin_detail/true/62875620?announceTime=2013-07-27.

逐渐将半年报和季度报告包括进来。披露时点方面，业绩预告一般规定不得晚于次年的 1 月 31 日，中小板和创业板公司的业绩快报不得晚于次年的 2 月底，而主板公司则鼓励披露业绩快报。由于正式的年报披露一般不晚于次年的 4 月 30 日（见图 4-2），所以业绩预告和快报使投资者更为及时地获取公司盈余信息。国内相关文献研究表明，业绩预告具有一定的信息含量（薛爽，2001；蒋义宏等，2003；戴德明等，2005；李馨子和罗婷，2014），能够更及时地向投资者传递管理层的私有信息；业绩预告信息也将影响分析师预测行为并将有效降低分析师的预测误差（王玉涛和王彦超，2012；李馨子和肖土盛，2015）。此外，柳木华（2005）的研究指出，业绩快报具有较为显著的信息含量，不仅不会削弱上市公司盈余公告的信息含量，而且是盈余公告信息的一个有益补充。

投资者也可以通过与上市公司未来盈利前景相关的部分非盈余信息预判公司的盈利状况。非盈余信息主要包括公司公允价值计量的会计科目和股权投资信息等，具体如下。

（1）公允价值信息。公允价值（fair value）计量乃财务会计发展的大势所趋（葛家澍，2007）。传统会计强调历史成本计量，随着金融创新及业务创新，面向未来的、以市场为基础的公允价值会计逐渐受到重视。强调公允价值会计就是为了向投资者提供更为及时的潜在价值变动信息，增强投资者对企业内部信息的理解和对未来现金流量的判断，从而提高会计信息的决策有用性（朱丹等，2010）。邓传洲（2005）的研究表明，公允价值披露显著地增加了会计盈余的价值相关性。王玉涛等（2010）的研究表明，相对于历史成本，公允价值具有增量的价值相关性，具体表现为金融资产（可供出售金融资产）公允价值变动产生的未实现损益具有一定的价值相关性。徐经长和曾雪云（2013）研究发现，可供出售金融资产的公允价值变动在利润表的其他综合收益项目呈报时具有很高的价值相关性，而计入股东权益变动表时则仅有微弱的价值相关性，表明公允价值信息的决策有用性还取决于其他综合收益的呈报方式。

除了可供出售和交易性金融资产采用公允价值计量外，投资性房地产也可能采用公允价值进行计量①。随着我国房地产市场的迅猛发展，公允价值

①　我国财政部 2006 年发布的《企业会计准则第 3 号——投资性房地产》允许投资性房地产在后续计量中采用历史成本或公允价值进行计量。

计量在房地产企业逐渐被使用。截至 2015 年底，我国上市公司中约 43% 的公司拥有投资性房地产，其中，约 5% 的公司采用公允价值进行计量（魏云鹤，2017）；自 2006 年初至 2018 年 6 月底，A 股上市公司合计持有的投资性房地产金额从 730 多亿元迅速增长为 10 477 亿元，其中，7 家上市公司 2018 年上半年因投资性房地产公允价值变动损益超过亿元。由于房地产真实市场价值受到地区房价的重大影响，而地区房价信息在公司盈余公告发布之前早已被市场所知，投资者根据房价信息自然可以大概推断房价变动对这类企业当期业绩的影响，更有甚者，部分公司通过"卖地"对企业当期业绩造成重大影响①。

（2）股权投资信息。受到近年来持续的政策利好推动，包括 IPO 注册制的加速、科创板的挂牌、新三板转板等制度创新等，越来越多的上市公司进入创投行业，Wind 甚至推出了"创投概念股"。据《中国证券报》统计，2017 年上半年，共有 490 家上市公司持有其他上市公司股票，初始投资金额高达 1 252.45 亿元②。此外，近年来我国上市公司配置金融资产的企业数量和金额也呈较快的增长态势，"实体企业金融化"的现象越发普遍（王红建等，2017）。截至 2018 年 10 月 16 日，共有 1185 家 A 股上市公司投资理财产品，累计金额约 1.23 万亿元③。上市公司的股权投资（equity investment）与公允价值信息紧密相关。一方面，企业股权投资一般记入"交易性金融资产""可供出售金融资产""长期股权投资"等科目。当投资标的的股价上涨或下跌时先通过企业投资收益影响当期利润。另一方面，投资标的企业的盈利信息也与上市公司当期业绩息息相关，当企业的盈利有很大比例是由股权投资创造时，企业股价将会对其所投资企业的盈余信息做出较大的反应。因此，若投资标的的盈利信息提前披露或投资者通过观察投资标的的经营情况，投资者可以较早判断投资标的净利润对上市公司当期盈利的影响程度，从而形成公司盈利预期。

---

① 例如，2017 年 7 月 28 日，粤泰股份发布半年报，公司净利润同比增长近 12 倍，这主要得益于房价上涨。2018 年上半年，美凯龙利润表中投资性房地产价值变动损益 11.03 亿元已计入当期利润，占比为 29.29%。来源于该公司披露的半年度报告。

② 中国证券报."上市公司炒股：1 公司狂赚 18.6 亿 1 公司新股中签 68 次"［EB/OL］（2017 - 09 - 01）http：//finance. ifeng. com/a/20170901/15632884_0. shtml.

③ 新浪财经."上市公司炒股巨亏　不务正业理当被监管"［EB/OL］（2018 - 10 - 29）https：//finance. sina. com. cn/stock/stocktalk/2018 - 10 - 30/doc - ihnaivxq4017642. shtml.

4.1.2 同行业公司的相关信息

同一行业内的公司具有相似的经营业务和重要的经济联系，行业内其他公司披露的盈余信息不仅反映了自身的经营情况，也可以反映行业的发展状况和前景，因此，行业内的信息流动（industry information flow）能帮助投资者有效地评估行业内公司的盈利前景（见图 4 - 3）。已有相关研究表明，同行业内的信息流动对行业内公司的股价具有重大影响（Foster，1981；Freeman and Tse，1992）。福斯特（Foster，1981）研究发现，当行业内一家公司发布盈余信息时，同行业内其他公司的股价将做出相应的反应，且对于那些经营活动更相似的公司股价反应更大，表明，行业内公司的盈余存在相关性。弗里曼和赛（Freeman and Tse，1992）的研究表明，行业内的信息传递在那些盈余更相关的公司表现得更强。

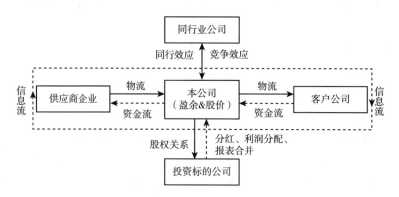

图 4 - 3 上市公司各类主要的经济联系与信息网络

事实上，行业内的信息传递可能存在两种相反的方向。若同行业内两家公司不存在竞争关系，则两者更可能表现为正相关的信息传递关系，即一家公司的经营业绩较好表明行业内其他公司的业绩也将较优（同行效应）；相反，若同行业两家公司存在竞争关系，则两者更可能表现为负相关的信息传递，即一家公司的业绩表现较好预示着行业内其他公司的业绩将更差（竞争效应）。金等（Kim et al.，2008）的研究支持了上述观点。然而，尽管同行业内公司间的经济联系能够帮助投资者评估公司未来现金流量，投资者却对这一信息反应不足。拉姆纳特（Ramnath，2002）发现，同行业内最先公告盈余的公司信息对行业内其他公司收益率具有一定的预测能力，表明投资者低估了同行业公司盈余信息之间的关系。侯（Hou，2007）则发现，同行业内规模较大公司发布的盈余信息对行业内规模较小公司的收益率具有一定的预测能力，表明投资者可以透过大公司的相关信息评估同行业内小公司的未来现金流量，但投资者对这一信息的反应不足或反应较慢。

4.1.3　上下游行业公司的相关信息

供应商—客户关系（supply-chain relationships）往往是市场公开的信息[①]且这一关系较为持久。作为企业重要的利益相关者，供应商和客户对公司的经营管理过程具有重大的影响（Freeman，1984；Patatoukas，2012；Kale et al.，2013）。如图4-3所示，公司的主要供应商或客户披露的信息既反映了自身的经营情况，也预示供应链上下游企业及整个供应链的发展状况和前景，故而投资者可以通过观察主要供应商和客户的相关信息修正关于公司未来现金流的预期并降低其信息不确定性，从而更加及时、恰当地做出相应的投资决策（Pandit et al.，2011；魏明海等，2018）。

科恩和弗拉兹尼（Cohen and Frazzini，2008）的研究发现，供应商—客户之间的经营业绩显著正相关，且客户公司的信息冲击（information shocks）能有效预测供应商公司的股价超额收益。潘迪特等（Pandit et al.，2011）的研究发现，当公司的客户发布盈余公告时，该公司的股价对客户盈利信息会有显著的市场反应，且当两者的经济联系越强时公司的股价反应越大。魏明海等（2018）基于中国上市公司数据发现了类似的结果。赫兹耳等（Hertzel et al.，2008）的研究发现，当公司主要客户发生财务困境时，该公司股价随之下跌。同时，康等（Kang et al.，2012）发现，当公司的客户发生财务重述时，公司的股价也会出现负面的反应。帕塔头科斯（Patatoukas，2012）的研究表明，投资者可以通过客户集中度（customer-base concentration）有效推测供应商的盈利情况，进一步地，市场低估客户集中度变化与供应商未来盈利前景变化的关系使投资者可以获取一定的超额投资收益。上述研究主要考察客户信息对供应商企业股价的影响，而供应商企业的信息也可以用于评估客户公司的盈利前景。已有研究发现，当供应商企业发布盈余信息之后，部

[①]　从2001年起，中国证监会在《公开发行证券的公司信息披露内容与格式准则第2号〈年度报告的内容与格式〉》（2001年第33条）中要求上市公司在其年报中披露公司向前五大供应商（客户）采购（销售）占全年采购成本（销售收入）的比例。

分分析师会调整关于客户公司的盈余预期且这些分析师的预测准确性得到显著的提高（Chang et al. , 2009）。供应商公司的盈余信息对客户公司股价也具有显著影响，表明供应商公司的盈余信息对于投资者评估客户公司的未来现金流量具有重要作用（Eshleman and Guo, 2014）。

客户或供应商信息对公司股价有重要影响，然而，基于供应商—客户关系的股价收益可预测性（return predictability）也表明投资者往往忽略或没有完全考虑供应商—客户之间的经济联系及其对公司股价的影响（Cohen and Frazzini, 2008；Menzly and Ozbas, 2010）。

4.1.4　被投资公司的相关信息及其他信息

前面已分析了上市公司的股权投资信息（尤其是公允价值信息）能够帮助投资者较为及时地评估公司的盈利情况。如图 4 - 3 所示，投资者根据投资标的公司的相关信息能够进一步评估股权投资项目对核心公司净利润的影响。具体地，投资标的公司可以通过分红、利润分配影响核心公司的投资收益；若上市公司持有的投资标的公司股权达到合并报表要求，则投资标的公司的净利润也将是核心公司当期业绩的重要组成部分。例如，华北制药 2012 年实现净利润 1 406 万元，其中，投资收益 4 773 万元左右，是净利润的 3 倍之多；2015 年年报中投资收益占净利润的比重也达到 80% 以上（王红建等，2017）。黄俊等（2013）的研究发现，当集团内某一企业的业绩大幅下滑时，同一集团内其他企业的经营绩效也将随之降低。这一结果表明，同一实际控制人控制下的企业之间的盈余信息存在一定的相关性。蔡贵龙等（Cai et al. , 2019）发现，当集团内某一公司出现财务丑闻时，集团内其他公司的股价将显著为负，同样支持集团内的信息流动对集团企业股价的影响。

综上所述，在公司对外公告盈余信息之前，投资者可以从多种渠道收集相关信息，利用这些信息可以在一定程度上评估公司的盈利状况。图 4 - 3 描绘了同一行业和供应链企业之间的信息流动、股权投资信息等市场上较为普遍的，可能反映公司未来现金流量的信息。当然，市场上也存在其他渠道的信息①，这里不再一一穷尽。

---

① 例如，各种评级公司对公司债券或资信情况的评级，当评级公司下调公司债券评级可能预示着公司当年及未来的盈利能力较弱。

4.2　市场参与者的信息获取与盈余预期形成过程

资本市场上的信息传播过程一般包括"信息披露—信息获取与解读—投资决策"三个阶段。尽管前面介绍了市场存在的与公司经营业绩较为相关的各类信息，这些信息是否以及在多大程度上影响公司股价还取决于市场参与者能否注意并识别到这些信息与公司价值的关系，此即市场参与者的信息获取与盈余预期形成的过程。在此基础上，投资者基于信息解读获得的公司私有信息进行投资决策，从而影响盈余公告前的股价漂移。具体如下。

4.2.1　内幕信息泄露——内部人交易

从直觉来看，盈余公告前的股价异动与信息提前泄露（information leakage）有较大的关系。杨德明和林斌（2009）更是直接将盈余公告前的股票市场反应等同于公司盈余信息泄露的严重程度。由于内部人更容易接触公司内幕信息，内部人可以在盈余信息公告之前获悉与公司价值相关的重大信息，从而在市场知晓之前进行股票交易并获得超额收益。例如，阿埃伦（Ahern，2017）基于美国证监会判定的内幕交易案件研究发现，高达26%的内幕交易案件与盈余信息公告相关，内部人在盈余公告前11个交易日的内幕信息交易获得了近14%的超额收益，这在一定程度上支持了信息泄露可能导致盈余公告前的股价漂移。与此同时，理性的投资者预期到内部人拥有的内幕信息优势，在观察到内部人交易之后也将采取与内部人相类似的股票交易（Manne，1966），这将进一步导致盈余公告前的股价漂移。

盈余公告前漂移不能简单地与信息泄露画等号。由前面介绍可知，盈余公告前市场存在多种可能的信息渠道可用于评估公司的盈利状况和未来现金流量。即使公司未公告盈余信息，市场参与者仍可以通过其他渠道信息预判公司的盈利情况，提前做出股票交易。例如，伊顿等（Eaton et al.，2010）是仅有的一篇直接探讨盈余公告前漂移的文献。作者将盈余公告前漂移定义为同行业内较早公布盈余的公司之后，较晚公告盈余的公司之前的时间窗口，较晚公告盈余公司在自身盈余公告前的股价漂移。研究发现，较早公告盈余的公司对未公告盈余公司的股价具有一定的预测能力，表明市场对同行业内盈余信息之间的相关性反应不足。因此，后面将继续从新闻媒体在信息收集与传播、分析师在信息发现与解读以及机构投资者在信息挖掘与利用等角度出发，探讨这三类重要市场参与者对盈余公告前股价漂移的影响。

4.2.2　信息搜集与传播过程——媒体报道

作为资本市场重要的信息传播媒介，新闻媒体在公司信息收集和传播过程（information dissemination）中发挥至关重要的角色，能有效加速信息在资本市场的流动和降低投资者的信息不对称（Bushee et al.，2010），从而影响盈余公告前股价漂移。具体地，媒体报道主要从以下三个路径影响盈余公告前的股价漂移。

（1）降低投资者的信息搜寻成本并帮助其更好地理解市场信息对公司价值的影响。前面已介绍市场上各类可用于评估公司盈余及价值的信息，然而，由于投资者（尤其是中小投资者）在处理信息方面存在有限注意等认知局限（Hirshleifer and Teoh，2003；Dellavigna and Pollet，2009），投资者难以完全注意及识别这些信息对公司未来现金流的影响。新闻媒体一般拥有一支专业的信息跟踪、搜寻和报道队伍，通过对各类信息进行整合和传播，能够帮助投资者降低信息搜寻成本，从而更好地获取反映公司价值的相关信息。

（2）增强投资者对公司信息的关注度，提升信息传播的速度和扩大信息传播的范围。由于传统信息渠道的局限性，公司披露的信息只能到达部分投资者。新闻媒体的跟踪报道使更多中小投资者及时了解这些信息，扩大了公司信息的传播范围和受众面（杨玉龙等，2016）。媒体也会提醒投资者关注公司即将发布的一些相关信息（如业绩说明会等），从而吸引投资者对公司披露信息的关注（Bushee et al.，2010），以及缓解投资者认知局限对市场公开信息反应不足等问题。

（3）尽管新闻媒体一般对市场已有信息进行二次传播，媒体报道也可能提供有价值的增量信息。新闻媒体工作者一般由专业的信息挖掘和分析队伍组成，新闻媒体为了吸引更多的读者以抢占市场份额，也可能通过对公司进行跟踪、调查、暗访和分析获取一手资料，从而先于公司对外提供有价值的增量信息，帮助投资者降低信息风险并更好地决策。

4.2.3　信息发现与解读——分析师跟踪

分析师作为资本市场重要的信息中介，在改善企业信息环境方面发挥了重要的作用。一方面，分析师具有较强的信息发现功能（information discover）。一般地，分析师由高素质和具有良好职业声誉的研究队伍组成，其信息搜寻和分析能力相对较高，分析师通过跟踪和评估企业当期经营情况并预测未来盈利前景，能够向市场参与者提供有价值的信息。例如，分析师常常通过实地考察、调查同行业和供应链公司的信息、与公司不同级别的高管交流等方式获得私有信息，并及时生成新的投资报告，例如公司的盈余预测和估值水平等（Huang et al.，2018），这些信息对于投资者评估公司未来现金流量具有很好的辅助作用。另一方面，分析师具有较强的信息解读功能（information interpretation）。一般地，在公司披露相关信息之后，分析师会及时跟进并通过自己的语言对其进行解读。分析师对公司信息进行解读也可以起到信息二次传播的作用，这有助于吸引投资者关注那些分析师认为对公司价值影响较大的信息，从而降低投资者的信息处理成本并缓解投资者有限注意（investor inattention）的局限。因此，分析师的信息发现与信息解读功能共同帮助投资者以较低的成本更及时地获取反映公司未来现金流量的相关信息，帮助投资者在公司盈余公告之前较早地做出投资决策，从而导致盈余公告前的股价漂移。

4.2.4　信息挖掘与利用——机构投资者持股

尽管市场上存在多种渠道信息，能否注意到并利用这些信息服务于投资决策还取决于投资者的成熟度。机构投资者一般被认为是相对理性的投资主体，更能对信息进行挖掘和利用（information discover and arbitrage），从而对盈余公告前股价漂移具有显著的影响，具体体现在以下两个方面。

（1）机构投资者资金雄厚且具有较强的信息挖掘能力（王亚平等，2009；张宗新和杨通旻，2014），故而能更及时地获取公司私有信息并形成盈余预期。如前所述，在公司盈余信息公告之前，资本市场已存在较多的相关信息源，例如行业上下游公司的业绩状况、分析师业绩预测、公司管理层业绩预测等。散户投资者由于注意力有限，对市场信息的敏感性相对较弱；相反，机构投资者综合利用市场各类公开信息，通过各种信息挖掘和分析方法能够较为准确地捕捉公司盈利前景信息，从而提高投资收益率。例如，机构投资者可以在公司重大信息公告前通过投资者调研①（Cheng et al.，2018）或访问交流（孔东民等，2015）等方式提前获取相关信息。

（2）机构投资者也可能通过建立与公司内部人的社会关系，在盈余信息公告之前提前获取相关内幕消息。这在我国内幕信息监管和内幕交易惩处较弱的制度背景下可能更加普遍。科恩等（Cohen et al.，2008）和杨玉龙等（2017）的研究表明，机构投资者可以通过校友网络获得信息优势并获得超额收益。何贤杰等（2014）的研究发现，证券公司通过与具有证券背景的独立董事建立社会关系提前获取公司内幕消息并获得超额投资收益。

4.2.5　外部市场参与者与内幕信息交易的相互影响

市场各个参与者在信息获取和交易过程中并非独立，而是互为影响的。首先，内幕信息泄露受到公司外部的媒体报道、分析师跟踪和机构持股的制约。当公司受到较少的媒体关注和分析师跟踪时，公司信息不对称问题更为严重，此时内部人更可能通过内幕信息交易获得超额收益（Frankel and Li，2004）。类似地，当机构投资者持股比例较高时，机构投资者更有动机监督公司内部人并抑制内部人的投机行为，从而缓解公司内幕信息泄露的问题。其次，内幕信息泄露和交易损害了资本市场的公平性，这将削弱市场参与者收集公司信息的积极性（Bushman et al.，2005），并降低该股票对外部投资者的吸引力（Grossman and Stiglitz，1980），从而进一步加重公司内幕信息泄露的问题。最后，机构投资者在信息挖掘过程中很大程度上也基于媒体报道和分析师提供的信息，媒体报道和分析师报告有助于增强机构投资者的信息挖掘能力。

综上所述，盈余公告前的股价漂移不仅仅由盈余公告前信息泄露所致，而是信息泄露、信息传播、信息解读和信息利用等交织作用的结果。

---

① 在中国，部分机构利用调研或交流活动，早于公开披露获取公司经营数据的情况也较为普遍，《证券时报》于 2009 年 4 月 2 日对这一现象进行了报道。

4.3　信息环境对公司信息披露及市场参与者投资决策的影响

投资者的信息获取过程也受到公司信息环境的重大影响，包括公司盈余质量、市场监管及信息技术的发展和应用等，这些因素通过影响投资者的信息获取过程，包括投资者对市场信息的反应速度、准确理解的程度和信任程度，作用于投资者股票投资决策和盈余公告前股价漂移。

4.3.1　盈余质量的影响

首先，公司披露的信息质量较低将削弱投资者的信任度，降低投资者对市场信息的反应程度。以我国上市公司业绩预告为例。尽管业绩预告有助于投资者较为及时地了解公司的盈利情况，我国上市公司现阶段披露的业绩预告质量较为低下，导致业绩预告的信息含量普遍较低。业绩预告质量较低具体表现为业绩预测存在较大误差，且业绩预测的发布较为随意并频频"变脸"。李馨子和罗婷（2014）统计发现，2003～2009年发布业绩预测的公司中高达62%的样本存在修正业绩预测的行为，表明以往我国上市公司业绩预测的准确度较低。罗玫和宋云玲（2012）的研究表明，对业绩预测的修正导致公司以后年度发布的业绩预测的可信度受到投资者的质疑；李馨子和罗婷（2014）的研究也表明，投资者对业绩预告准确度较低的公司发布的信息反应更弱。

其次，上市公司盈余质量或财务报告质量将影响公司信息不对称和信息透明度。一方面，盈余质量或财务报告质量较高的公司一般信息透明度更高，且投资者信息不对称问题较轻。在此情况下，投资者更容易在正式的盈余公告前较为准确地形成关于公司盈利前景的预期，投资者将提前做出投资决策，故而公司股价在盈余公告前提前异动。相反，对于盈余质量较低的公司，外部投资者基于现有公开的信息推断公司未来现金流量的难度较大，投资者将推迟股票投资决策（Francis et al.，2007），从而盈余公告前股价反应较弱。另一方面，盈余质量或财务报告质量较高也可能抑制内部人利用内幕信息交易的动机。在盈余质量较低的情况下，公司信息透明度较低，此时内部人利用内幕信息交易的行为更不容易被发现，且内部人可以获得更高的超额回报（Gu and Li，2012），故而内幕信息泄露问题可能较为严重，公司股价更可能在盈余公告前提前异动。因此，公司盈余质量或财务报告质量对不同的市场参与者影响存在差异，这将决定盈余质量对盈余公告前股价漂移的影响方向。

4.3.2　市场监管的影响

强化市场监管对于提升公司信息披露水平和抑制内幕信息泄露具有积极的作用。具体表现为以下两个方面。

（1）市场监管可以促使公司披露更多的信息，提升公司信息透明度。上市公司的信息披露行为同时受到市场和监管两种力量的重大影响。尽管公司在市场机制下会自愿披露一定的信息，但信息外部性经常导致公司信息披露不充分，在此情况下，市场监管有助于提高强制性信息披露水平（谢志华和崔学刚，2005），提升公司信息透明度和降低投资者信息不对称程度，尤其在我国政府干预较强和国有上市公司占比较高的制度背景下，上市公司信息披露很大程度上由监管机构强制实施。例如，由第 3 章的制度背景介绍可知，我国上市公司公允价值计量、业绩预告制度、公平信息披露制度等均先由监管机构出台相关制度之后才有相应的公司信息披露。

（2）加强市场监管能有效抑制内幕信息泄露，提高信息披露的公平性，保证资本市场健康发展。受到利益驱使，公司内部人有动机提前获取内幕消息进行股票操作以期获得超额收益。在市场监管较为薄弱的情况下，这种内幕信息泄露和内幕交易问题表现得更为严重。然而，监管机构加强内幕信息交易监管在一定程度上提高了内部人交易的法律风险，能有效抑制内幕信息泄露的发生。市场监管对内幕交易的抑制将进一步提升公司信息披露质量和信息透明度，从而显著地增强公司股价的信息含量。

4.3.3　信息技术的发展与应用

随着信息技术的革新与应用，公司信息披露更为及时，投资者获取信息的渠道更多且成本更低，从而提升信息披露、传播、获取、沟通和利用的效率（Healy and Palepu，2001）。主要表现为以下两个方面。

（1）财务报表编报技术的发展。可扩展商业报告语言（eXtensible business reporting language，XBRL）是财务信息交换的最新公认标准和技术。以XBRL为基础的网络财务报告，一方面提高了信息供给者财务报表编报的效率，降低信息供给成本；另一方面提高了财务信息的可获得性和时效性，降低了信息交换成本并提高财务信息的利用效率。此外，投资者和分析师使用财务信息进行分析更为便利，大大降低了投资者的信息处理成本（Chen et al.，2017a）。已有研究表明，XBRL技术的应用能有效提升财务报告的透明度（Hodge et al.，2004）、降低投资者信息不对称（Yoon et al.，2011），并提高股票市场的信息效率，表现为盈余公告后股价漂移显著降低（Efendi et al.，2014；Chen et al.，2017a）。

（2）上市公司—投资者互动技术的发展。互联网信息技术对于加强上市公司与投资者互动，提升投资者获取信息的及时性和准确性，具有重要的作用。例如，我国深交所于2009年建立、2010年开始实施的基于互联网的"互动易"平台，上交所于2013年上线的"上证e互动"网络平台，这些网络交流平台使投资者（尤其是中小投资者）可以更便捷地获取市场信息，上市公司能够及时为投资者答疑解惑，从而优化投资者对公司信息的获取和解读（丁慧等，2018），改善市场信息效率（谭松涛等，2016）。此外，近年来新媒体信息技术的发展也使上市公司逐渐重视投资者关系管理。部分上市公司通过在公司网站开通微博、微信、开设投资者咨询板块等提供了多种投资者交流平台，帮助投资者更好地理解公司披露的各项信息，从而提高投资反应速度和准确度。投资者对信息反应速度的提高决定了其将更早地做出股票投资决策，从而影响盈余公告前的股价漂移。

4.4 本章小结

本章提供了一个研究盈余公告前股价漂移的理论分析框架。我们认为，盈余公告前的股价漂移受到股票市场各类相关信息披露（信息集合）、市场参与者信息获取和盈余预期形成过程（作用路径）及公司信息环境等因素的综合影响。具体包括三部分内容：第一，在上市公司公告盈余之前，股票市场已存在各类与公司未来现金流量相关的信息渠道，包括公司自身的历史盈余信息、管理层业绩预测与业绩预告、公允价值与股权投资信息、同行业及上下游行业的相关信息等，投资者透过上述信息可提前评估公司的未来盈余信息；第二，盈余公告前的内幕信息泄露（内部人交易）、信息收集与传播（媒体报道）、信息发现与解读（分析师跟踪）、信息挖掘与利用（机构持股）等过程将影响投资者对公司信息的关注、理解和盈余预期，对盈余公告前股价漂移具有重要影响；第三，公司盈余质量、市场监管和信息技术发展与应用等公司信息环境对市场参与者信息获取和盈余预期形成过程具有重大影响。

　　后面将结合我国特殊的制度背景，进一步从大样本的角度对我国上市公司盈余公告前股价漂移的形成机理进行检验。具体地，本书将对市场信息如何作用于盈余公告前股价漂移这一过程进行检验：第一，公司信息环境对盈余公告前股价漂移的影响。盈余质量对投资者理解公司信息和信息可信度影响重大，直接决定了投资者是否根据市场信息调整预期并服务于投资决策，故后面将主要从盈余质量（或公司信息透明度）进行考察。第二，信息泄露对盈余公告前股价漂移的影响。由于内部人交易往往伴随着内幕信息泄露，尤其在我国内幕交易监管和惩罚较弱的制度背景下更突出，后面将从盈余公告前的内部人交易这一角度考察信息泄露的影响。第三，信息传播对盈余公告前股价漂移的影响。主要从盈余公告前的媒体报道这一角度进行考察。第四，信息挖掘与利用对盈余公告前股价漂移的影响。由于机构投资者具有较强的信息挖掘能力，也有强烈动机利用私有信息进行股票交易，故后面将从机构投资者的角度进行研究。第五，由于我国现阶段分析师预测基本只对年度盈余进行预测，本书不单独对分析师的作用进行考察，而在各个实证章节考虑分析师的影响。

第5章 会计信息透明度与盈余公告前的股价漂移

本章考察公司会计信息透明度能否解释盈余公告前的股价漂移。第4章关于盈余公告前股价漂移形成机理的理论分析表明，盈余公告前资本市场已存在大量关于公司价值的相关信息，而公司信息环境影响了这些信息在资本市场的流动，故而对盈余公告前股价漂移具有重大影响。本章是后续实证章节的基础。通过考察会计信息透明度能否及如何影响盈余公告前的股价漂移，为后续实证研究做好铺垫，也为我们理解公司信息环境在盈余公告前股价漂移形成过程中发挥了作用，从而为监管层进一步完善中国上市公司信息披露制度提供一定的政策启示。

5.1 研究问题的提出

信息是资本市场运行的重要基础，信息充分披露是有效市场理论成立的基础。由于我国资本市场发展较晚，上市公司信息披露和监管制度仍有待完善，企业信息披露质量较低和信息不透明等问题是制约我国资本市场有效性改善的重要因素。例如，2016 年 12 月，中国企业管理研究会发布了《中国企业公众透明度报告（2016 ~ 2017）》，该报告针对中国前 200 强企业的公众透明度进行系统的评价后指出，中国企业的公众透明度整体表现一般，仅有23.5% 的公司透明度达到良好及以上（见图 5 - 1），企业主动披露信息的意识较为薄弱且披露信息的实质性较低。

第 2 章关于盈余漂移的文献综述和第 4 章对盈余公告前漂移的机理分析指出，盈余质量和信息环境是影响盈余公告股价漂移的首要因素（Zhang, 2006；于李胜和王艳艳，2006）。具体地，较低的盈余质量或信息不透明加剧

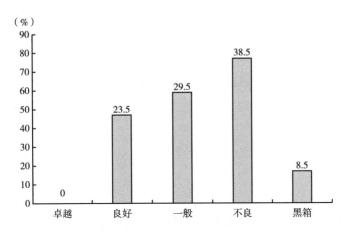

图 5 - 1　2016 年中国前 200 强企业的公众透明度

资料来源:《中国企业公众透明度报告》(2016~2017 年)。

了资本市场上投资者的信息不对称（Diamond and Verrecchia 1991；Kim and Verrecchia 1994），增强公司内部人信息优势的同时也提高了公司外部投资者的信息风险，因而容易导致以下问题：在公司发布盈余信息公告之前，内部人在信息不透明或盈余信息质量较低的情况下可能进行更多的内幕信息交易获取超额收益（Gu and Li，2012），导致较高的盈余公告前股价漂移。与此同时，外部投资者由于面临较高的信息风险而推迟股票交易决策，甚至在公司盈余公告之后仍然对信息质量较低的公司发布的盈余信息不信任，因而导致公司股价反映新增盈余信息的速度较慢（Zhang，2006；于李胜和王艳艳，2006），即盈余公告后的股价漂移程度较大。因此，企业信息不透明或盈余质量较低在整体上降低了股票的定价效率，阻碍了我国资本市场有效性的提高。

从现有文献来看，已有部分研究探讨盈余质量或信息透明度对盈余公告后股价漂移的影响，然而研究结论仍未统一。既有文献研究发现，信息不确定或盈余质量较低延缓了投资者对盈余信息的反应速度，导致更大幅度的盈余公告后股价漂移（Zhang，2006；于李胜和王艳艳，2006）；也有部分文献没有发现盈余质量影响盈余公告后股价漂移的证据（杨德明等，2007），而梁（Liang，2003）则发现，公司盈余信息公告后信息不确定降低的公司具有更大幅度的盈余公告后股价漂移。上述文献研究结论不一很重要的一个原因可能在于忽略了盈余公告前股价漂移的影响。正如谭伟强（2013）指出，在研究盈余公告后股价漂移的时候，需要将研究的视角放宽到同时考虑盈余公告前和公告后的价格漂移，才能更加完整、系统和全面地理解盈余漂移的形成机理。例如，在信息不透明或信息质量较差的公司，内部人的信息优势更加突出将使其在盈余公告之前利用内幕信息进行股票交易，表现为盈余公告前的股价漂移较高；若这一结果有利于股票定价效率的提升，则将降低盈余公告后的股价漂移（Choi et al.，2017）；甚至，若股价已在盈余公告前对盈余信息反应完毕，则可能发现信息质量对盈余公告后股价漂移影响较弱或不显著相关的结果。相反，若信息不透明既加剧了内幕信息交易使内部人获得更多超额收益（Gu and Li，2012；朱红军和汪辉，2009），也降低了外部投资者对公司信息的不信任导致较高的盈余公告后股价漂移，则监管层应进一步完善上市公司信息披露制度，增强信息披露的公平性和透明度，从而改善我国资本市场的有效性。

基于以上分析，本书将研究窗口聚焦于盈余公告之前的股价漂移，考察会计信息透明度是否及如何影响盈余公告前的股价漂移。本章将对以下问题进行研究：第一，会计信息透明度能否解释我国上市公司的盈余公告前股价漂移现象？第二，分析师和机构投资者是改善企业信息环境的重要外部信息中介和治理监督主体（Bhattacharya et al.，2013）。在分析师跟踪人数多寡、机构投资者持股比例高低的情况下，会计信息透明度与盈余公告前股价漂移之间的关系是否随之变化？第三，盈余公告后的股价漂移与盈余公告前股价漂移存在一定的联系。会计信息透明度能否解释盈余公告后股价漂移，进一步地，若会计信息透明度较低导致大部分的盈余信息已在盈余公告之前反映到股票价格，则会计信息透明度与盈余公告后的股价漂移之间的关系是否随之变化？第四，综合考虑盈余公告前、后的股价漂移，会计信息透明度能否解释盈余公告前后时间窗口的整体股价漂移幅度？通过对以上问题的分析，我们不仅能够更加清晰地认识盈余公告前股价漂移的形成机理，也能够更加系统和全面地了解会计信息透明度对盈余公告前、后股价漂移的影响。

本章余下内容安排如下：第二部分对信息透明度或盈余质量影响资产定价的相关文献进行回顾，在此基础上，理论分析信息透明度对盈余公告前股价漂移的作用机理并提出本章研究假设；第三部分介绍本章研究的主要变量、数据和研究模型；第四部分对本章的实证结果进行报告、分析和讨论；第五部分进一步研究企业信息透明度是否及如何影响盈余公告后的股价漂移；第六部分是本章的总结。

5.2　文献回顾与研究假设

5.2.1　会计信息透明度或盈余质量影响资产定价的文献回顾

关于信息透明度或盈余质量的研究较多①，由于本书研究信息透明度对盈余公告前股价漂移的作用路径，本部分主要综述公司信息透明度及盈余质量影响资产定价或股票市场的相关研究。

资本市场的基本职能在于合理高效地配置金融资源，而这一职能的实现很大程度上受到上市公司信息披露质量的影响。首先，上市公司披露更加充分、质量较高的信息能有效降低投资者的信息不对称问题（Diamond and Verrecchia，1991；Bhattacharya et al.，2013）和信息获取成本，投资者能对企业未来发生的事项（如现金流量和未预期盈余等）做出更加准确的预测，从而提前做出股票买卖决策并加速公司特质信息融入股票价格（Hutton et al.，2009）。例如，相关研究指出，公司披露质量较差的盈余信息加剧了资本市场的信息不对称，且这一问题在信息环境更差的企业更加突出（Bhattacharya et al.，2013）。赫顿等（Hutton et al.，2009）的研究发现，公司信息透明度较低使公司特质信息更少融入股票价格，公司股价同步性较高，同时，更不透明的信息环境使公司管理层更可能隐藏坏消息，股价崩盘风险的可能性更大。其次，公司信息披露质量较差也可能导致公司未来盈利情况更不确定（Pastor and Veronesi，2003），从而加剧股价的波动。罗基戈帕和文卡塔查拉姆（Rajgopal and Venkatachalam，2011）的研究发现，财务报告质量与公司异质性股价波动两者呈负相关关系，并认为，美国资本市场信息披露质量的降低是美国公司股价波动性逐渐提高（Campbell et al.，2001）的重要因素。此外，公司信息透明度较高也可能降低公司内部人的信息优势，进一步促进资本市场的信息公平性。例如，顾和李（Gu and Li，2012）研究信息透明度对内部人交易的影响后发现，公司信息透明度的提高降低了投资者的信息不对称及内部人的信息优势，削弱了内部人交易获利的可能性，因此，信息透

---

① 德肖等（Dechow et al.，2010）对盈余质量进行了详尽的文献综述，感兴趣的读者可以阅读该文。

明度较高的公司能有效抑制内部人交易。

国内相关的研究也大多表明，信息透明度的提高有利于改善公司信息环境并提高资本市场有效性。王志强和吴世农（2008）的研究指出，股票市场信息透明度的提高有助于改善股票价格的信息效率并增强市场流动性。朱红军和汪辉（2009）对深交所公平信息披露规则实施的经济后果进行研究发现，公平信息披露规则显著减少了上市公司股价的波动性和信息泄露，降低了投资者的信息不对称。王亚平等（2009）发现，信息透明度较高的公司具有更高的股价同步性，表明信息透明度的提高使更多公司特质信息融入股票价格，提高了股价的信息含量。辛清泉等（2014）的研究发现，更透明的信息环境缓解了投资者的信息不对称并降低了噪音交易者的行为，显著地降低了股价波动。

盈余信息质量是影响投资者认知的一个重要因素。投资者保守性心理偏差在信息不确定性较大时表现得更加突出：当面对较大的信息不确定性时，投资者将更加相信私有信息而容易忽略市场公开信息，因此，信息不确定性较大的公司盈余公告后股价漂移的幅度更大（Zhang，2006），而信息透明度的增强有助于缓解信息不确定对投资者行为偏差的影响。类似地，于李胜和王艳艳（2006）基于我国资本市场的研究也发现，盈余质量是盈余公告后股价漂移的重要影响因素[1]，信息不确定性较大的企业盈余漂移程度更大。

5.2.2 会计信息透明度与盈余公告前的股价漂移

本章研究会计信息透明度对盈余公告前股价漂移的影响。综合前面文献综述及第4章关于盈余公告前股价漂移的理论分析，本书认为，会计信息透明度对盈余公告前股价漂移的影响主要有以下两个方面。

（1）从信息效率假说来看，会计信息透明度的提高有助于缓解投资者信息不对称（Bhattacharya et al.，2013）和信息不确定性（Zhang，2006），降低投资者的信息搜寻成本。因此，信息透明度较高的公司，投资者更容易在正式的盈余公告前较为准确地形成关于公司盈利前景的预期，投资者将提前做

---

[1] 本章主要将信息质量聚焦于企业信息透明度或盈余管理程度，关于信息质量对盈余公告后股价漂移的更多文献综述请见第2章相关部分。

出投资决策，公司股价也因此在盈余公告前提前对未预期盈余做出反应。类似地，伦德霍尔姆和迈尔斯（Lundholm and Myers，2002）的研究发现，当公司信息披露质量较高时，当前股票价格反映了更多关于未来盈余的信息。相反，对于会计信息透明度较低的公司，投资者基于现有公开的信息推断公司未来现金流量的难度较大。因此，在公司盈余公告之前，投资者难以对未预期盈余形成合理的预期，此时投资者的理性投资策略是采取观望的态度——推迟投资决策直到更多可靠的信息出现为止（Dontoh et al.，2003；Francis et al.，2007），从而盈余公告前股价漂移的幅度较低。

（2）从代理冲突假说来看，信息透明度的提高可以有效抑制内部人交易，提高信息披露的公平性，有效减少内幕信息泄露等问题（朱红军和汪辉，2009）。相反，信息透明度较低可能导致较多的企业内部人交易和内幕信息泄露等问题。在信息透明度较低的情况下，内部人进行内幕交易和股价操纵的行为更难被监管层察觉，此时内部人更加可能通过降低会计信息透明度操纵股价从而获得较高的超额收益（Gu and Li，2012）。

综上所述，信息透明度对盈余公告前股价漂移的影响方向存在不确定性，本书因而提出以下竞争性假设。

H5 - 1a：根据信息效率假说，相对于信息透明度较低的公司，盈余公告前的股价漂移在信息透明度较高的公司表现得更加明显。

H5 - 1b：根据代理冲突假说，相对于信息透明度较高的公司，盈余公告前的股价漂移在信息透明度较低的公司表现得更加明显。

5.2.3 信息透明度、分析师跟踪与盈余公告前的股价漂移

本书进一步考察分析师跟踪如何影响企业信息透明度与盈余公告前股价漂移的关系。

分析师作为资本市场重要的信息中介，在改善公司信息环境方面发挥了重要的作用。一方面，分析师一般由高素质、具有良好职业声誉的研究队伍组成，其信息搜寻和分析能力相对较高，分析师通过跟踪和评估企业当期经营情况并预测未来盈利前景，能够向市场参与者提供有价值的信息，减少投资者的信息不对称问题。例如，朱红军等（2007）的研究发现，分析师跟踪较多的公司具有较低的股价同步性，表明分析师的信息搜寻活动使股票价格包含更多的公司特质信息，提高了公司股票的定价效率。另一方面，分析师

跟踪也可能改善公司的信息和治理环境。分析师在对企业经营管理进行跟踪调查的过程中更可能发现管理层的违规行为（Healy and Palepu，2001），因而分析师跟踪能够发挥一定的外部监督治理作用。已有研究发现，分析师跟踪不仅能有效约束公司的盈余管理行为（Yu，2008），也可以抑制管理层业绩预告的违规行为（郑建明等，2015）。

具体到本书的研究问题，分析师跟踪作为外部监督力量和信息中介，对盈余公告前的股价漂移也具有重要的影响。一方面，对于分析师跟踪较多的公司，分析师研究报告能够起到替代性的信息渠道提供投资者关于公司价值的信息；另一方面，分析师跟踪使公司置于更强的外部监督环境之下，公司内部人利用私有或内幕信息进行交易获得超额收益的难度加大。在分析师跟踪较少时，信息不透明的公司可能存在更为严重的内部人利用内幕信息交易的情况，导致更高的盈余公告前股价漂移。

5.2.4　信息透明度、机构投资者持股与盈余公告前的股价漂移

机构投资者对信息透明度与盈余公告前股价漂移两者关系也具有重要的影响。机构投资者由于资金、专业和人才优势，往往具有较强的信息搜寻和处理能力（王亚平等，2009；张宗新和杨通旻，2014），一般被认为是资本市场交易的信息拥有者（即知情人）。机构投资者利用其获取的私有信息进行股票交易能够向市场传递信息，使更多的公司特质信息融入股价进而提高公司股价的信息含量（Piotroski and Roulstone，2005）。机构投资者较强的信息挖掘能力也可以使其在公司盈余公告前更早地形成公司盈利前景的预期并提前做出股票投资决策，导致盈余公告前股价提前反应。从现有关于机构投资者的研究文献来看，机构投资者提升市场效率的观点已经得到部分文献的支持。例如，侯宇和叶冬艳（2008）对中国机构投资者进行研究，发现机构投资者持股较多的公司具有较低的股价同步性，支持了机构投资者提升市场效率的假说。王亚平等（2009）的研究发现，公司信息透明度越低，股价同步性越低，且这一关系随着机构投资者比例的提高而减弱。国外研究盈余公告后股价漂移的文献也大多支持机构投资者作为理性投资者或知情交易者可能利用信息优势进行套利，从而提高盈余公告日附近的股票市场反应，降低盈余公告后的股价漂移（Bartov，2000；Ke and Ramalingegowda，2005）。

综上所述，分析师和机构投资者对公司信息环境和盈余公告前股价漂移具有重要的影响。由于信息透明度影响盈余公告前股价漂移的方向存在不确定性，分析师和机构投资者如何影响信息透明度与盈余公告前漂移的关系取决于"信息效率假说"和"代理冲突假说"何者占主导地位。因此，本书在此不对分析师和机构投资者的调节作用提出具体的假设，而在具体实证分析过程进行检验。

5.3　实证设计

5.3.1　研究样本与数据来源

本书采用季度盈余公告进行研究。由于自 2002 年开始中国上市公司才要求披露季度盈余数据，本书以 2002 年第一季度至 2016 年第四季度（共 56 个季度）的中国 A 股上市公司季度盈余公告为初始研究对象。由于计算未预期盈余变量需要上一年同季度的每股盈余数据，本书实际研究的样本区间为 2003 年第一季度至 2016 年第四季度。在此基础上，本书依次剔除以下样本：（1）金融行业样本；（2）参照柯滨和拉马林格古达（Ke and Ramalingegowda，2005）的做法，剔除季度盈余公告数据少于 10 个季度的样本；（3）剔除被 ST 和 *ST 的样本；（4）剔除盈余公告前、后 60 个交易日内缺乏股票交易数据的样本（Bernard and Thomas，1989）；（5）剔除主要变量缺失的样本。最终获得 2 759 家上市公司，共 73 668 个公司—季度样本。样本的具体筛选过程如表 5 - 1 所示。

表 5 - 1　　　　　　　　　　　　样本的筛选过程

2002 ~ 2016 年季度盈余公告总观测值	113 596
剔除季度数据少于 10 个季度的公司	2 465
剔除金融行业样本	1 396
剔除 SUE 缺失的样本	7 252
剔除盈余公告日前、后 60 个交易日无股票交易数据的样本	6 552
剔除 ST 样本	4 862
剔除主要变量数据（除 OPAQUE 外）缺失的样本	8 001
剔除企业信息透明度（OPAQUE）数据缺失的样本	9 400
最终研究样本	73 668

上市公司季度盈余（季度盈余公告日、季度每股盈余）的数据主要来自 Wind 数据库，并与 CSMAR 披露的季度盈余数据进行抽查对比以确保季度盈余公告日和季度每股收益的可靠性；股票的日交易数据、上市公司相关财务数据主要来源于 CSMAR 数据库。

5.3.2 变量定义与研究模型

5.3.2.1 未预期盈余的衡量

参照相关文献的做法（Ke and Ramalingegowda, 2005；Livnat and Mendenhall, 2006；Ng et al., 2008），本书采用季节性随机游走模型（seasonal random walk model）估计季度未预期盈余（SUE）：

$$SUE_{i,t} = \frac{(EPS_{i,t} - EPS_{i,t-4})}{P_{i,t}} \qquad (5-1)$$

其中，$EPS_{i,t}$ 和 $EPS_{i,t-4}$ 分别表示公司 i 在季度 t 及其上年同一季度的每股盈余；$P_{i,t}$ 是公司 i 在 t 季度末的股票价格。本书采用季节性随机游走模型估计未预期盈余是因为中国资本市场充斥着大量的散户和中小投资者，这些投资者更倾向于采用时间序列模型形成公司未来盈余的预期（Ayers et al., 2011）。

此外，同大多数研究盈余公告后股价漂移的文献（Ke and Ramalingegowda, 2005；Livnat and Mendenhall, 2006；Chung and Hrazdil, 2011）做法一致，本书在实际回归过程中将分季度对 SUE 进行排序并十等分，以缓解异常值及未预期盈余与股票超额回报非线性关系的问题。在此基础上，本书将十等分后每一组进行赋值并转换为 0~1 的数值，这有助于我们更加容易理解股票回报与未预期盈余的回归系数（Mendenhall, 2004）。

5.3.2.2 盈余公告前超额收益的衡量

传统的研究主要关注盈余公告后的股价漂移（POST-EAD），且大多取盈余公告之后第 2 个交易日至第 60 个交易日（约 60 天）为盈余公告后漂移的时间窗口进行研究（Chung and Hrazdil, 2011）。然而，在盈余公告前 60 个交易日股价已经提前异动，即存在盈余公告前股价漂移（Foster et al., 1984；Bernard and Thomas, 1989）。因此，本书采用盈余公告前 60 个交易日为盈余公告前漂移的时间窗口，并采用以下模型计算累积超额回报（PRERET）：

$$CAR(-60, -2)_{i,t} = \sum_{t=-60}^{-2} (R_{i,t} - R_{p,t}) \qquad (5-2)$$

其中，$R_{i,t}$ 为股票 i 在第 t 天的日个股回报率；$R_{p,t}$ 为股票投资组合的日加权平均回报率。参照法玛和弗伦奇（Fama and French，1993）的做法，在每年初，本书根据股票市值（SIZE）和账面市值比（BM）分别将股票进行五等分，由此形成 25 个具有相近规模和账面市值比的股票投资组合，这些投资组合具有较为相似的风险特征。本书以股票日个股收益率减去所在的投资组合的日加权平均收益率作为个股日超额回报（$R_i - R_p$）。

5.3.2.3　会计信息透明度的衡量

与赫顿等（Hutton et al.，2009）类似，本书采用盈余管理程度衡量会计信息透明度（OPAQUE）。具体地，借鉴路易斯和孙（Louis and Sun，2011）的做法采用经业绩调整的 Jones 模型，在每个季度和同一行业对以下模型进行回归：

$$TA_i = \sum_{j=1}^{4} \alpha_{j-1} Q_{j,i} + \alpha_4 \Delta SALE_i + \alpha_5 PPE_i + \alpha_6 L1TA_i$$
$$+ \alpha_7 ASSET_i + \alpha_8 L4NI_i + \varepsilon_i \qquad (5-3)$$

其中，TA 为总应计项目，即季度末的净利润减去经营活动现金流量净额；Q_j 为季度哑变量，当季度为 j 时其值取 1，否则为 0；$\Delta SALE$ 为销售收入的变化额；PPE 为季度末的固定资产净值；L1TA 为滞后一期的总应计项目；ASSET 为季度初的总资产；L4NI 为上年同一季度的净利润；上述变量均除以季度初的总资产。为了缓解异常值对回归结果的影响，模型在回归时删去（trim）变量值最高最低 0.5% 的样本，同时，为了满足回归最低样本，模型剔除在同一季度同一行业内样本数低于 20 的样本。本书采用模型（5-3）回归得到的残差滞后一期的绝对值衡量会计信息透明度，该值越大表明企业会计信息透明度越低。

5.3.2.4　研究模型

参照相关文献（Hung et al.，2015；Kovacs，2016）的做法，本书采用以下模型研究会计信息透明度与盈余公告前的股价漂移之间的关系：

$$PRERET = \alpha_0 + \alpha_1 SUE + \alpha_2 OPAQUE + \alpha_3 SUE \times OPAQUE + \alpha_4 SIZE$$
$$+ \alpha_5 BM + \alpha_6 MOMENTUM + \alpha_7 TURNOVER + \alpha_8 PRICE$$
$$+ \alpha_9 BETA + \varepsilon \tag{5-4}$$

其中，PRERET 表示盈余公告前 60 个交易日的累积超额回报率 CAR（−60，−2）；SUE 表示当季公告的未预期盈余；由于本书将 SUE 进行十等分并将赋值转换为 0 ~ 1 的有序数值[①]，α_1 表示未预期盈余最高的公司组合与未预期盈余最低的公司组合在盈余公告前的平均累积超额回报率之差，此即盈余公告前的股价漂移幅度；OPAQUE 衡量会计信息透明度，采用滞后一期的应计盈余管理绝对值衡量；α_3 表示企业信息透明度对盈余公告前股价漂移的影响，也即本书主要感兴趣的系数。变量的具体定义见前面介绍。

本书控制了以下解释变量：公司规模（SIZE）、账面市值比（BM）、前一年股票持有至到期回报率（MOMENTUM）、换手率（TURNOVER）、股票价格（PRICE）和个股系统性风险（BETA）。我们控制 SIZE 和 BM 是为了控制文献中常提及的潜在资产定价风险因子（Fama and French，1993）；由于部分文献发现股票流动性对信息融入股价的效率有一定的影响（Sadka，2006；Chordia et al.，2009），本书以 TURNOVER 衡量股票流动性并对其进行控制；MOMENTUM 表示盈余公告前一年的股票持有至到期收益率，用以控制股票的动量效应或反转效应；PRICE 用以控制个股交易成本对投资者交易行为的影响。类似地，为了控制变量异常值的影响，本书将上述变量分季度进行十等分并将赋值转换为 0 ~ 1 处理。另外，本书控制了年份—季度和行业固定效应，并在回归时采用稳健标准误和进行聚类处理以控制回归残差在各期之间的相关性（Petersen，2009）。各变量具体定义如表 5 − 2 所示。

表 5 − 2　　　　　　　　　　　　　主要变量的定义

变量名	变量定义
PRERET	盈余公告前的股票累积超额收益率，以盈余公告前 60 个交易日至盈余公告前 2 个交易日为盈余公告前时间窗口，经相似的 SIZE-BM 股票组合计算的日加权平均收益率调整后的日超额收益率累积得到

①　具体地，参照门登霍尔（Mendenhall，2004）的做法，本书首先分季度将 SUE 十等分并对每一组按 SUE 高低赋值为 1,2,3,…,10，然后将其转换为 0 ~ 1 的有序数值，即将赋值减去 1 之后再除以 9；SUE 为 1 表示未预期盈余最高组，SUE 为 0 表示未预期盈余最低组。

续表

变量名	变量定义
SUE	未预期盈余，即当个季度每股盈余减去上年同一季度后除以股价
会计信息透明度变量：	
OPAQUE1	参照路易斯和孙（Louis and Sun，2011）采用经业绩调整的 Jones 模型计算的滞后一期的应计盈余管理绝对值衡量
OPAQUE2	参照路易斯和怀特（Louis and White，2007）模型计算的滞后一期的应计盈余管理绝对值衡量
OPAQUE3	参照路易斯和罗宾逊（Louis and Robinson，2005）采用修正的 Jones 模型计算的滞后一期的应计盈余管理绝对值衡量
BEFORE REFORM	若样本期间属于 2007 年新会计准则实施之前为 1，否则为 0
控制变量：	
SIZE	公司规模，以上年年末的股票市值取对数衡量
BM	账面市值比，以上年年末的总资产账面价值除以股票总市值与负债账面价值的总和
MOMENTUM	以上个季度末所在月份的前 12 个月的股票持有至到期收益衡量
TURNOVER	以上个季度末所在月份的前 12 个月股票的平均换手率衡量，股票月换手率为月股票交易金额除以月个股流通市值
PRICE	股票价格，以当季盈余公告的前一个月月末的股票价格的对数值衡量
BETA	股票系统风险，以上年股票日回报率数据，采用市场模型估算得到的 β 值

5.4　实证结果与分析

5.4.1　描述性统计分析

表 5-3 报告了主要变量的描述性统计分析结果。其中，OPAQUE1 的均值为 0.025，标准差为 0.024，几乎是均值的 1 倍，表明样本公司的会计信息透明度存在较大的差异，这为本书研究提供了一定的截面性差异。PRERET 的均值为 -0.002，表明样本公司在盈余公告前 60 个交易日的累积超额收益率为 -0.2%，这一值较小是由于尚未区分未预期盈余大小导致。

表 5 - 3 　　　　　　　　　　　主要变量的描述性统计

变量	N	mean	sd	min	p25	p50	p75	max
PRERET	83 068	-0.002	0.158	-0.378	-0.100	-0.018	0.078	0.540
SUE	83 068	-0.002	0.014	-0.076	-0.004	0.000	0.003	0.046
OPAQUE1	73 668	0.025	0.024	0.000	0.008	0.018	0.034	0.115
SIZE	83 068	22.580	1.090	20.530	21.790	22.460	23.220	25.880
BM	83 068	0.554	0.249	0.095	0.357	0.537	0.738	1.118
MOMENTUM	83 068	0.292	0.783	-0.672	-0.230	0.050	0.557	3.623
TURNOVER	83 068	0.510	0.360	0.056	0.233	0.422	0.698	1.891
PRICE	83 068	2.308	0.662	0.896	1.839	2.272	2.743	4.048
BETA	83 068	1.064	0.220	0.450	0.935	1.077	1.202	1.619

表 5 - 4 分别将未预期盈余 SUE 和信息透明度 OPAQUE1 进行五等分，构造 25 个投资组合后报告盈余公告前累积超额收益率的均值。Panel A 报告了 CAR(-60, -2) 的均值。从每一列来看（即不同程度的企业信息透明度），SUE 最高组均为显著正，而 SUE 最低组均显著为负；在信息透明度最低组（即 OPAQUE1 最高组），SUE 最高（最低）时 CAR(-60, -2) 的均值分别为 0.0313 (-0.0335)，两者差额为 6.48%；而在信息透明度最高组（即 OPAQUE1 最低组），SUE 最高（最低）时 CAR(-60, -2) 的均值分别为 0.0255 (-0.0322)，两者差额为 5.77%。因此，相对于信息透明度较高的公司，信息透明度较低的公司具有更大幅度的盈余公告前股价漂移。Panel B 和 Panel C 分别报告了 CAR(-45, -2) 和 CAR(-30, -2) 的均值，同样支持了信息透明度较低的公司具有更大幅度的盈余公告前股价漂移，这里不再赘述。

表 5 - 4 　　基于 SUE 和 OPAQUE1 分组后盈余公告前累积超额回报率均值

SUE deciles	OPAQUE1 deciles					
	D1 (Lowest)	D2	D3	D4	D5 (Highest)	H - L
Panel A: Average CAR(-60, -2)						
D1 (Lowest)	-0.032 2	-0.034 7	-0.031 4	-0.031 4	-0.033 5	-0.001 3
D2	-0.013 2	-0.017 1	-0.012 6	-0.014 4	-0.009 6	0.003 6
D3	-0.004 5	0.001 1	-0.001 5	-0.002 0	0.004 5	0.009 0
D4	0.007 4	0.009 7	0.014 3	0.015 7	0.016 8	0.009 4
D5 (Highest)	0.025 5	0.018 4	0.030 5	0.027 8	0.031 3	0.005 8
H - L	0.057 7	0.053 1	0.061 9	0.059 2	0.064 8	0.007 1

续表

SUE deciles	OPAQUE1 deciles					
	D1（Lowest）	D2	D3	D4	D5（Highest）	H－L
Panel B：Average CAR（－45，－2）						
D1（Lowest）	－0.024 3	－0.023 7	－0.025 8	－0.022 7	－0.023 0	0.001 3
D2	－0.008 7	－0.017 1	－0.015 1	－0.013 4	－0.009 3	－0.000 6
D3	－0.005 9	0.001 1	－0.004 5	－0.003 6	0.000 0	0.005 9
D4	0.006 5	0.008 9	0.010 3	0.010 6	0.012 9	0.006 4
D5（Highest）	0.022 9	0.017 7	0.024 0	0.026 3	0.028 5	0.005 6
H－L	0.047 2	0.041 4	0.049 8	0.049 0	0.051 5	0.004 3
Panel C：Average CAR（－30，－2）						
	D1（Lowest）	D2	D3	D4	D5（Highest）	H－L
D1（Lowest）	－0.016 3	－0.014 5	－0.017 2	－0.016 4	－0.014 6	0.001 7
D2	－0.006 8	－0.013 0	－0.011 8	－0.010 7	－0.008 3	－0.001 5
D3	－0.004 3	0.001 2	－0.006 0	－0.002 1	0.001 1	0.005 4
D4	0.003 8	0.004 1	0.003 9	0.009 7	0.008 1	0.004 3
D5（Highest）	0.015 8	0.014 2	0.017 3	0.020 0	0.020 1	0.004 3
H－L	0.032 1	0.028 7	0.034 5	0.036 4	0.034 7	0.002 6

5.4.2　不同信息透明度下盈余公告前股价漂移的形态

为了更加直观地把握信息透明度对盈余公告前股价漂移的影响，图 5-2 在区分会计信息透明度高低组之后，描绘了盈余公告前、后 60 个交易日的累积超额收益率。可以看到，对于发布"好消息"的公司，信息透明度较低的公司（HIGHOPA）在盈余公告前 60 个交易日始，其股票累积收益率便始终大于信息透明度较高的公司（LOWOPA）；对于发布"坏消息"的公司，信息透明度较低的公司股票收益率也相对于低于信息透明度较高的公司。图 5-2 初步支持了本书提出的代理冲突假说，即公司信息透明度较低可能导致较多的内幕信息交易和信息提前泄露，导致了更大幅度的盈余公告前股价漂移；同时，信息透明度较低也降低了外部投资者对盈余信息的反应速度，导致较大幅度的盈余公告后股价漂移（后面将对此进一步详细研究）。

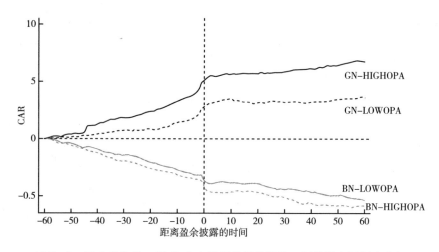

图 5 - 2　盈余公告前、后 60 个交易日的股价漂移：区分信息透明度高低

　　图 5 - 3 分别以盈余公告前时间窗口（ - 60, - 2）和盈余公告后时间窗口（ + 2, + 60）重新描绘股票的累积超额回报率，同样发现，相对于信息透明度较高的公司，信息透明度较低的公司具有较大的盈余公告前股价漂移幅度，也具有相对较大的盈余公告后股价漂移。此外，图 5 - 3 也显示，盈余公告前股票市场反应远大于盈余公告后的股票市场反应，这也直接支持本书将研究重点放在盈余公告前，即研究信息透明度对盈余公告前股价漂移具有相对更大的经济意义。

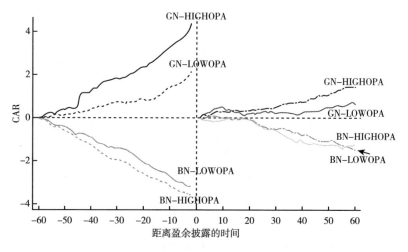

图 5 - 3　信息透明度与盈余公告前、后 60 个交易日的股价漂移

图5-4描绘了在不同信息透明度下的盈余公告前60个交易日的累积超额收益率均值及其95%置信区间。从中可以看出，对于发布"好消息"公司，盈余公告前股票累积超额收益率基本显著为正，而对于发布"坏消息"公司，盈余公告前股票累积超额收益率也基本显著为负，表明盈余公告前的股价漂移在信息透明度高低组公司均同样存在；进一步地，对于信息透明度较低的公司，盈余公告前的股价漂移幅度相对更大，尤其对于发布"好消息"的公司来说，信息透明度较低的公司股票更早做出显著反应（约盈余公告前50个交易日开始显著为正），信息透明度较高的公司直到盈余公告前40个交易日开始才显著为正。总的来说，图5-2、图5-3和图5-4均直观地展示了信息透明度较低的公司具有更大幅度的盈余公告前股价漂移。

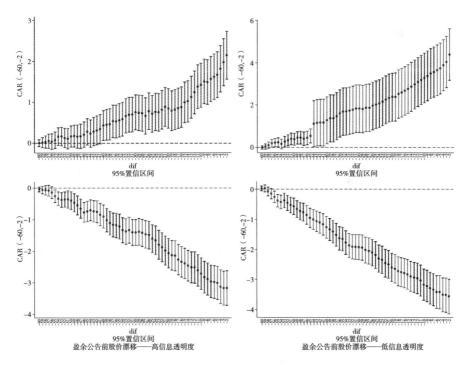

图5-4 信息透明度高低与盈余公告前的股价漂移

5.4.3 会计信息透明度与盈余公告前的股价漂移

表5-5报告了企业信息透明度与盈余公告前累积超额收益率的关系。其中，列（1）~列（3）是因变量为 CAR（-60，-2）的结果；列（4）~列

（5）分别是因变量为 CAR（ -45, -2）和 CAR（ -30, -2）的回归结果。可以发现，SUE 的系数均在不同时间窗口下在 1% 水平显著为正，表明我国资本市场存在一定的盈余公告前股价漂移的现象。具体地，列（3）中 SUE 的系数为 0.055，表明盈余公告前 60 个交易日的时间窗口内，发布"好消息"公司的累积超额回报率相对于发布"坏消息"公司显著相差 5.5%。在不控制其他因素的情况下，SUE × OPAQUE1 的系数为 0.288 且在 1% 水平显著；而在控制其他可能影响盈余公告前股票市场反应的因素后，列（3）中 SUE × OPAQUE1 的系数为 0.219 且仍在 1% 水平显著，因此，相对于信息透明度较高的公司，信息透明度较低的公司盈余公告前股价漂移的幅度相对增加了 21.9%，支持了前面提出的代理冲突假说，即信息透明度较差的公司在盈余公告前可能存在较多的内幕信息泄露导致了股价提前反应。采用其他时间窗口 CAR（ -45, -2）［列（4）］和 CAR（ -30, -2）［列（5）］衡量盈余公告前的股价漂移同样得到了类似的结果。

表 5 - 5   会计信息透明度与盈余公告前漂移的关系

变量	(1) CAR(-60, -2)	(2) CAR(-60, -2)	(3) CAR(-60, -2)	(4) CAR(-45, -2)	(5) CAR(-30, -2)
SUE	0.060 *** (21.01)	0.056 *** (19.94)	0.055 *** (20.27)	0.046 *** (19.12)	0.030 *** (14.71)
SUE × OPACQUE1	0.288 *** (3.05)	0.280 *** (2.99)	0.219 *** (2.71)	0.162 ** (2.27)	0.190 *** (3.19)
OPACQUE1	0.080 *** (2.71)	0.041 (1.40)	0.029 (1.01)	0.024 (0.98)	0.016 (0.77)
SIZE		0.054 *** (24.46)	0.038 *** (14.29)	0.019 *** (8.68)	0.005 *** (2.65)
BM		-0.060 *** (-26.07)	-0.035 *** (-12.14)	-0.014 *** (-5.75)	0.001 (0.46)
MOMENTUM			-0.043 *** (-16.88)	-0.021 *** (-9.95)	-0.001 (-0.78)
TURNOVER			-0.011 *** (-4.00)	-0.010 *** (-4.66)	-0.009 *** (-5.08)

续表

变量	(1)	(2)	(3)	(4)	(5)
	CAR(-60, -2)	CAR(-60, -2)	CAR(-60, -2)	CAR(-45, -2)	CAR(-30, -2)
PRICE			0.076 ***	0.054 ***	0.033 ***
			(25.95)	(21.70)	(16.29)
BETA			0.009 ***	0.005 ***	0.005 ***
			(3.80)	(2.72)	(2.90)
Constant	-0.018 ***	-0.010	-0.028 ***	-0.021 ***	-0.019 ***
	(-2.72)	(-1.60)	(-3.63)	(-3.32)	(-3.53)
Year-Quarter	Yes	Yes	Yes	Yes	Yes
Industry	Yes	Yes	Yes	Yes	Yes
Observations	76 088	76 088	73 668	73 668	73 668
R-squared	0.019	0.034	0.052	0.034	0.019

注：(1) ***、** 和 * 分别表示在 1%，5% 和 10% 水平上显著；(2) 括号中为 t 值。

按照代理冲突假说，如果信息透明度较低使公司内幕信息泄露问题更加严重，那么，在分析师跟踪较少、机构持股较低的情况下（即外部监督力量较弱时），这一问题可能更加突出。为此，本书后续进一步从分析师跟踪和机构持股两个维度进行分析。

5.4.4   会计信息透明度、分析师跟踪与盈余公告前的股价漂移

表 5-6 报告了分析师跟踪如何影响信息透明度与盈余公告前股价漂移之间的关系。由于我国分析师队伍建设相对落后，分析师一般只对年度盈余进行预测，很少预测公司的季度业绩，因此，本书选取上一年年末的分析师跟踪人数衡量[①]（ANALYST）分析师跟踪的调节效应。具体地，我们对每个季度分析师跟踪人数进行十等分，取最高的 30% 为分析师跟踪较高组

---

①   文献大多使用分析师跟踪人数衡量分析师的影响，然而，分析师在同一年内可能发布多份公司盈利预测报告，分析师预测报告数量较多表明分析师较为活跃，分析师及时更新公司盈利预测也能给投资者提供更加精确的信息，因此，本书使用分析师研究报告的数量衡量分析师对媒体的影响。此外，本书使用分析师跟踪人数进行回归分析的结果基本一致。

（HighANA），其余为分析师跟踪较低组（LowANA）[①]。

表5-6显示，当因变量为CAR（-60，-2）时，SUE×OPAQUE1的系数仅在分析师跟踪较低的公司［列（2）］在5%水平显著为正（系数为0.223），而在分析师跟踪较高的公司［列（1）］尽管为正但不显著；当因变量为CAR（-30，-2）时结果类似。这一发现与巴塔查里亚等（Bhattacharya et al.，2013）的结论比较一致，即：公司盈余质量较差导致了较大的信息不对称，在分析师跟踪较少的公司这一问题更加严重。

表5-6　　　　　　信息透明度、分析师跟踪与盈余公告前的股价漂移

变量	CAR（-60，-2）		CAR（-30，-2）	
	HighANA (1)	LowANA (2)	HighANA (3)	LowANA (4)
SUE	0.060 *** (12.09)	0.050 *** (15.53)	0.032 *** (9.09)	0.028 *** (11.31)
SUE × OPACQUE1	0.202 (1.25)	0.223 ** (2.38)	0.097 (0.86)	0.219 *** (3.07)
OPACQUE1	-0.039 (-0.73)	0.040 (1.20)	0.021 (0.57)	0.010 (0.41)
SIZE	0.050 *** (9.18)	0.060 *** (17.86)	0.010 *** (2.61)	0.012 *** (5.20)
BM	-0.033 *** (-6.28)	-0.042 *** (-11.79)	-0.001 (-0.32)	-0.001 (-0.39)
MOMENTUM	-0.032 *** (-7.32)	-0.056 *** (-17.94)	0.000 (0.16)	-0.006 *** (-2.84)
TURNOVER	0.016 *** (3.18)	-0.025 *** (-7.71)	0.005 (1.58)	-0.017 *** (-7.78)
PRICE	0.069 *** (12.95)	0.097 *** (26.83)	0.031 *** (8.51)	0.040 *** (16.07)

---

① 在我国投资者保护较弱和监管较弱的制度背景下，分析师的治理作用也备受质疑（Heidle and Li, 2004; Gu et al., 2012）。分析师可能与机构投资者合谋共同炒作公司股票加剧股价波动。为此，这里只选择最高的30%作为分析师跟踪较高组而将其余样本作为分析师跟踪较低组，背后考虑在于分析师跟踪相对更多的情况下机构投资者更不可能与所有分析师合谋。本书将分析师跟踪进行三等分后发现在分析师跟踪人数处于中间一组的公司信息透明度较低时盈余公告前股价漂移也相对较大，部分支持了分析师治理有效性仍有待改善的推断。

续表

变量	CAR(-60, -2)		CAR(-30, -2)	
	HighANA	LowANA	HighANA	LowANA
	(1)	(2)	(3)	(4)
BETA	0.000	0.007 **	0.003	0.004 **
	(0.10)	(2.52)	(0.96)	(2.14)
Constant	-0.019	0.009	-0.025 *	-0.000
	(-1.06)	(0.71)	(-1.88)	(-0.02)
Year-Quarter	Yes	Yes	Yes	Yes
Industry	Yes	Yes	Yes	Yes
Observations	20 668	53 000	20 668	53 000
R-squared	0.064	0.062	0.029	0.023

注:(1) *** 、 ** 和 * 分别表示在 1%、5% 和 10% 水平上显著;(2) 括号中为 t 值。

本书结论表明,在分析师跟踪较少的公司,信息透明度较低的公司更可能存在较多的内幕信息泄露,使盈余公告前的股价漂移幅度更大,这与代理冲突假说的逻辑推理一致。

5.4.5　会计信息透明度、机构投资者持股与盈余公告前的股价漂移

表 5-7 报告了机构投资者持股对信息透明度与盈余公告前股价漂移之间关系的影响结果。本书使用上一季度末的机构投资者持股比例,在每个季度进行十等分后取最高的 30% 为机构持股较高的公司(HighINST),余下的为机构持股较低的公司(LowINST)。

表 5-7　　　　信息透明度、机构持股与盈余公告前的股价漂移

变量	CAR(-60, -2)		CAR(-30, -2)	
	HighINST	LowINST	HighINST	LowINST
	(1)	(2)	(3)	(4)
SUE	0.070 ***	0.050 ***	0.038 ***	0.026 ***
	(12.36)	(16.02)	(9.49)	(11.34)
SUE × OPACQUE1	0.090	0.249 ***	0.130	0.197 ***
	(0.54)	(2.62)	(1.13)	(2.78)

续表

变量	CAR(−60, −2)		CAR(−30, −2)	
	HighINST	LowINST	HighINST	LowINST
	(1)	(2)	(3)	(4)
OPACQUE1	0.019	0.036	0.018	0.020
	(0.37)	(1.09)	(0.49)	(0.82)
SIZE	0.051 ***	0.050 ***	0.007 *	0.009 ***
	(9.49)	(15.58)	(1.90)	(4.21)
BM	−0.040 ***	−0.041 ***	−0.003	−0.002
	(−7.19)	(−11.51)	(−0.67)	(−0.70)
MOMENTUM	−0.039 ***	−0.044 ***	0.001	−0.003
	(−8.23)	(−14.51)	(0.35)	(−1.43)
TURNOVER	0.024 ***	−0.030 ***	0.010 ***	−0.019 ***
	(4.51)	(−9.47)	(2.66)	(−9.06)
PRICE	0.094 ***	0.094 ***	0.042 ***	0.038 ***
	(15.66)	(26.04)	(10.79)	(15.39)
BETA	0.007	0.005 *	0.004	0.004 *
	(1.53)	(1.76)	(1.47)	(1.88)
Constant	−0.039 **	−0.030 ***	−0.021	−0.024 ***
	(−2.40)	(−3.23)	(−1.63)	(−3.76)
Year-Quarter	Yes	Yes	Yes	Yes
Industry	Yes	Yes	Yes	Yes
Observations	21 342	52 326	21 342	52 326
R-squared	0.073	0.062	0.037	0.023

注：(1) ***、** 和 * 分别表示在 1%、5% 和 10% 水平上显著；(2) 括号中为 t 值。

根据机构投资者持股比例高低进行分组回归显示，当因变量为 CAR(−60, −2) 时，在机构投资者持股比例较低的公司，SUE × OPAQUE1 的系数为 0.249 且在 1% 水平显著为正，而在机构持股较高的公司系数为 0.090 且不显著；类似地，当因变量为 CAR(−30, −2) 时，SUE × OPAQUE1 的系数也只在机构持股较低的公司显著为正。因此，机构投资者作为公司外部治理的一种重要监督力量，在一定程度上可以抑制公司内部人利用较低的信息透明度和内幕信息提前获取超额收益，这一结果进一步同样支持盈余公告前股价漂移的代理冲突假说。

5.4.6　会计信息透明度、内幕交易监管力度与盈余公告前的股价漂移

基于前面的分析逻辑，信息透明度较低的公司具有更大的盈余公告前漂移，该理论主要源于代理冲突假说，即信息透明度低的公司可能存在较多的内幕信息泄露和内幕交易等代理问题。若本书的设定成立，我们应该预期信息透明度与盈余公告前股价漂移的关系将随内幕交易监管力度的加强而发生一定的变化。

2010 年 11 月，证监会、公安部、监察部、国资委和预防腐败局五部门联合发布的《关于依法打击和防控资本市场内幕交易的意见》（以下简称《意见》）为本书提供了一个极好的研究依据。《意见》出台之后，证监会在全国范围内开展内幕交易综合防治工作并坚持"零容忍"原则，坚决从严打击内幕交易和利用未公开信息交易股票行为。根据相关统计数据，党的十八大以来，证监会对内幕交易调查更加频繁，共包括 1277 件内幕交易初步调查和 430 件正式立案调查案件，仅 2016 年一年证监会关于内幕交易案件的行政处罚罚没金额首次突破亿元。[①] 因此，《意见》的出台对资本市场存在的内幕交易活动起到一定的法律震慑作用，内幕交易活动在 2010 年之后面临更高的法律风险，故有所收敛。

本书将 2011 年之前定义为内幕交易监管较弱的阶段，2011 年及其之后年份为内幕交易监管较强的阶段，分组回归的结果如表 5 - 8 所示。当因变量为 CAR(-60, -2) 时，在内幕信息监管较弱的阶段（Year < = 2010），SUE × OPAQUE1 的系数为 0.305 且在 5% 水平显著为正，而在内幕交易监管较强的阶段（Year > 2010），SUE × OPAQUE1 的系数仅为 0.098 且不显著；类似地，当因变量为 CAR(-30, -2) 时，SUE × OPAQUE1 的系数也仅在内幕信息监管较弱的阶段在 1% 水平显著为正 [列（3）]。因此，表 5 - 8 中的结果更加直接地验证了代理冲突假说，即公司信息透明度较低可能诱发更多的内幕信息泄露和内幕交易，导致了更大幅度的盈余公告前漂移，证监会加强内幕交易监管和打击内幕交易活动能有效抑制上述代理问题。

---

① 杜卿卿. 证监会"起底"内幕交易：裙带化特征明显 [EB/OL]. 第一财经，2017 - 09 - 27.

表5-8　　　信息透明度、内幕交易监管力度与盈余公告前的股价漂移

变量	CAR(-60,-2)		CAR(-30,-2)	
	Year < = 2010	Year > 2010	Year < = 2010	Year > 2010
	(1)	(2)	(3)	(4)
SUE	0.062 ***	0.051 ***	0.038 ***	0.024 ***
	(14.29)	(14.62)	(11.50)	(9.60)
SUE × OPACQUE1	0.305 **	0.098	0.270 ***	0.067
	(2.40)	(0.93)	(2.95)	(0.83)
OPACQUE1	0.030	0.023	0.000	0.023
	(0.67)	(0.61)	(0.01)	(0.83)
SIZE	0.033 ***	0.039 ***	0.002	0.004 *
	(7.75)	(11.59)	(0.60)	(1.81)
BM	-0.041 ***	-0.033 ***	0.005 *	-0.005 *
	(-9.54)	(-7.94)	(1.76)	(-1.67)
MOMENTUM	-0.065 ***	-0.031 ***	-0.010 ***	0.002
	(-15.57)	(-9.46)	(-3.29)	(0.83)
TURNOVER	-0.011 **	-0.011 ***	-0.006 **	-0.012 ***
	(-2.58)	(-3.16)	(-2.22)	(-5.12)
PRICE	0.103 ***	0.061 ***	0.056 ***	0.017 ***
	(21.82)	(16.16)	(17.33)	(6.76)
BETA	0.021 ***	0.001	0.009 ***	0.003
	(5.17)	(0.23)	(3.14)	(1.33)
Constant	-0.019 *	-0.008	-0.033 ***	0.001
	(-1.77)	(-0.84)	(-4.57)	(0.17)
Year-Quarter	Yes	Yes	Yes	Yes
Industry	Yes	Yes	Yes	Yes
Observations	30 739	42 929	30 739	42 929
R-squared	0.071	0.042	0.037	0.012

注:(1) *** 、** 和 * 分别表示在1%、5%和10%水平上显著;(2) 括号中为t值。

5.4.7　稳健性检验

本书采用如表5-9所示的一系列稳健性检验确保研究结论的可靠性。

表 5 - 9　　　　稳健性分析——**Fama Mac-Beth model & other models**

变量	CAR(-60, -2)				
	Fama-MacBeth			OLS	
	(1)	(2)	(3)	(4)	(5)
SUE	0.072 ***	0.069 ***	0.066 ***	0.054 ***	0.044 ***
	(8.37)	(8.56)	(10.34)	(12.31)	(4.70)
SUE × OPACQUE1	0.218 **	0.195 **	0.141 *	0.220 ***	0.169 **
	(2.58)	(2.19)	(1.71)	(2.72)	(2.10)
OPACQUE1	0.098 ***	0.057 *	0.038	0.029	0.026
	(2.72)	(1.73)	(1.23)	(1.01)	(0.93)
SIZE		0.049 ***	0.036 ***	0.038 ***	0.037 ***
		(10.33)	(5.13)	(14.29)	(14.05)
BM		-0.061 ***	-0.038 ***	-0.035 ***	-0.035 ***
		(-11.01)	(-4.48)	(-12.14)	(-12.15)
MOMENTUM			-0.050 ***	-0.043 ***	-0.044 ***
			(-5.11)	(-16.88)	(-17.25)
TURNOVER			-0.004	-0.011 ***	-0.011 ***
			(-0.37)	(-4.00)	(-3.93)
PRICE			0.085 ***	0.076 ***	0.075 ***
			(6.15)	(25.95)	(25.70)
BETA			0.011	0.009 ***	0.009 ***
			(1.57)	(3.80)	(3.68)
SUE × SIZE				0.002	0.005
				(0.35)	(0.65)
SUE × BM					-0.013
					(-1.47)
SUE × MOMENTUM					-0.010
					(-1.45)
SUE × TURNOVER					0.005
					(0.62)
SUE × PRICE					0.053 ***
					(6.59)
SUE × BETA					-0.007
					(-1.02)

续表

变量	CAR(−60, −2)				
	Fama-MacBeth			OLS	
	(1)	(2)	(3)	(4)	(5)
Constant	− 0. 004 ** (− 2. 29)	0. 004 (1. 44)	− 0. 021 ** (− 2. 30)	− 0. 028 *** (− 3. 95)	− 0. 028 *** (− 3. 93)
Year-Quarter	—	—	—	Yes	Yes
Industry	—	—	—	Yes	Yes
Observations	76 088	76 088	73 668	73 668	73 668
R-squared	0. 026	0. 046	0. 103	0. 052	0. 053

注: (1) ***、 ** 和 * 分别表示在 1%、5% 和 10% 水平上显著; (2) 括号中为 t 值。

5. 4. 7. 1　替代性回归模型

首先, 本书采用 Fama-MacBeth 模型重新进行分析。混合面板回归一般假设样本之间相互独立, 否则可能导致回归的 t 统计量高估 (Mendenhall, 2004)。为此, 本书分别每个季度进行截面回归, 然后取各个季度回归系数的均值, 在此基础上, 对其显著性进行检验, 此即 Fama-MacBeth 回归模型 (Fama and MacBeth, 1973), 同时采用经 Newey-West 调整的 t 统计量以控制异方差的自相关性。回归结果如表 5 - 9 中的列 (1) ~ 列 (3) 所示。SUE × OPAQUE1 的系数均至少在 10% 水平上显著为正, 支持了代理冲突假说。

其次, 参照相关文献 (Hirshleifer et al. , 2009; Chung and Hrazdil, 2011) 的做法, 本书在回归中进一步控制 SUE 与其他控制变量的交乘项, 以控制这些变量对盈余公告前股价漂移的影响, 结果如列 (4) ~ 列 (5) 所示, SUE × OPAQUE1 的系数尽管相对表 5 - 5 中列 (3) 对应的系数在一定程度上降低, 但仍至少在 5% 水平上显著为正, 因此, 本书的结果比较稳健。

5. 4. 7. 2　信息透明度的替代衡量方法

首先, 参照路易斯和怀特 (Louis and White, 2007) 的衡量方法, 本书采用以下模型重新估计信息透明度 (OPAQUE2):

$$TA_i = \sum_{j=1}^{4} \alpha_j Q_{j,i} + \lambda_1 \Delta SALE_i + \lambda_2 PPE_i + \lambda_3 L1TA_i + \lambda_4 ASSET_i + \varepsilon_i$$

$$(5 - 5)$$

变量的定义如前面所述，这里不再赘述。对模型（5-4）重新回归分析的结果如表5-10列（1）~列（3）所示，结果基本不变。

表5-10 稳健性分析——替换信息透明度指标

变量	CAR(-60,-2)					
	（1）	（2）	（3）	（4）	（5）	（6）
SUE	0.061*** (21.30)	0.057*** (20.24)	0.056*** (20.63)	0.057*** (13.31)	0.053*** (12.29)	0.055*** (20.48)
SUE × OPACQUE2	0.277*** (2.95)	0.265*** (2.83)	0.198** (2.49)			
OPACQUE2	0.088*** (3.01)	0.046 (1.62)	0.028 (1.00)			
SUE × OPACQUE3				0.464** (2.33)	0.460** (2.31)	0.214*** (2.73)
OPACQUE3				0.124** (2.51)	0.083* (1.72)	0.027 (0.97)
SIZE		0.054*** (24.97)	0.037*** (14.14)		0.056*** (22.83)	0.038*** (14.48)
BM		-0.060*** (-26.08)	-0.034*** (-11.90)		-0.060*** (-25.66)	-0.034*** (-12.10)
MOMENTUM			-0.043*** (-16.76)			-0.043*** (-16.85)
TURNOVER			-0.011*** (-3.99)			-0.011*** (-4.01)
PRICE			0.076*** (25.93)			0.076*** (26.58)
BETA			0.009*** (3.70)			0.009*** (3.97)
Constant	-0.009 (-0.39)	-0.010 (-0.41)	-0.023 (-1.06)	-0.000 (-0.08)	0.006 (0.99)	-0.011* (-1.67)
Year-Quarter	Yes	Yes	Yes	Yes	Yes	Yes
Industry	Yes	Yes	Yes	Yes	Yes	Yes
Observations	78 041	78 041	74 466	79 718	79 718	76 088
R-squared	0.019	0.034	0.051	0.017	0.031	0.052

注：（1）***、**和*分别表示在1%、5%和10%水平上显著；（2）括号中为t值。

其次，参照路易斯和罗宾逊（Louis and Robinson，2005）的衡量方法，本书采用以下修正的 Jones 模型重新构造企业信息透明度变量（OPAQUE3）：

$$TA_i = \sum_{j=1}^{4} \alpha_j Q_{j,i} + \lambda_1(\Delta SALE_i - \Delta AR_i) + \lambda_2 PPE_i + \varepsilon_I \qquad (5-6)$$

其中，ΔAR 为季度末的应收账款减去上一季度末的应收账款，其他变量的定义如前面所述，所有变量均除以季度初的总资产，并对最高和最低的 1% 的样本剔除以缓解异常值对回归的影响。回归得到的残差滞后一期的绝对值衡量企业信息透明度，重新对模型（5-4）回归分析的结果如表5-10的列（4）~列（6）所示，结果基本不变。

5.4.7.3 政策变化作为信息透明度提高的外生事件

2007 年 1 月 1 日开始，我国上市公司执行与国际会计准则趋同的新会计准则。已有研究发现，采用国际会计准则有助于改善会计信息含量（Barth et al.，2008）。黄等（Hung et al.，2015）以 2005 年各个国家采用国际会计准则为外生事件作为企业信息质量提高的研究场景，发现较高的财务报告质量显著改善了企业信息环境，进而降低盈余公告后的股价漂移。国内方面，薛爽等（2008）的研究也指出，2007 年新会计准则可以为市场提供更多增量信息，提高了会计信息的价值相关性。因此，2007 年新会计准则的提高改善了企业信息环境。此外，深交所于 2006 年 8 月发布了《深圳证券交易所上市公司公平信息披露指引》（以下简称《指引》），对深交所上市公司选择性信息披露予以规制。具体地，上市公司在对外发布非公开的重大信息时，应当向所有投资者公开披露，确保所有投资者均能够同时获取等质的信息；上市公司（高管）不得私下提前向特定对象单独披露、透露或泄露相关重大信息。《指引》有助于抑制内部人交易（朱红军和汪辉，2009），避免盈余公告前公司盈余信息提前泄露导致的股价异常反应。

因此，本书以 2007 年为界，2007 年之前为企业信息透明度或信息质量较低阶段，BEFORE REFORM 为 1，2007 年开始及其之后年份为企业信息透明度较高阶段，取值为 0。以 BEFORE REFORM 作为信息透明度的替代性变量重新对模型（5-4）回归，结果如表5-11所示。其中，列（1）中 SUE × BEFORE REFORM 的系数为 0.029 且在 1% 水平显著为正，表明相对于 2007 年新会计准则改革之后的阶段，2007 年之前我国上市公司具有显著较大的盈余公告前漂移（盈余公告前 60 个交易日），这一差额为 2.9%，具有较大的经济显著性。使用 CAR(-30,-2) 作为因变量的结果不变。为了减少其他政策的影响，本书进一步将样本区间局限在改革前后 3 年（即 2004～2006 年、2007～2009 年）重新进行回归分析的结果不变。

表 5-11　　稳健性分析——2007 年新会计准则作为信息透明度提升的外生事件

变量	全样本		改革前后 3 年（2004～2009 年）	
	CAR(-60,-2)	CAR(-30,-2)	CAR(-60,-2)	CAR(-30,-2)
	(1)	(2)	(3)	(4)
SUE	0.052 ***	0.027 ***	0.060 ***	0.036 ***
	(25.02)	(19.04)	(12.09)	(10.37)
SUE × BEFORE REFORM	0.029 ***	0.027 ***	0.029 ***	0.023 ***
	(6.89)	(8.93)	(4.59)	(5.22)
BEFORE REFORM	0.013 **	0.007	-0.003	-0.016 ***
	(1.98)	(1.56)	(-0.37)	(-2.71)
SIZE	0.037 ***	0.005 ***	0.033 ***	0.001
	(15.76)	(3.37)	(7.44)	(0.18)
BM	-0.032 ***	0.002	-0.037 ***	0.010 ***
	(-12.43)	(0.84)	(-8.49)	(3.32)
MOMENTUM	-0.040 ***	-0.001	-0.068 ***	-0.009 ***
	(-17.73)	(-0.46)	(-15.61)	(-3.22)
TURNOVER	-0.010 ***	-0.008 ***	-0.015 ***	-0.005 *
	(-4.34)	(-5.32)	(-3.40)	(-1.86)
PRICE	0.074 ***	0.032 ***	0.104 ***	0.059 ***
	(28.20)	(17.65)	(21.36)	(18.14)
BETA	0.007 ***	0.003 **	0.011 ***	-0.001
	(3.60)	(2.11)	(2.64)	(-0.22)
Constant	-0.021 ***	-0.013 **	-0.001	-0.025 ***
	(-2.76)	(-2.46)	(-0.10)	(-3.47)
Year-Quarter/Industry	Yes	Yes	Yes	Yes
Observations	83 068	83 068	27 569	27 569
R-squared	0.055	0.023	0.080	0.045

注：(1) ***、** 和 * 分别表示在 1%、5% 和 10% 水平上显著；(2) 括号中为 t 值。

5.4.7.4 区分未预期盈余方向

本部分区分发布"好消息"和"坏消息"公司重新进行回归分析。参照路易斯和孙（Louis and Sun，2011）的模型，采用以下模型进行检验：

$$PRERET = \alpha_0 + \alpha_1 SUE5 + \alpha_2 SUE1 + \alpha_3 SUE5 \times OPAQUE1$$
$$+ \alpha_4 SUE1 \times OPAQUE1 + \alpha_5 SIZE + \alpha_6 BM$$
$$+ \alpha_7 MOMENTUM + \alpha_8 TURNOVER$$
$$+ \alpha_9 PRICE + \alpha_{10} BETA + \varepsilon \qquad (5-7)$$

其中，SUE5 为未预期盈余最高的 30% 的公司，即若某一上市公司的未预期盈余高于 70% 分位数则为 1，否则为 0；SUE1 为未预期盈余最低的 30% 的公司，若某一上市公司的未预期盈余低于 30% 分位数则为 1，否则为 0。其他变量定义见前面实证设计部分。回归结果如表 5 - 12 所示。

表 5 - 12　　信息透明度与盈余公告前的股价漂移：区分好消息与坏消息公司

变量	CAR(-60, -2)		
	（1）	（2）	（3）
SUE5	0. 020 *** (10. 39)	0. 023 *** (12. 04)	0. 024 *** (12. 48)
SUE1	- 0. 027 *** (-14. 28)	- 0. 021 *** (-11. 18)	- 0. 019 *** (-9. 69)
SUE5 × OPAQUE1	0. 130 *** (2. 81)	0. 082 * (1. 79)	0. 086 * (1. 93)
SUE1 × OPAQUE1	- 0. 073 (-1. 60)	- 0. 109 ** (-2. 41)	- 0. 096 ** (-2. 10)
SIZE		0. 052 *** (25. 69)	0. 036 *** (14. 52)
BM		- 0. 057 *** (-27. 19)	- 0. 033 *** (-12. 14)
MOMENTUM			- 0. 039 *** (-16. 40)
TURNOVER			- 0. 012 *** (-4. 67)

续表

变量	CAR(-60, -2)		
	(1)	(2)	(3)
PRICE			0.074*** (26.96)
BETA			0.008*** (3.50)
Constant	-0.012** (-2.01)	-0.008 (-1.32)	-0.027*** (-4.11)
Year-Quarter/Industry	Yes	Yes	Yes
Observations	76 088	76 088	73 668
R-squared	0.020	0.037	0.054

注：(1) ***、** 和 * 分别表示在 1%、5% 和 10% 水平上显著；(2) 括号中为 t 值。

可以看出，SUE5 的系数均在 1% 水平显著为正，而 SUE1 的系数均在 1% 水平显著为负，表明发布"好消息"的公司具有显著为正的盈余公告前市场反应，相反，发布"坏消息"的公司具有显著为负的盈余公告前市场反应。在不控制其他因素的情况下，列（1）中 SUE5 × OPAQUE1 的系数在 1% 水平显著为正，而 SUE1 × OPAQUE1 的系数为负且接近显著；在控制其他因素的情况下，列（3）中 SUE5 × OPAQUE1 的系数为 0.086 并在 10% 水平显著为正，SUE1 × OPAQUE1 的系数为 -0.096 且在 5% 水平显著为负，因此，在区分"好消息"和"坏消息"的情况下，我们同样发现，信息透明度较低的公司股票正向（负向）市场反应更大，这一发现与表 5 - 5 中的结果保持一致。

5.5　进一步分析：信息透明度与盈余公告后的股价漂移

本部分进一步考察会计信息透明度如何影响盈余公告后的股价漂移。前面分析表明，盈余公告前的股价漂移部分源于企业信息透明度较低导致的盈余公告前内幕信息提前泄露等代理问题。根据第 2 章关于盈余公告后股价漂移的文献综述，盈余信息质量和信息透明度是盈余公告后股价漂移的重要影响因素。如果信息透明度较低导致较大幅度的盈余公告前股价漂移，却降低了盈余公告后的股价漂移，则表明信息透明度较低使更多内幕信息加速融入股价，这有助于资本市场有效性的提高；相反，若信息透明度较低不仅导致了更多的内幕信息提前泄露（盈余公告前股价漂移），也使盈余公告后的股价漂移幅度更大，则表明信息透明度较低提高了公司信息的不确定性，且使投资者对公司信息的信任度降低，从而不利于股票定价效率的提升。

图 5 - 5 描绘了信息透明度高低组公司在盈余公告后 60 个交易日的累积超额回报率均值及其 95% 置信区间。可以直观地看到，在信息透明度较高的公司，发布"好消息"的公司只在盈余公告后 10 个交易日内累积超额回报率显著大于 0，此后不再显著异于 0；对于信息透明度较低的公司，发布"好消息"的公司在盈余公告后 60 个交易日内基本显著大于 0 且呈上升趋势。然而，对于发布"坏消息"的公司，盈余公告后的股票市场反应在信息透明度高低组公司之间并无显著差异。综合来看，相对于信息透明度较高的公司，信息透明度较低的公司具有相对较大幅度的盈余公告后股价漂移，初步表明企业信息不透明降低了股票价格的定价效率。

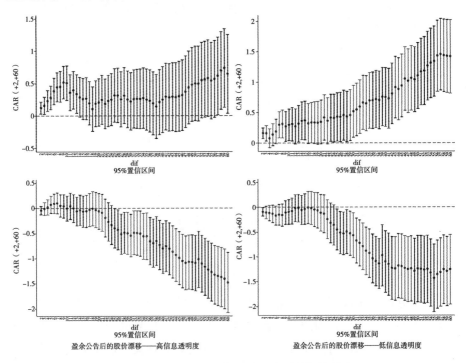

图 5 - 5 信息透明度与盈余公告后的股价漂移

　　表 5 - 13 报告了企业信息透明度与盈余公告后股价漂移的关系。列（1）~
列（2）是盈余公告后第 2 个交易日至第 60 个交易日的累积超额收益率 CAR
（ +2, +60 ）的结果。我们发现，在不控制其他因素的情况下，列（1）中
SUE × OPACQUE1 的系数为 0. 146 且在 10% 水平显著为正；在控制了其他可
能影响盈余公告后漂移的因素后，列（2）中 SUE × OPACQUE1 的系数为
0. 140 且仍在 10% 水平显著。因此，企业信息透明度较低的公司降低了投资
者对盈余信息反应的速度，导致了较大幅度的盈余公告后股价漂移，即企业
信息不透明降低了股票定价效率。

　　进一步地，列（3）~ 列（4）报告了区分盈余公告前股价漂移高低后分
组回归的结果。具体地，由于盈余公告前股票市场反应方向取决于未预期盈
余的方向，对于发布"好（坏）消息"公司，累积超额收益率越大（小）
表明盈余公告前股价反应更大，因此，我们先对 CAR(-60, -2) 取绝对值，
在此基础上以季度行业中位数划分盈余公告前股价漂移高低组。在盈余公告前
漂移幅度较小的公司［列（4）］，SUE × OPACQUE1 的系数为 0. 256 且在 5% 水
平上显著为正，而在盈余公告前股价漂移较大的公司［列（3）］，SUE × OPAC-
QUE1 的系数尽管为正但不显著。因此，信息透明度较低加剧了盈余公告后
股价漂移主要存在于盈余公告前股价漂移较低的公司。

表 5 - 13　　　　　　信息透明度与盈余公告后漂移的关系

| 变量 | CAR(+2, +60) | | | |
| | 全样本 | | HIGHPRERET | LOWPRERET |
	（1）	（2）	（3）	（4）
SUE	0. 028 *** (10. 21)	0. 027 *** (10. 14)	0. 030 *** (6. 95)	0. 024 *** (6. 25)
SUE × OPACQUE1	0. 146 * (1. 77)	0. 140 * (1. 70)	0. 062 (0. 46)	0. 256 ** (2. 15)
OPACQUE1	0. 049 * (1. 81)	0. 053 * (1. 95)	0. 077 * (1. 78)	0. 015 (0. 38)
SIZE		- 0. 006 *** (-2. 72)	- 0. 002 (-0. 48)	- 0. 014 *** (-4. 34)

续表

变量	CAR(+2, +60)			
	全样本		HIGHPRERET	LOWPRERET
	(1)	(2)	(3)	(4)
BM		0.017 ***	0.015 ***	0.018 ***
		(6.84)	(3.86)	(5.00)
MOMENTUM		−0.015 ***	−0.014 ***	−0.017 ***
		(−7.30)	(−4.26)	(−5.59)
TURNOVER		−0.002	0.006	−0.009 ***
		(−0.96)	(1.61)	(−2.79)
PRICE		0.025 ***	0.022 ***	0.026 ***
		(10.26)	(5.66)	(7.67)
BETA		−0.010 ***	−0.008 **	−0.010 ***
		(−4.96)	(−2.50)	(−3.36)
Constant	0.008	0.004	0.008	−0.009
	(1.38)	(0.62)	(0.57)	(−0.70)
Year-Quarter	Yes	Yes	Yes	Yes
Industry	Yes	Yes	Yes	Yes
Observations	73 668	73 668	36 870	36 798
R-squared	0.018	0.020	0.023	0.019

注：（1） *** 、** 和 * 分别表示在 1% 、5% 和 10% 水平上显著；（2） 括号中为 t 值。

本书综合考察企业信息透明度对盈余公告前后整个窗口的股价漂移的影响，具体结果如表 5 − 14 所示。当因变量为 CAR(−60, +60) 时，SUE × OPACQUE1 的系数均在 1% 水平显著为正；列（2） 中 SUE × OPACQUE1 的系数为 0.447，是表 5 − 5 中列（3） 对应系数（0.219） 的近 2 倍，因此，若综合考虑盈余公告前后 60 个交易日的股价漂移幅度，相对于信息透明度较高的公司，信息透明度较低的公司具有相对较大的股价漂移，高达 44.7%，经济显著性更加明显。列（3） ~ 列（4） 报告了盈余公告日前后 30 个交易日的股价漂移结果，同样支持信息透明度较低的公司具有更大幅度股价漂移的结论。

表 5 - 14　　　　　　　　　信息透明度与盈余公告前后整个窗口的股价漂移

变量	CAR(-60, +60)		CAR(-30, +30)	
	(1)	(2)	(3)	(4)
SUE	0. 104 *** (23. 75)	0. 099 *** (23. 07)	0. 059 *** (18. 79)	0. 058 *** (18. 78)
SUE × OPACQUE1	0. 485 *** (3. 46)	0. 447 *** (3. 44)	0. 331 *** (3. 12)	0. 290 *** (3. 05)
OPACQUE1	0. 107 ** (2. 41)	0. 065 (1. 53)	0. 036 (1. 09)	0. 018 (0. 58)
SIZE		0. 030 *** (7. 26)		0. 001 (0. 36)
BM		- 0. 018 *** (-3. 92)		0. 008 *** (2. 71)
MOMENTUM		- 0. 061 *** (-14. 84)		- 0. 015 *** (-5. 43)
TURNOVER		- 0. 015 *** (-3. 46)		- 0. 010 *** (-3. 43)
PRICE		0. 101 *** (23. 47)		0. 037 *** (12. 51)
BETA		- 0. 003 (-0. 69)		- 0. 001 (-0. 29)
Constant	- 0. 013 (-1. 22)	- 0. 023 * (-1. 95)	0. 000 (0. 00)	- 0. 006 (-0. 69)
Year-Quarter	Yes	Yes	Yes	Yes
Industry	Yes	Yes	Yes	Yes
Observations	76 088	73 668	76 088	73 668
R-squared	0. 032	0. 054	0. 020	0. 025

注：(1)　***、** 和 * 分别表示在1%、5%和10%水平上显著；(2) 括号中为 t 值。

本书结果表明，会计信息透明度对盈余漂移具有重大影响。会计信息不透明可能导致较多的代理问题，例如盈余公告前较多的内幕信息交易，使盈余公告前股价漂移幅度较大，降低了资本市场信息披露的公平性；企业信息透明度较低，内幕信息泄露问题较为严重将进一步加剧投资者对公司盈余信息的不信任，提高了投资者的信息风险，导致投资者对公司发布的盈余信息反应较慢，从而盈余公告后的股价漂移幅度也相对增大。这些均不利于我国建设公平且高效的资本市场。

5.6　本章小结

信息充分披露是有效市场理论的基石，盈余质量或信息透明度是盈余漂移的重要影响因素。本章研究会计信息透明度如何影响盈余公告前的股价漂移。以 2002 年第一季度至 2016 年第四季度中国 A 股上市公司发布的季度盈余公告为研究对象，本书研究发现：第一，相对于会计信息透明度较高的公司，会计信息不透明的公司具有较高的盈余公告前股价漂移。这一结果表明，盈余公告前的股价漂移部分源于公司代理冲突问题，即公司信息不透明可能诱发较多的盈余公告前信息泄露和内幕交易行为，使盈余公告前的股价漂移幅度增大。第二，信息不透明度与盈余公告前股价漂移的正相关关系在分析师跟踪人数较少、机构投资者持股较低的公司更加明显，表明分析师和机构投资者在公司信息不透明的情况下可能发挥一定的监督和信息传递的替代作用。第三，随着内幕交易监管的加强，信息不透明度与盈余公告前股价漂移的正向关系显著减弱，这一结果进一步支持了公司信息不透明诱发内幕信息泄露的代理冲突假说。第四，相对于信息透明度较高的公司，信息越不透明的公司也具有显著较高的盈余公告后股价漂移，表明企业盈余质量较低或信息不透明提高了外部投资者的信息风险，增强了投资者对公司盈余信息的不信任，导致盈余信息融入股价的效率降低。本书基本结论在采用 Fama-Mac-Beth 模型或其他替代性模型、信息透明度的不同衡量方法和外生的政策冲击事件（2007 年新会计准则的实施）进行检验后均保持一致。

本章从公司信息环境的角度检验盈余公告前股价漂移的形成机理。结果表明，会计信息不透明既加剧了资本市场的信息不公平问题（内部人信息优势放大和外部投资者信息风险加大），也降低了股票的定价效率（盈余公告后的股价漂移幅度增大），这将不利于中国资本市场有效性的提高。监管层应加强和规范上市公司信息披露，提升信息披露质量和信息披露公平性；同时，对代理冲突较为严重的公司加强内幕交易监督，防止内部人利用信息优势进行内幕交易等投机行为。

第6章 内部人交易与盈余公告前的股价漂移

本章基于信息泄露和内幕交易的角度，考察内部人交易（insider trading）对盈余公告前股价漂移的作用机理。在信息泄露、内幕交易等活动频发的情况下，信息提前泄露使知情交易者先于市场上其他投资者获悉未预期盈余信息，从而提前做出反应。本书基于内部人交易的研究有助于国内学者进一步理解盈余公告前的股价漂移现象，也为监管机构完善内部人交易及市场监管制度提供一定的启示和借鉴。

6.1 研究问题的提出

"内幕交易"指内幕信息知情人或非法获取内幕信息的人，在上市公司对外发布重大信息之前从事股票买卖，或提前泄露对股价具有重大影响的信息，或建议他人买卖相关证券的行为（李心丹等，2008）。在实务上，内幕信息主要由公司内部人掌握，因而内部人（董事、监事、主要高级管理人员及重要股东等）常常成为各国证券市场内幕交易监管的重点对象。在学术上，公司内部人一般也被认为是具有重大信息优势的市场参与者，且常常与内幕信息交易挂钩。

内部人交易对公司股价具有重要影响，盈余公告前的内部人交易能够在一定程度上解释盈余公告前的股价漂移。首先，内部人由于直接参与公司生产、经营和管理，往往拥有与公司盈利能力、发展前景和内在价值等相关的信息，内部人有动机利用这些内幕信息优势提前进行股票交易或操纵股价，从中牟取暴利。因此，在公司盈余公告之前，内部人若提前利用内幕信息进行相应的股票交易，必然使公司股价提前异动，表现为较大幅度的盈余公告前股价漂移现象。其次，现阶段我国尚属新兴资本市场，市场各项制度建设仍很不规范。相比于西方成熟资本市场，我国上市公司内部人利用内幕信息获取超额收益的问题比较严重（朱红军和汪辉，2009）。2010 年 5 月，《人民日报》连发五篇关于证券市场内幕交易的文章，反映了我国内幕交易"高发频发"的问题。2017 年证监会公布的扰乱金融市场案件中，内幕交易立案数量 101 件，占全年新增案件 32%，同比增长 54%。因此，频繁存在的内幕信息泄露和内幕交易是中国上市公司盈余公告前漂移[①]的重要影响因素。例如，阿埃伦（Ahern，2017）发现，美国证监会判定的内幕交易案件有高达 26% 的内幕交易案件与盈余信息公告相关，内部人在盈余公告前 11 个交易日的内幕信息交易获得了近 14% 的超额收益。最后，我们以上市公司内部人交易数据描绘了内部人交易在公司季度盈余公告前后 3 个月的分布（见图 6-1）。我们发现，内部人交易活动在盈余公告前 1 个月交易频率虽然较低[②]，但仍存在一定的数量；而盈余公告前第 3 个月至前第 2 个月也存在较频繁的内部人交易活动，这与美国等成熟资本市场存在较大的差异：由于成熟资本市场对内幕交易的惩罚成本高昂，公司内部人在盈余公告前的交易活动不太活跃，而主要发生在盈余公告之后的时间窗口内（Bettis et al.，2000；Dargenidou et al.，2018；Huddart et al.，2007；Ke et al.，2003）。鉴于上市公司盈余公告前的内部人交易活跃及内幕信息泄露问题较为严重的制度背景，本书考察盈余公告前的内部人交易能否解释中国上市公司盈余公告前的股价漂移现象。

本章将逐一探讨以下三个问题：第一，公司内部人是否具有信息优势，即盈余公告前的内部人交易能否预测未预期盈余？第二，若内部人交易具有信息优势，盈余公告前的内部人交易能否解释公告前的股价漂移？进一步地，在信息环境强弱、机构持股高低、内幕信息监管强弱等不同的场景下，上述关系是否存在显著的差异？对以上问题的回答能够帮助我们进一步理解内部人交易是基于何种信息优势影响股价漂移。第三，盈余公告前的内部人交易是否影响公告后的股价漂移？对这一问题的回答有助我们理解内部人交易对

---

① 例如，大商股份有限公司（SH. 600694）在其 2012 年第一季度的财务报告中指出，"归属于上市公司股东的净利润""基本每股收益（EPS）"等指标均相对于上一年第四季度大幅增长。

② 证监会于 2007 年 4 月发布的《上市公司董事、监事和高级管理人员所持本公司股份及其变动管理规则》规定：公司董事、监事和高级管理人员等不得在定期报告公告前 30 日内买卖本公司股票，因而我们发现，上市公司内部人在盈余公告前一个月内买卖股票的交易活动较少。尽管如此，我们也发现，这一制度规定也未能完全根绝内部人在这一期间的股票交易活动，这与我国内幕交易面临的法律风险较低有关（Zhu and Wang，2015）。

股票资产定价效率的影响。总的来说，本书研究能够帮助我们更加清晰地理解内部人交易对盈余公告前、后股价漂移形态的影响，也为近年来监管层加强上市公司内部人交易信息披露和内幕信息监管提供一定的政策启示。

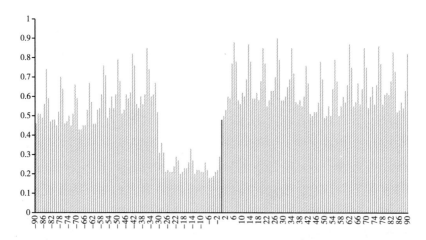

图 6 - 1 内部人交易活动在盈余公告前、后 3 个月的分布（频率）

本章余下内容安排如下：第二节对内部人交易影响资产定价及盈余公告前后股价漂移的相关文献进行回顾，在此基础上，理论分析盈余公告前内部人交易对盈余公告前股价漂移的影响并提出相关的研究假设；第三节介绍本章研究的主要变量、数据和模型；第四节对本章的实证结果进行报告、分析和讨论；第五节进一步研究内部人交易是否影响盈余公告后的股价漂移；第六节是本章的总结。

6.2　文献回顾与研究假设

6.2.1　内部人交易的相关文献回顾

内部人交易是影响资本市场运行效率的重要因素，吸引了学者、监管层和投资者的大量关注。外文文献关于内部人交易的研究比较丰富（Bhatta-charya，2014），由于中国直到 2007 年才要求披露内部人交易数据，国内学者关于内部人交易的研究起步不久（陈作华和孙文刚，2017）。纵观已有文献，关于内部人交易影响资本市场效率方面的研究主要有以下三个部分。

（1）内部人交易的获利能力及其信息优势。现有文献普遍发现，内部人交易能够获得超额收益（Jaffe，1974；Finnerty，1976；Lakonishok and Lee，2001）。例如，针对美国股票市场的研究发现，内部人交易在其后的 1 年内获得了超额的投资收益（Finnerty，1976）。拉格尼沙克和李（Lakonishok and Lee，2001）发现，内部人购买较多的股票相对于内部人抛售较多的股票在未来 1 年可以获得 7.8% 的超额回报。国内研究方面，曾庆生（2008）以内部人卖出股票为研究对象，同样发现中国上市公司内部人交易能够获得超常收益的证据。由于公司内部人往往能够获得与风险不相匹配的超额回报，容易导致市场参与者质疑信息披露的公平性，损害投资者信心，因而内部人交易一直备受争议。现有研究大多将内部人的获利能力归结于内部人的信息优势。公司内部人一般参与企业的日常经营管理，拥有较多关于企业发展前景和真实价值水平的私有信息，因此，相对于外部投资者，内部人能够更早察觉公司基本面和业绩的变化（Lakonishok and Lee，2001）。进一步地，皮奥特洛斯基和罗尔斯登（Piotroski and Roulstone，2005）总结了内部人获得超额收益的信息优势：第一，内部人一般能够提前获悉影响公司股价波动的重大信息（即内幕信息优势）；第二，内部人相对外部投资者更容易发现市场错误定价（即估值判断优势）；第三，内部人能更好地预测公司业绩前景（即业绩预测优势）。罗泽夫和扎曼（Rozeff and Zaman，1998）发现，当公司价值被低估（高估）时，公司内部人更可能选择买入（卖出）股票，表明内部人具有较强的估值判断优势。朱茶芬等（2011）基于中国上市公司内部人交易的研究发现，高管在卖出股票过程中充分利用了估值判断优势，而在买入股票时主要发挥了内部人的业绩预测优势，从而获得超额收益。

（2）信息环境对内部人获利能力的影响。既然内部人获利能力源于内部人的信息优势，则公司信息环境对内部人获利能力具有重大的影响。已有文献指出，在信息透明度较低、投资者信息不对称较高及内部人交易监管更为宽松的情况下，内部人交易的获利能力更强（Cheuk et al.，2006；Frankel and Li，2004；Wisniewski and Bohl，2005）。阿布迪和列弗（Aboody and Lev，2000）以及阿布迪等（Aboody et al.，2005）分别以 R&D 和盈余管理程度衡量企业信息不对称程度，发现内部人交易在 R&D 投入较高和盈余管理更严重的公司具有更高的投资收益。相关研究通过比较 21 个国家的内幕交易监管情况发现，基于私人信息的内部人交易活动在内幕交易监管更为严格的国家普遍较低（Durnev and Nain，2007）。顾和李（Gu and Li，2012）研究发现，随着公司信息透明度的提高，内部人交易的规模和获利能力逐渐减弱。国内方面，曾庆生（2014）的研究指出，低信息透明度的公司高管交易能够获得显著的超额收益，而高管亲属的股票交易在大多数情况下均能获得超额回报，表明高管亲属可能通过公司内部人获得内幕信息进行股票交易并获利。类似地，李欢和李丹（2015）同样发现，内部人交易在公司信息不对称程度较高时具有更强的获利能力。

（3）内部人交易在盈余公告日附近的活动及对盈余漂移的影响。由于本书主要考察内部人交易对盈余公告前股价漂移的影响，这里主要综述内部人交易与盈余公告及股价漂移的相关文献。关于内部人交易影响盈余公告后股价漂移的文献比较匮乏。蔡等（Choi et al.，2017）研究了盈余公告前的内部人交易对盈余漂移的影响，发现盈余公告前的内部人交易使更多的盈余信息提前融入股价，导致较低的盈余公告后股价漂移；然而，当盈余公告前的内部人交易与未预期盈余方向一致时反而导致较高的盈余公告后股价漂移，认为市场无法有效识别这类内部人交易包含的信息含量。类似地，达根尼杜等（Dargenidou et al.，2018）考察了盈余公告后的内部人交易如何影响盈余公告后的股价漂移，发现盈余公告后内部人交易方向与未预期盈余方向相反的情况下，盈余公告后的股价漂移基本不存在，相反，若盈余公告后内部人交易方向与未预期盈余方向一致，则盈余公告后的股价漂移更高，并认为，盈余公告后的内部人交易能够帮助投资者更好地理解未预期盈余对公司价值的实质影响。国内缺乏直接研究内部人交易影响盈余漂移的文献。杨德明和林斌（2009）的研究发现，盈余公告前的信息泄露显著减弱了盈余公告后的股价漂移，然而关于信息泄露的衡量可能存在较多噪音。总的来说，现有关于内部人交易对盈余公告后股价漂移的研究较少，且研究结论存在一定的分歧。

我们发现，几乎没有研究直接考察内部人交易对盈余公告前股价漂移的影响，然而，部分关于内部人交易的研究也在一定程度上提供了内部人交易可能影响盈余公告前股价漂移的证据。通过考察盈余公告前的内部人交易与盈余公告日盈余反应系数的关系，发现相对于盈余公告前未存在内部人交易的股票，盈余公告前存在较多内部人交易的股票在盈余公告时盈余反应系数显著较低（Udpa，1996），表明盈余公告前的内部人交易使盈余信息在盈余公告前已融入股价，使盈余公告时投资者反应较弱。还有一些研究一般考察公司内部人在盈余公告日附近的交易行为。卢斯特加尔滕和曼德（Lustgarten and Mande，1995）提供了内部人在盈余公告前 30 天购买被市场低估股票的证据。在内部人交易监管较为严格的国家，公司内部人为了规避被法律判定为内幕交易的嫌疑，甚至在盈余信息公告之前更早时间提前进行股票交易。例如，埃利奥特等（Elliot et al.，1984）发现，内部人在好消息公告前的 12 个月便存在增加（或减少）购买（卖出）公司股票的行为。柯滨等（Ke et al.，2003）发现，在公司季度盈余连续增长一段时间后突然停止的前 3～9 个季度内部人便提前卖出公司股票，从而达到既避免投资亏损又规避被认定为内幕交易的法律风险。阿埃伦（Ahern，2017）基于美国证监会判定的内幕交易案件手工收集了 183 个内部人交易网络，作者发现，高达 26% 的内幕交易案件与盈余信息公告相关，内部人在盈余公告前 11 个交易日的内幕信息交易获得了近 14% 的超额收益。综合上述文献，盈余公告前的内部人交易在一定程度上解释了盈余公告前的股价漂移。

总的来说，由于内部人天然具有的信息优势，内部人交易往往能够获得一定的超额投资收益。然而，公司信息环境和市场监管强度对内部人交易的获利能力具有重大影响。当内部人交易监管较弱、法律风险较低以及公司信息环境较弱时，内部人有较强的动机利用内幕信息或信息优势在盈余信息公告前进行相应的股票操作以谋求更高的超额收益。因此，内部人交易对盈余公告的股价漂移具有重大影响。然而，现有文献关于内部人交易如何影响盈余公告的股价漂移（尤其是盈余公告前的股价漂移）仍然十分匮乏，这亟须学术界做更多的研究。

6.2.2 内部人交易与盈余公告前的股价漂移

综合现有文献和理论，盈余公告前的内部人交易对盈余公告前的股价漂移具有重要的影响，具体有以下三个方面。

（1）内部人天然的信息优势（Piotroski and Roulstone，2005）决定了内部人可以在盈余信息公告之前便获悉与公司价值相关的重大信息，尤其是内部人拥有的内幕信息优势，在市场知晓这些重大信息之前，内部人利用内幕信息提前进行股票交易往往能够获得较高的超额收益。卢斯特加尔滕和曼德（Lustgarten and Mande，1995）以及阿埃伦（Ahern，2017）的研究均支持了内部人在盈余信息公告之前进行股票交易并获得超过市场回报的收益。

（2）内部人交易作为一种"衍生知情交易"机制（Manne，1966），可能向市场传递关于公司未来盈余的信息，外部投资者通过观察内部人交易可以更好地形成关于公司盈利前景的预期（Udpa，1996），同时，外部投资者也可能模仿内部人交易做出类似的股票操作，从而进一步推高盈余公告前的股价漂移。

（3）在我国转轨经济制度背景下，盈余公告前的内部人交易可能更为普遍且对盈余公告前的股价漂移影响更大。由于我国资本市场建立较晚，关于内部人交易的监管仍然较为薄弱，实际操作中对内部人违规买卖股票的处罚力度也较低（朱茶芬等，2011）。另外，我国上市公司的信息披露质量仍有待改善，企业信息透明度较低（李欢和李丹，2015），投资者面临较大的信息不对称，这进一步增强了内部人利用内幕消息进行股票交易以获取超额收益的动机。因此，本书提出以下假设。

H6-1：相对于盈余公告前内部人交易较少的公司，盈余公告前内部人交易较多的公司具有更大幅度的盈余公告前股价漂移。

6.2.3　内部人交易、信息环境与盈余公告前的股价漂移

内部人交易的获利能力源于内部人的信息优势，受到公司信息环境的重大影响（Frankel and Li，2004）。一方面，当企业信息环境较差时，例如信息透明度较低、信息不对称程度较大或分析师跟踪人数较少等，内部人拥有的信息优势将更加凸显，内部人交易能够获得更大的超额收益。例如，弗兰克尔和李（Frankel and Li，2004）发现，分析师跟踪能够显著降低内部人交易的规模和获利能力。阿布迪等（Aboody et al.，2005）以盈余管理程度衡量企业信息不对称，发现盈余管理更严重（信息不对称程度较高）的公司，内部人交易获得的超额回报更高。顾和李（Gu and Li，2012）考察公司信息透明度如何影响内部人交易，发现信息透明度较高的公司内部人交易的规模和获利水平均显著降低。类似地，李欢和李丹（2015）以应计盈余管理程度衡量企业信息环境，发现我国上市公司内部人交易的获利水平取决于企业信息环境，内部人交易在信息不对称较大的公司具有更高的获利能力。李琳和张敦力（2017）的研究发现，内部人交易的获利能力随着分析师跟踪人数的增加有所下降。另一方面，信息环境也能够降低内部人利用内幕信息获取超额收益的行为。当企业信息环境较弱时，内部人泄露

内幕信息的行为更难被监管层或市场所察觉，从而助长盈余公告前的内部人交易行为。综上所述，本书使用企业盈余管理程度和分析师跟踪人数衡量企业信息环境，并提出如下假设。

H6－2a：相对于信息透明度较高的公司，内部人交易与盈余公告前股价漂移的正向关系在信息透明度较低的公司显著更大。

H6－2b：相对于分析师跟踪人数较多的公司，内部人交易与盈余公告前股价漂移的正向关系在分析师跟踪人数较少的公司显著更大。

6.2.4 内部人交易、机构持股与盈余公告前的股价漂移

本部分进一步探讨机构投资者持股对内部人交易与盈余公告前股价漂移之间关系的影响。一方面，机构投资者作为专业、理性的投资者，信息挖掘和分析能力也较强，常常被认为是市场上另一类重要的知情交易者（Bushee and Goodman，2007）。因此，机构投资者可能与内部人存在互为竞争的关系，即机构投资者利用私有信息进行股票交易可能削弱内部人利用内幕信息进行交易的获利水平，故机构持股比例较高的公司内部人交易的活动和收益可能较低。例如，从李琳和张敦力（2017）基于中国上市公司内部人交易的研究发现，机构投资者持股比例较高的公司内部人交易的获利能力确实显著降低。另一方面，机构投资者作为外部股东可以发挥一定的监督效力，这可以显著削弱公司内部人交易的信息优势（Fidrmuc et al.，2006）。相关研究发现，公司高管和独立董事交易在公司治理更为完善的公司获得的超额收益显著较低（Ravina and Sapienza，2010）。因此，当机构投资者持股比例较高时，机构投资者更有动机监督公司内部人并抑制内部人的投机行为，从而降低盈余公告前的股价漂移。

在我国投资者保护和内幕交易监管较弱的制度背景下，相对于散户，机构投资者更可能接触内幕信息。因此，机构投资者持股较高的公司也可能存在较多的内部人交易并导致较高的盈余公告前股价漂移。尽管可能存在上述替代性方向，本书仍然提出以下假设。

H6－3：相对于机构投资者持股较多的公司，机构投资者持股较低的公司内部人交易导致盈余公告前股价漂移的幅度更大。

6.3　实证设计

6.3.1　研究样本与数据来源

本书采用季度盈余公告进行研究。由于 2006 年之前的《公司法》规定上市公司高管持有的本公司股票禁止在任职期间转让，同时，在上市公司股权分置改革实施之前，大宗交易中大股东持有股票也较难流通，故在 2007 年之前内部人交易数据比较少且难以获得。2006 年颁布的新《公司法》规定，高管在任职期间每年转让的股份不超过其所持本公司股份总数的 25%，且需要向公司申报所持的本公司股份及其变动情况。2007 年 4 月，证监会颁布的《上市公司董事、监事和高级管理人员所持本公司股份及其变动管理规则》规定，内部人所持本公司的股份变动应在发生之日起 2 个交易日内向上市公司报告并在证券交易所网站公告，进一步规范了我国上市公司内部人交易的信息披露。

本书选取 2007 年第一季度至 2016 年第四季度的中国 A 股上市公司季度盈余公告为初始研究对象。在此基础上，本书依次剔除以下样本：第一，金融行业样本；第二，参照相关文献（Ke and Ramalingegowda，2005），剔除季度盈余公告数据少于 10 个季度的样本；第三，剔除被 ST 和 * ST 的样本；第四，剔除盈余公告前、后 60 个交易日内缺乏股票交易数据的样本（Bernard and Thomas，1989）；第五，剔除主要变量缺失的样本。最终获得 2726 家上市公司，共 67 104 个公司—季度样本。样本的具体筛选过程如表 6 - 1 所示。

表 6 - 1　　　　　　　　　　　样本的筛选过程

2007 ~ 2016 年季度盈余公告总观测值	87 797
剔除季度数据少于 10 个季度的公司	2 441
剔除金融行业样本	1 204
剔除 SUE 缺失的样本	1 954
剔除盈余公告日前、后 60 个交易日无股票交易数据的样本	6 890
剔除 ST 样本	3 336
剔除主要变量数据缺失的样本	4 868
最终研究样本	67 104

上市公司季度盈余（季度盈余公告日、季度每股盈余）的数据主要来自 Wind 数据库，并与 CSMAR 披露的季度盈余数据进行抽查对比，以确保季度盈余公告日和季度每股收益的可靠性；上市公司内部人交易数据主要来自中国研究数据服务平台（CNRD）数据库，并与 Wind 数据库的内部人交易数据进行抽查对比，以确保内部人交易数据的可靠性；股票的日交易数据、上市公司相关财务数据主要来源于 CSMAR 数据库。

6.3.2 主要变量的衡量

6.3.2.1 未预期盈余的衡量

参照相关文献的做法（Ke and Ramalingegowda，2005；Livnat and Mendenhall，2006；Ng et al.，2008），本书采用季节性随机游走模型（Seasonal Random Walk Model）估计季度未预期盈余（SUE）：

$$SUE_{i,t} = \frac{(EPS_{i,t} - EPS_{i,t-4})}{P_{i,t}} \tag{6-1}$$

其中，$EPS_{i,t}$ 和 $EPS_{i,t-4}$ 分别表示公司 i 在季度 t 及其上年同一季度的每股盈余；$P_{i,t}$ 是公司 i 在 t 季度末的股票价格。本书采用季节性随机游走模型估计未预期盈余是因为中国资本市场充斥着大量的散户和中小投资者，这些投资者更倾向于采用时间序列模型形成公司未来盈余的预期（Ayers et al.，2011）。同大多数研究盈余公告后漂移的文献（Ke and Ramalingegowda，2005；Livnat and Mendenhall，2006；Chung and Hrazdil，2011）做法一致，本书在实际回归过程中将分季度对 SUE 进行排序并十等分处理，以缓解异常值及未预期盈余与股票超额回报非线性关系的问题。在此基础上，本书将十等分后每一组进行赋值并转换为 0~1 的数值，这有助于我们更加容易理解股票回报与未预期盈余的回归系数（Mendenhall，2004）。

6.3.2.2 盈余公告前超额收益的衡量

传统的研究主要关注盈余公告后的股价漂移（POST-EAD），且大多取盈余公告之后第 2 个交易日至第 60 个交易日（约 60 日）为盈余公告后漂移的时间窗口进行研究（Chung and Hrazdil，2011）。然而，在盈余公告前 60 个交易日股价已经提前异动，即存在盈余公告前股价漂移（Foster et al.，1984；Bernard and Thomas，1989）。因此，本书采用盈余公告前 60 个交易日为本书定义的盈余公告前漂移的时间窗口，并采用以下模型计算累积超额回报（PRERET）：

$$CAR(-60,-2)_{i,t} = \sum_{t=-60}^{-2} (R_{i,t} - R_{p,t}) \tag{6-2}$$

其中，$R_{i,t}$ 为股票 i 在第 t 天的日个股回报率；$R_{p,t}$ 为股票投资组合的日加权平均回报率。参照法玛和弗伦奇（Fama and French，1993）的做法，在每年年初，本书根据股票市值（SIZE）和账面市值比（BM）分别将股票进行五等分，由此形成了 25 个具有相近规模和账面市值比的股票投资组合，这些投资组合具有较为相似的风险特征。我们以股票日个股收益率减去所在的投资组合的日加权平均收益率作为个股日超额回报（$R_i - R_p$）。

6.3.2.3　内部人交易的衡量

与相关文献类似（Lakonishok and Lee，2001；Ke et al.，2003），本书采用内部人股票净买入比率衡量内部人交易强度（NETBUY）：

$$NETBUY = \frac{(Purchases - Sales)}{(Purchases + Sales)} \tag{6-3}$$

其中，Purchases 表示内部人买入股票的股数；Sales 表示内部人卖出股票的数量。本书采用公司盈余公告前 3 个月内内部人净买入的股票比率衡量盈余公告前的内部人交易活动。NETBUY >0 表明盈余公告前内部人买入股票的数量超过卖出的数量；NETBUY <0 表明内部人卖出股票的数量超过买入股票的数量；NETBUY =0 表明内部人买入股票的数量与卖出股票的数量持平。

参照蔡等（Choi et al.，2017）的做法，本书进一步根据未预期盈余的方向将内部人交易划分为三类：（1）内部人交易方向与未预期盈余方向一致（CONF）：当 NETBUY 大于 0 且交易的股票属于未预期盈余最高 30% 的公司，或 NETBUY 小于 0 且交易的股票属于未预期盈余最低 30% 的公司时，CONF 取值为 1，否则 CONF 为 0；（2）内部人交易方向与未预期盈余方向不一致（CONT）：当 NETBUY 小于 0 且交易的股票属于未预期盈余最高 30% 的公司，或 NETBUY 大于 0 且交易的股票属于未预期盈余最低 30% 的公司时，CONT 取值为 1，否则 CONT 为 0；（3）其他情形（NONE）：当存在内部人交易活动但不属于前两类的公司时，NONE 取值为 1，否则 NONE 为 0。从直觉来看，相对于其他两类内部人交易，第一类内部人拥有内幕信息的可能性最大。

6.3.3 研究模型

为了考察内部人交易对盈余公告前股价漂移的影响，本书分两步进行研究。

第一步，若盈余公告前的内部人交易能够影响盈余公告前的股价漂移，则表明内部人交易具有一定的信息优势，因此，本书先考察内部人交易是否具有信息优势。参考柯滨等（Ke et al.，2003）的研究模型，本书构建了以下回归模型进行检验：

$$NETBUY = \alpha_0 + \alpha_1 SUE + \alpha_2 L1SUE + \alpha_3 L2SUE + \alpha_4 L3SUE + \alpha_5 L4SUE$$
$$+ \alpha_6 SIZE + \alpha_7 BM + \alpha_8 MOMENTUM + \varepsilon \qquad (6-4)$$

其中，NETBUY 和 SUE 分别衡量季度盈余公告前的内部人净买入股票比率和季度未预期盈余，具体衡量方法如前述；进一步地，我们区分 SUE 最高30%（SUE5）和最低30%（SUE1）的公司，考察公司内部人是否购入更多发布"好消息"的股票并卖出更多发布"坏消息"的股票。由于内部人可能根据历史盈余信息形成公司未来盈利前景的预期从而影响内部人投资决策，本书控制了前四个季度的未预期盈余大小（L1SUE-L4SUE）；与柯等（Ke et al.，2003）的研究类似，模型控制了公司规模（SIZE）、账面市值比（BM）和截至上个季度末的前12个月持有至到期收益率（MOMENTUM）。

第二步，考察盈余公告前的内部人交易是否导致了更大幅度的盈余公告前股价漂移。参考蔡等（Choi et al.，2017）的研究，本书采用以下模型对其进行检验：

$$PRERET = \alpha_0 + \alpha_1 SUE + \alpha_2 CONF + \alpha_3 SUE \times CONF + \alpha_4 CONT$$
$$+ \alpha_5 SUE \times CONT + \alpha_6 NONE + \alpha_7 SUE \times NONE + \alpha_8 SIZE$$
$$+ \alpha_9 BM + \alpha_{10} MOMENTUM + \alpha_{11} TURNOVER + \alpha_{12} PRICE$$
$$+ \alpha_{13} BETA + \varepsilon \qquad (6-5)$$

其中，PRERET 表示盈余公告前60个交易日的累积超额回报率 CAR（-60，-2）；SUE 表示当季公告的未预期盈余；α_1 表示未预期盈余最高的公司组合与未预期盈余最低的公司组合在盈余公告前的平均累积超额回报率之差，即盈余公告前的股价漂移幅度；CONF、CONT 和 NONE 衡量盈余公告前的内部人交易活动，变量定义如前所述。由于 CONF 表明内部人最可能获得公司内幕信息，我们预期 α_3 的系数显著为正，而对 α_5 和 α_7 的符号不做事先预判。

参照相关文献（Hung et al. , 2015；Kovacs，2016）的做法，本书控制了公司规模（SIZE）和账面市值比（BM）以控制文献中常提及的潜在资产定价风险因子（Fama and French，1993）。由于部分文献发现，股票流动性对信息融入股价的效率有一定的影响（Sadka，2006；Chordia et al. ，2009），本书以换手率（TURNOVER）衡量股票流动性并对其进行控制；MOMENTUM 表示盈余公告前一年的股票持有至到期收益率，用以控制股票的动量效应或反转效应；我们还控制股票价格（PRICE）用以控制个股交易成本对投资者交易行为的影响。类似地，为了控制变量异常值的影响，本书将上述变量分季度进行十等分并将赋值转换为 0～1 处理。另外，本书控制了季度和行业固定效应，并在回归时采用稳健标准误和进行聚类处理以控制回归残差在各期之间的相关性（Petersen，2009）。各变量的具体定义如表 6－2 所示。

表 6－2　　　　　　　　　　　主要变量的定义

变量	变量定义
PRERET	盈余公告前的股票累积超额收益率，以盈余公告前 60 个交易日至盈余公告前 2 个交易日为盈余公告前时间窗口，经相似的 SIZE-BM 股票组合计算的日加权平均收益率调整后的日超额收益率累积得到
SUE	未预期盈余，即当个季度每股盈余减去上年同一季度后除以股价
内部人交易变量：	
NETBUY	盈余公告前 3 个月内内部人净买入股票的比率，即内部人买入股票数量减去卖出股票数量，除以内部人买入股票数和卖出股票数之和
BUY	盈余公告前内部人净买入的公司，若 NETBUY >0 为 1，否则为 0
SELL	盈余公告前内部人净卖出的公司，若 NETBUY <0 为 1，否则为 0
CONF	内部人交易方向与未预期盈余方向一致，当 NETBUY >0 且交易的股票属于未预期盈余最高30%的公司，或 NETBUY <0 且交易的股票属于未预期盈余最低30%的公司时，CONF 取值为 1 否则为 0
CONT	内部人交易方向与未预期盈余方向不一致，当 NETBUY <0 且交易的股票属于未预期盈余最高30%的公司，或 NETBUY >0 且交易的股票属于未预期盈余最低30%的公司时，CONT 取值为 1 否则为 0
NONE	当存在内部人交易活动但不属于前两类（CONF 和 CONT）的公司取值为 1，否则为 0

续表

变量	变量定义
控制变量：	
SIZE	公司规模，以上年年末的股票市值取对数衡量
BM	账面市值比，以上年年末的总资产账面价值除以股票总市值与负债账面价值的总和
MOMENTUM	以上个季度末所在月份的前12个月的股票持有至到期收益衡量
TURNOVER	以上个季度末所在月份的前12个月股票的平均换手率衡量，股票月换手率为月股票交易金额除以月个股流通市值
PRICE	股票价格，以当季盈余公告的前一个月月末的股票价格的对数值衡量
BETA	股票系统风险，以上年股票日回报率数据，采用市场模型估算得到的 β 值

6.4　实证结果与分析

6.4.1　描述性统计

表 6-3 是本章主要研究变量的描述性统计结果。PRERET 的均值为 -0.002，表明样本公司在盈余公告前 60 个交易日的累积超额收益率平均为 -0.2%，这一值较小是由于本书尚未区分未预期盈余大小导致；然而，PRERET 的最小值（最大值）为 -0.377（0.542）同时也显示了我国上市公司在盈余公告前的股价漂移幅度存在较大的差异。NETBUY 的均值为 -0.102，表明我国盈余公告前的内部人交易总体表现为净卖出，即盈余公告前内部人卖出股票的数量超过买入股数。

表 6-3　　　　　　　　　主要变量的描述性统计

变量	N	Mean	SD	Min	p25	p50	p75	Max
PRERET	67 104	-0.002	0.160	-0.377	-0.101	-0.020	0.079	0.542
SUE	67 104	-0.001	0.013	-0.064	-0.004	0.000	0.002	0.043
NETBUY	67 104	-0.102	0.523	-1.000	0.000	0.000	0.000	1.000
SIZE	67 104	22.770	1.055	20.850	22.030	22.640	23.370	26.020

续表

变量	N	Mean	SD	Min	p25	p50	p75	Max
BM	67 104	0.522	0.244	0.094	0.329	0.496	0.695	1.100
MOMENTUM	67 104	0.360	0.824	−0.680	−0.197	0.120	0.655	3.717
TURNOVER	67 104	0.568	0.365	0.056	0.288	0.492	0.769	1.808
PRICE	67 104	2.433	0.631	1.051	1.988	2.404	2.840	4.060
BETA	67 104	1.061	0.212	0.491	0.934	1.071	1.192	1.615

表6-4在区分SUE和NETBUY方向后报告了各个股票组合盈余公告前累积超额回报率的均值。可以发现，相对于没有内部人交易的公司，盈余公告前存在较多内部人交易的公司股票累积超额回报率普遍较高。具体地，在盈余公告前60个交易日时间窗口内，不管是买入还是卖出股票，内部人交易较多的公司在不同大小的SUE组内CAR(−60,−2)均相对较高，尤其对于SUE最高的公司，若盈余公告前内部人买入股票，则CAR(−60,−2)的均值高达0.039，是不存在内部人交易公司的累计超额回报率（0.013）的近3倍；内部人买入股票的公司CAR(−30,−2)均值为0.024，是不存在内部人交易公司的对应值（0.012）的2倍。对于盈余公告前卖出股票的公司则与不存在内部人交易的公司在股票市场反应上差异不太明显。

表6-4　区分SUE和NETBUY方向后盈余公告前累积超额回报率的均值

SUE deciles	CAR(−60,−2)				CAR(−30,−2)			
	SELL	NON	BUY	Total	SELL	NON	BUY	Total
1 (Lowest)	−0.027	−0.032	−0.011	−0.028	−0.015	−0.013	0.000	−0.012
2	−0.006	−0.018	0.005	−0.013	−0.012	−0.010	0.002	−0.010
3	0.008	−0.006	0.009	−0.001	−0.006	−0.003	0.010	−0.002
4	0.025	0.005	0.025	0.011	0.005	0.003	0.016	0.005
5 (Highest)	0.039	0.013	0.039	0.020	0.014	0.012	0.024	0.014
H−L	0.066	0.045	0.051	0.049	0.029	0.025	0.024	0.026
Total	0.007	−0.007	0.014	−0.002	−0.003	−0.002	0.011	−0.001

为了更加清晰、直观地展示内部人交易对盈余漂移的影响，图6-2是区分盈余公告前内部人交易方向（买入还是卖出）及未预期盈余方向（"好消

息"还是"坏消息")后描绘出的盈余公告前后 60 个交易日股价漂移的结果。从图 6 - 2 中可以看出，对于即将发布"好消息"的公司，相对于盈余公告前无内部人交易的股票，盈余公告前 3 个月内部人交易活动（尤其是净买入）较多的股票具有更高的盈余公告前股价漂移；相反，对于即将发布"坏消息"的公司，盈余公告前 3 个月内部人净买入较多的股票具有较低的股价漂移（股票市场反应相对更高），而内部人净卖出的公司和无内部人交易的公司股价漂移幅度无明显差异。

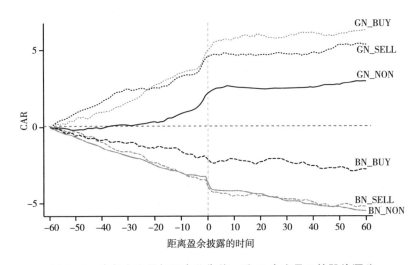

图 6 - 2　内部人交易与盈余公告前、后 60 个交易日的股价漂移

图 6 - 3 进一步描绘了内部人交易活动与盈余公告前 60 个交易日的累积超额回报率均值及其 95% 置信区间。对于内部人交易活动，我们只选取最可能拥有内幕信息的内部人交易进行分析（即内部人净买入"好消息"的股票和内部人净卖出"坏消息"的股票）。可以比较直观地看到，对于发布"好消息"的公司，若盈余公告前 3 个月无内部人交易，公司股价直到盈余公告前 15 个交易日左右才显著为正，在此之前基本不异于 0；相反，若盈余公告前 3 个月存在较多内部人净买入的情况，则公司股价在盈余公告前 50 个交易日附近便已经显著为正，且盈余公告前 60 个交易日的累积超额回报率（约 4%）远远高于无内部人交易的公司（约 1.2%）。然而，对于发布"坏消息"的公司，内部人净卖出和无内部人交易的公司股票市场反应无明显的差异。总的来说，图 6 - 3 表明，盈余公告前内部人交易（尤其是买入）可能存在较多的内幕信息泄露，导致了较高的盈余公告前股价漂移。

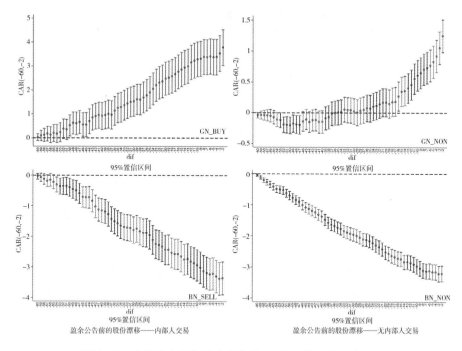

图 6-3　内部人交易与盈余公告前 60 个交易日的股价漂移

6.4.2　内部人是否具有信息优势?

表 6-5 报告了内部人交易是否具有信息优势的检验结果。列（1）中 SUE 的系数为 0.053 且在 1% 水平显著为正，表明相对于 SUE 最低的公司，内部人对 SUE 最高的公司净买入比率增加了 5.29%，因此，若公司即将公告的未预期盈余越高，内部人在盈余公告前 3 个月内净买入的股票数量更多。列（2）进一步区分未预期盈余最高（低）30% 的公司进行回归。其中，SUE5 的系数为 0.019 且在 1% 水平显著，表明对于未预期盈余最高 30% 的公司，盈余公告前内部人净买入比率增加了 1.9%；SUE1 的系数则为 -0.021 且在 1% 水平显著，表明对于未预期盈余最低 30% 的公司，盈余公告前内部人净卖出比率增加了 2.1%。这一结论与埃利奥特等（Elliot et al., 1984）的发现类似。列（3）在控制公司个体和年份—季度固定效应以尽可能缓解遗漏变量的问题之后，得到的结果依然显著。因此，表 6-5 中的结果表明，内部人交易具有一定的信息优势，这为后面进一步考察内部人交易如何影响盈余公告前股价漂移提供了理论证据。

表 6 – 5　　　　　　　　　内部人交易与未预期盈余之间的关系

变量	NETBUY		
	(1)	(2)	(3)
SUE	0.053 *** (6.54)		
SUE 5		0.019 *** (3.00)	0.014 ** (2.20)
SUE 1		– 0.021 *** (– 3.11)	– 0.013 * (– 1.94)
L1SUE	– 0.307 (– 1.51)	– 0.249 (– 1.21)	– 0.255 (– 1.22)
L2SUE	0.246 (1.51)	0.260 (1.60)	0.205 (1.24)
L3SUE	0.271 * (1.76)	0.279 * (1.80)	0.219 (1.37)
L4SUE	0.637 *** (2.86)	0.555 ** (2.53)	0.170 (0.76)
SIZE	0.102 *** (7.68)	0.103 *** (7.65)	– 0.027 (– 1.08)
BM	0.115 *** (7.72)	0.115 *** (7.76)	0.088 *** (4.79)
MOMENTUM	– 0.053 *** (– 5.12)	– 0.052 *** (– 5.07)	– 0.066 *** (– 6.36)
Constant	– 0.106 *** (– 2.72)	– 0.109 *** (– 2.79)	– 0.175 *** (– 6.50)
Year-Quarter	Yes	Yes	Yes
Industry	Yes	Yes	—
firm	—	—	Yes
Observations	44 321	44 321	44 321
R-squared	0.121	0.121	0.251

注：(1) ***、** 和 * 分别表示在 1%、5% 和 10% 水平上显著；(2) 括号中为 t 值。

6.4.3 内部人交易与盈余公告前的股价漂移

表 6-6 报告了盈余公告前内部人交易与股价漂移之间的关系。SUE 的系数表示盈余公告前股价漂移的幅度（即 SUE 最高组减去 SUE 最低组公司的累积超额回报率），该值在列（1）~ 列（6）中均在 1% 水平显著为正，表明我国上市公司普遍存在盈余公告前的股价漂移现象。列（1）~ 列（2）是只加入内部人交易活动与未预期盈余方向一致的变量（CONF），此时内部人交易利用内幕信息进行交易的可能性最大。SUE × CONF 的系数均为 0.020 且在 1% 水平显著为正，表明相对于其他公司，盈余公告前内部人交易活动与未预期盈余方向一致时，盈余公告前的股价漂移幅度显著更大，增长了近 2.0%。列（3）~ 列（4）是只加入内部人交易与未预期盈余方向不一致变量（CONT）的结果，SUE × CONT 的系数虽然为正但不显著。

表 6-6　　　　　　　　内部人交易与盈余公告前的股价漂移

变量	CAR(-60, -2)					CAR(-30, -2)
	（1）	（2）	（3）	（4）	（5）	（6）
SUE	0.055 *** (24.84)	0.052 *** (22.81)	0.055 *** (24.74)	0.052 *** (22.72)	0.050 *** (20.81)	0.027 *** (16.77)
SUE × CONF	0.020 *** (3.05)	0.020 *** (2.87)			0.023 *** (3.28)	0.014 *** (3.13)
CONF	0.007 *** (2.95)	0.008 *** (2.90)			0.012 *** (4.42)	0.004 ** (2.01)
SUE × CONT			0.008 (1.11)	0.007 (0.99)	0.008 (1.13)	-0.006 (-1.33)
CONT			0.016 *** (5.94)	0.015 *** (5.45)	0.019 *** (6.53)	0.005 *** (2.68)
SUE × NONE					-0.003 (-0.19)	-0.005 (-0.52)
NONE					0.013 *** (5.44)	0.001 (0.59)
SIZE		0.043 *** (15.22)		0.043 *** (15.30)	0.043 *** (15.37)	0.007 *** (3.95)

变量	CAR(−60,−2)					CAR(−30,−2)
	(1)	(2)	(3)	(4)	(5)	(6)
BM		−0.042 *** (−12.95)		−0.042 *** (−12.87)	−0.041 *** (−12.55)	−0.003 (−1.54)
MOMENTUM		−0.047 *** (−17.71)		−0.048 *** (−17.82)	−0.048 *** (−17.92)	−0.005 *** (−3.06)
TURNOVER		−0.004 (−1.37)		−0.004 (−1.44)	−0.005 (−1.60)	−0.007 *** (−3.78)
PRICE		0.070 *** (22.64)		0.070 *** (22.58)	0.069 *** (22.22)	0.025 *** (12.20)
BETA		0.006 ** (2.37)		0.006 ** (2.39)	0.007 *** (2.61)	0.004 *** (2.80)
Constant	−0.022 *** (−2.74)	−0.030 *** (−3.04)	−0.023 *** (−2.84)	−0.031 *** (−3.09)	−0.033 *** (−3.26)	−0.019 *** (−3.04)
Year-Quarter	Yes	Yes	Yes	Yes	Yes	Yes
Industry	Yes	Yes	Yes	Yes	Yes	Yes
Observations	67 104	67 104	67 104	67 104	67 104	67 104
R-squared	0.017	0.048	0.018	0.048	0.049	0.016

注:(1) ***、** 和 * 分别表示在1%、5%和10%水平上显著;(2) 括号中为 t 值。

列(5)是同时考虑三类内部人交易的结果,SUE × CONF 的系数为 0.023 且仍在 1% 水平显著为正,而 SUE × CONT 的系数为正但仍不显著,SUE × NONE 的系数虽不显著但变为负数。因此,综合考虑各类内部人交易活动,本书发现,相对于不存在盈余公告前内部人交易的公司,盈余公告前内部人交易与未预期盈余方向一致时股价的漂移幅度更显著。当只考虑盈余公告前 30 个交易日的时间窗口时〔CAR(−30,−2)〕,结果类似。此外,CONF、CONT 和 NONE 的系数均在 1% 水平显著为正,表明不管哪类内部人交易,内部人交易活动更多的公司相对于不存在内部人交易的公司具有更显著的股票市场回报。

综合表 6−5 和表 6−6 的结果,本书提供了内部人具有信息优势及内部人可能在盈余公告前利用信息优势提前进行股票交易,从而获得较高超额回报的证据。本书后续进一步考察在不同的信息环境和公司场景下内部人交易解释盈余公告前股价漂移的关系是否随之改变。

6.4.4　内部人交易、公司信息环境与盈余公告前的股价漂移

本部分进一步考察公司信息环境如何影响盈余公告前内部人交易与股价漂移的关系。本书以公司信息透明度和分析师跟踪人数衡量公司信息环境质量。

首先,本书以企业盈余管理程度衡量信息透明度。具体地,本书借鉴路易斯和孙(Louis and Sun,2011)的做法采用经业绩调整的 Jones 模型估算季度盈余管理(具体衡量方法见第 5 章),然后以前四个季度的盈余管理绝对值均值衡量企业信息透明度(OPAQUE),该值越大表明企业信息越不透明(HighOPA),越小意味着企业信息透明度较高(LowOPA)。表 6 – 7 报告了相关的检验结果。其中,当因变量为 CAR(– 60, – 2)时,SUE × CONF 的系数只在公司信息透明度较低时才显著为正,系数值为 0.034 且在 1% 水平显著;在信息透明度较高的公司,SUE × CONF 的系数为 0.011 且不显著。当因变量为 CAR(– 30, – 2)时结果基本类似。以上结果与阿布迪等(Aboody et al.,2005)、李欢和李丹(2015)的结论比较一致,即:当公司信息不对称程度较高或信息透明度较低时,内部人交易的获利程度更高。本书结论则表明,在信息透明度较低的公司,盈余公告前的内部人交易导致了更大幅度的盈余公告前股价漂移,故假设 H6 – 2a 得证。

表 6 – 7　　内部人交易、信息透明度与盈余公告前的股价漂移

变量	CAR(– 60, – 2)		CAR(– 30, – 2)	
	LowOPA (1)	HighOPA (2)	LowOPA (3)	HighOPA (4)
SUE	0.051 *** (14.31)	0.049 *** (13.08)	0.031 *** (12.25)	0.025 *** (9.05)
SUE × CONF	0.011 (1.10)	0.034 *** (3.54)	0.012 (1.55)	0.026 *** (3.69)
SUE × CONT	0.006 (0.54)	0.010 (0.91)	– 0.023 *** (– 2.96)	0.001 (0.09)
SUE × NONE	– 0.004 (– 0.19)	– 0.008 (– 0.40)	– 0.017 (– 1.18)	– 0.008 (– 0.49)

变量	CAR(-60, -2)		CAR(-30, -2)	
	LowOPA	HighOPA	LowOPA	HighOPA
	（1）	（2）	（3）	（4）
CONF	0. 016 ***	0. 016 ***	0. 009 ***	0. 005
	(3. 83)	(4. 21)	(2. 92)	(1. 63)
CONT	0. 018 ***	0. 021 ***	0. 007 **	0. 006 **
	(4. 35)	(5. 01)	(2. 26)	(2. 02)
NONE	0. 009 **	0. 015 ***	0. 001	0. 001
	(2. 56)	(4. 45)	(0. 54)	(0. 40)
SIZE	0. 043 ***	0. 038 ***	0. 006 **	0. 004
	(10. 73)	(8. 93)	(2. 26)	(1. 42)
BM	- 0. 037 ***	- 0. 036 ***	- 0. 003	- 0. 002
	(-7. 85)	(-7. 71)	(-1. 00)	(-0. 49)
MOMENTUM	- 0. 038 ***	- 0. 048 ***	- 0. 004	- 0. 005 *
	(-9. 98)	(-11. 76)	(-1. 50)	(-1. 81)
TURNOVER	- 0. 004	- 0. 005	- 0. 006 **	- 0. 009 ***
	(-1. 05)	(-1. 30)	(-2. 09)	(-3. 33)
PRICE	0. 061 ***	0. 073 ***	0. 021 ***	0. 030 ***
	(14. 02)	(15. 79)	(7. 08)	(9. 31)
BETA	0. 001	0. 005	0. 003	0. 006 **
	(0. 30)	(1. 41)	(1. 13)	(2. 23)
Constant	- 0. 050 ***	- 0. 031 **	- 0. 023 **	- 0. 009
	(-3. 64)	(-2. 18)	(-2. 51)	(-0. 97)
Year-Quarter/Industry	Yes	Yes	Yes	Yes
Observations	26 298	26 194	26 298	26 194
R-squared	0. 054	0. 059	0. 018	0. 021

注：（1） *** 、 ** 和 * 分别表示在1%、5%和10%水平上显著；（2）括号中为 t 值。

其次，本书采用上一年年末的分析师跟踪人数（ANALYST）衡量公司信息环境。关于分析师的研究文献基本认为，分析师跟踪较多的公司具有更为透明的信息环境（HighANA），分析师跟踪较少的公司信息透明度较弱（LowANA）。表6-8报告了分析师跟踪对内部人交易的影响。当因变量为CAR(-60, -2)时，在分析师跟踪人数较少的公司［列（1）］，SUE × CONF

的系数为 0.039 且在 1% 水平显著为正；在分析师跟踪人数较多的公司 [列（2）]，SUE × CONF 的系数为 0.000 且不显著，这一结果表明，在分析师跟踪人数较少的公司，外部投资者的信息不对称问题更为严重，公司内部人更可能利用内幕信息或信息优势进行股票交易并获取更高的超额回报。当因变量为 CAR（-30，-2）时结果基本类似。

表6-8　　　　内部人交易、分析师跟踪与盈余公告前的股价漂移

变量	CAR（-60，-2）		CAR（-30，-2）	
	LowANA	HighANA	LowANA	HighANA
	（1）	（2）	（3）	（4）
SUE	0.035 *** (11.22)	0.060 *** (18.63)	0.021 *** (9.43)	0.032 *** (14.06)
SUE × CONF	0.039 *** (4.13)	0.000 (0.03)	0.020 *** (2.93)	0.008 (1.37)
SUE × CONT	-0.002 (-0.15)	0.011 (1.28)	-0.009 (-1.16)	-0.007 (-1.04)
SUE × NONE	-0.014 (-0.71)	-0.001 (-0.05)	-0.023 (-1.58)	0.008 (0.61)
CONF	0.015 *** (4.01)	0.012 *** (3.63)	0.005 * (1.88)	0.004 (1.62)
CONT	0.019 *** (4.57)	0.021 *** (6.13)	0.005 (1.53)	0.007 *** (3.02)
NONE	0.015 *** (4.75)	0.012 *** (3.92)	0.001 (0.34)	0.002 (0.74)
SIZE	0.074 *** (18.09)	0.052 *** (12.44)	0.019 *** (7.32)	0.010 *** (3.75)
BM	-0.045 *** (-10.78)	-0.031 *** (-7.38)	-0.004 (-1.57)	-0.003 (-1.11)
MOMENTUM	-0.059 *** (-16.62)	-0.039 *** (-11.43)	-0.010 *** (-4.14)	-0.004 (-1.64)
TURNOVER	-0.026 *** (-6.88)	0.012 *** (2.93)	-0.018 *** (-7.36)	0.005 * (1.76)

续表

变量	CAR（-60，-2）		CAR（-30，-2）	
	LowANA	HighANA	LowANA	HighANA
	（1）	（2）	（3）	（4）
PRICE	0.094 ***	0.065 ***	0.033 ***	0.025 ***
	（20.95）	（16.10）	（11.06）	（8.91）
BETA	0.003	0.001	0.006 ***	0.001
	（0.89）	（0.39）	（2.60）	（0.28）
Constant	0.015	-0.112 ***	0.001	-0.047 ***
	（1.26）	（-8.94）	（0.12）	（-5.21）
Year-Quarter/Industry	Yes	Yes	Yes	Yes
Observations	35 091	32 013	35 091	32 013
R-squared	0.069	0.059	0.022	0.022

注：（1） *** 、** 和 * 分别表示在1%、5%和10%水平上显著；（2）括号中为 t 值。

综合表6-7和表6-8中的结果，当公司信息环境较差时，即信息透明度较低和分析师跟踪人数较少，此时内部人更可能在公司重大信息公告之前进行股票交易，导致盈余公告前股价漂移的幅度更大。

6.4.5 内部人交易、机构投资者持股与盈余公告前的股价漂移

本书进一步考察机构投资持股对内部人交易与盈余公告前股价漂移之间关系的影响。

我们以上一季度末的机构投资者持股比例（INST）衡量上市公司受到机构投资者的影响程度，根据每个季度的机构投资者持股比例中位数划分高低组进行分组回归，结果如表6-9所示。当因变量为 CAR（-60，-2）时，在机构投资者持股比例较低的公司［列（1）］，SUE × CONF 的系数为0.037且在1%水平显著为正；相反，SUE × CONF 的系数在机构投资者持股较高的公司［列（2）］较低，仅为0.005且不显著。因此，由于机构投资者作为市场另一类知情交易者，拥有较强的信息挖掘和分析能力，机构投资者与内部人在利用公司私有信息获利方面存在互为竞争的关系，内部人交易在机构投资者持股较低的公司更能获取超额回报，因而盈余公告前的内部人交易在机构投资者持股较低的公司导致更高的股价漂移。

表6-9　　　　内部人交易、机构持股与盈余公告前的股价漂移

变量	CAR(-60, -2)		CAR(-30, -2)	
	LowINST	HighINST	LowINST	HighINST
	(1)	(2)	(3)	(4)
SUE	0.040 ***	0.058 ***	0.024 ***	0.031 ***
	(13. 36)	(17. 13)	(11. 04)	(13. 18)
SUE × CONF	0.037 ***	0.005	0.016 **	0.011 *
	(4. 16)	(0. 51)	(2. 52)	(1. 68)
SUE × CONT	0.002	0.010	- 0.007	- 0.009
	(0. 21)	(1. 10)	(-1. 08)	(-1. 27)
SUE × NONE	- 0.022	0.007	- 0.023 *	0.005
	(- 1. 15)	(0. 40)	(-1. 66)	(0. 40)
CONF	0.010 ***	0.017 ***	0.000	0.008 ***
	(2. 81)	(4. 83)	(0. 16)	(3. 12)
CONT	0.012 ***	0.025 ***	- 0.001	0.012 ***
	(2. 99)	(6. 66)	(- 0. 51)	(4. 45)
NONE	0.013 ***	0.013 ***	- 0.001	0.00256
	(4. 23)	(4. 66)	(- 0. 25)	(1. 30)
SIZE	0.061 ***	0.050 ***	0.013 ***	0.009 ***
	(15. 70)	(12. 81)	(5. 28)	(3. 60)
BM	- 0.046 ***	- 0.034 ***	- 0.004	- 0.005 *
	(- 10. 56)	(- 8. 20)	(- 1. 25)	(- 1. 68)
MOMENTUM	- 0.046 ***	- 0.042 ***	- 0.007 ***	- 0.003
	(- 13. 34)	(- 12. 09)	(- 3. 05)	(- 1. 22)
TURNOVER	- 0.033 ***	0.015 ***	- 0.019 ***	0.005 *
	(- 8. 48)	(3. 89)	(- 7. 27)	(1. 91)
PRICE	0.093 ***	0.075 ***	0.032 ***	0.028 ***
	(19. 99)	(18. 17)	(10. 36)	(9. 75)
BETA	0.001	0.005	0.003	0.003
	(0. 25)	(1. 55)	(1. 40)	(1. 34)
Constant	0.030 **	- 0. 122 ***	0.008	- 0.052 ***
	(2. 48)	(- 9. 72)	(0. 94)	(- 6. 13)
Year-Quarter/Industry	Yes	Yes	Yes	Yes
Observations	33 599	33 505	33 599	33 505
R-squared	0.067	0.062	0.022	0.024

注：(1) *** 、** 和 * 分别表示在1%、5%和10%水平上显著；(2) 括号中为t值。

6.4.6 内部人交易、内幕信息监管力度与盈余公告前的股价漂移

本部分考察内幕信息监管力度的增强是否影响内部人交易对盈余公告前股价漂移的影响。尽管前面证实了内部人在盈余公告前的交易活动对盈余公告前股价漂移具有显著影响，且这一作用在信息环境较差和机构持股较少时更加明显。然而，这些结论只能表明内部人交易相对外部人具有一定的信息优势，我们还无法断定盈余公告前的内部人交易是基于内幕信息泄露导致了盈余公告前的股价漂移。为此，本书进一步考察内幕信息监管对内部人交易在盈余公告前的交易和股价漂移的影响。具体地，本书选取两个场景进一步分析。

场景一： 2010 年后内幕信息监管力度的增强。2010 年 11 月，证监会、公安部、监察部、国资委和预防腐败局五部门联合发布《关于依法打击和防控资本市场内幕交易的意见》（以下简称《意见》），在全国范围内开展内幕交易综合防治工作。自此之后，证监会坚持"零容忍"原则，坚决从严打击内幕交易和利用未公开信息交易股票行为。根据相关统计数据，党的十八大以来，证监会针对资本市场内幕交易的调查比较频繁，该期间一共启动了430 件内幕交易正式立案调查，仅 2016 年一年证监会关于内幕交易案件的行政处罚罚没金额首次突破亿元。因此，我们以 2010 年 11 月《意见》出台为分界点，将 2010 年第三季度之前定义为内幕信息监管较弱的阶段，此后为内幕信息监管较强的阶段，分别进行回归的结果如表 6 – 10 中列（1）~ 列（2）所示。我们发现，SUE × CONF 的系数在列（1）和列（2）中均显著为正，然而，在内幕信息监管较弱阶段，SUE × CONF 的系数大小为 0.039；该系数显著大于内幕信息监管较强阶段对应的值（0.016）[①]。因此，内幕信息监管的增强能有效降低内部人利用内幕信息交易的获利能力，从而降低盈余公告前的股价漂移。

[①] 列（2）的结果也显示，内幕信息监管力度的增强并不能完全杜绝内部人交易利用私有信息进行交易，这与常等（Chang et al., 2015）发现类似，作者发现，美国《萨班斯法案》的实施加速了上市公司内部人交易的信息披露，《萨班斯法案》实施后内部人交易的强度和获利水平有所下降，但法并不能有效阻止内部人利用私有信息交易。

表 6 – 10　　　稳健性分析——考虑内幕信息监管力度与内幕交易处罚

变量	WEAKMONITOR	STRONGMONITOR	VIOLATION	OTHERS
	（1）	（2）	（3）	（4）
SUE	0. 058 ***	0. 046 ***	0. 035 ***	0. 049 ***
	（11. 59）	（18. 22）	（2. 71）	（21. 22）
SUE × CONF	0. 039 **	0. 016 **	0. 066 **	0. 018 ***
	（2. 35）	（2. 31）	（2. 57）	（2. 66）
SUE × CONT	0. 010	0. 011	0. 010	0. 010
	（0. 59）	（1. 49）	（0. 33）	（1. 48）
SUE × NONE	− 0. 010	− 0. 000	0. 049	− 0. 007
	（ − 0. 36）	（ − 0. 03）	（0. 73）	（ − 0. 55）
CONF	0. 020 ***	0. 010 ***	0. 020 *	0. 011 ***
	（3. 21）	（3. 75）	（1. 93）	（4. 18）
CONT	0. 015 **	0. 018 ***	0. 030 ***	0. 017 ***
	（2. 27）	（6. 14）	（2. 61）	（6. 08）
NONE	0. 017 ***	0. 011 ***	0. 005	0. 013 ***
	（3. 35）	（4. 82）	（0. 55）	（5. 64）
SIZE	0. 043 ***	0. 038 ***	0. 043 ***	0. 041 ***
	（7. 56）	（13. 12）	（2. 92）	（15. 42）
BM	− 0. 058 ***	− 0. 029 ***	− 0. 047 ***	− 0. 037 ***
	（ − 10. 13）	（ − 8. 39）	（ − 2. 79）	（ − 11. 98）
MOMENTUM	− 0. 086 ***	− 0. 030 ***	− 0. 051 ***	− 0. 044 ***
	（ − 15. 96）	（ − 10. 62）	（ − 4. 54）	（ − 17. 33）
TURNOVER	0. 009	− 0. 009 ***	0. 002	− 0. 006 01 **
	（1. 49）	（ − 3. 06）	（0. 16）	（ − 2. 17）
PRICE	0. 088 ***	0. 060 ***	0. 078 ***	0. 065 ***
	（15. 09）	（18. 16）	（5. 48）	（21. 88）
BETA	0. 008	0. 006 **	− 0. 001	0. 006 ***
	（1. 60）	（2. 31）	（ − 0. 12）	（2. 58）
Constant	− 0. 019	− 0. 009	− 0. 076 *	− 0. 036 ***
	（ − 1. 44）	（ − 0. 26）	（ − 1. 82）	（ − 4. 00）
Year-Quarter/Industry	Yes	Yes	Yes	Yes
Observations	16 734	50 370	3 050	64 054
R-squared	0. 074	0. 047	0. 085	0. 051
F-test （p-value）	0. 086		0. 024	

注：（1）　 *** 、 ** 和 * 分别表示在 1% 、 5% 和 10% 水平上显著；（2） 括号中为 t 值。

场景二：以涉及内幕交易被证监会处罚的公司为对象。本书进一步从上市公司高管违规与处罚案件出发，从中挑选出那些被证监会确定为涉及内幕交易或市场操纵问题的高管，将这些高管任职期间认定为内幕交易问题更为严重的公司①（VIOLATION），其余样本为内幕交易问题相对轻微的公司（OTHERS），分组回归的结果如列（3）~列（4）所示。我们看到，对于那些涉及内幕交易案件的样本，SUE × CONF 的系数为 0.066 且在 5% 水平显著为正；对于其他内幕交易较为轻微的样本，SUE × CONF 的系数为 0.018 且在 1% 水平显著为正，该系数值显著小于涉及内幕交易案件的公司。

场景一和场景二的结果支持了我国内部人在盈余公告前的股票交易在一定程度上存在利用内幕信息优势的行为，即内部人利用内幕信息提前进行股票交易，导致更大幅度的盈余公告前股价漂移。

6.4.7 稳健性检验

本书采用如表 6 - 11 所示的一系列稳健性检验确保研究结论的可靠性。

表 6 - 11　　　　　　　　　　稳健性分析——替代性模型

变量	CAR(-60, -2)				
	Fama-MacBeth			OLS	
	(1)	(2)	(3)	(4)	(5)
SUE	0.057 6 ***	0.053 8 ***	0.053 6 ***	0.045 8 ***	0.021 7 **
	(7.82)	(8.45)	(9.32)	(10.95)	(2.29)
SUE × CONF	0.034 6 ***	0.032 3 ***	0.030 1 ***	0.020 9 ***	0.017 0 ***
	(3.28)	(3.13)	(2.81)	(3.24)	(2.65)
SUE × CONT	0.018 5 **	0.021 9 **	0.019 6 ***	0.009 8	0.005 5
	(2.18)	(2.63)	(2.78)	(1.47)	(0.83)
SUE × NONE	0.000 9	-0.002 6	-0.008 6	-0.004 0	-0.012 3
	(0.09)	(-0.27)	(-0.83)	(-0.31)	(-0.95)

---

① 我们认为个人行为或特征是比较稳定的（即"本性难移"），假如某位高管被证监会确定为涉及内幕交易案件，则我们认为这个高管在其任职期间均可能存在类似的行为，而不仅是证监会发现的涉及内幕交易的时间。

续表

变量	CAR(−60, −2)				
	Fama-MacBeth			OLS	
	(1)	(2)	(3)	(4)	(5)
CONF	0.014 1 *** (4.44)	0.012 5 *** (4.21)	0.012 6 *** (3.99)	0.011 6 *** (4.56)	0.012 0 *** (4.69)
CONT	0.018 7 *** (5.01)	0.015 3 *** (4.35)	0.015 3 *** (4.06)	0.017 8 *** (6.63)	0.016 8 *** (6.25)
NONE	0.017 7 *** (6.77)	0.013 7 *** (5.15)	0.012 7 *** (5.92)	0.012 4 *** (5.68)	0.012 7 *** (5.82)
SIZE		0.052 8 *** (11.01)	0.038 6 *** (7.01)	0.041 5 *** (15.72)	0.041 1 *** (15.53)
BM		− 0.058 3 *** (−9.39)	− 0.041 7 *** (−5.94)	− 0.037 1 *** (−12.41)	− 0.037 5 *** (−12.54)
MOMENTUM			− 0.050 6 *** (−4.65)	− 0.044 1 *** (−17.88)	− 0.045 2 *** (−18.38)
TURNOVER			0.002 6 (0.26)	− 0.005 4 ** (−1.98)	− 0.005 2 * (−1.90)
PRICE			0.074 5 *** (5.67)	0.065 3 *** (22.49)	0.064 4 *** (22.19)
BETA			0.009 8 (1.58)	0.005 8 ** (2.51)	0.005 8 ** (2.48)
SUE × SIZE				0.005 0 (0.80)	0.002 0 (0.27)
SUE × BM					0.010 7 (1.20)
SUE × MOMENTUM					− 0.004 8 (−0.70)
SUE × TURNOVER					0.005 2 (0.68)
SUE × PRICE					0.063 0 *** (7.91)

变量	CAR(-60, -2)				
	Fama-MacBeth			OLS	
	(1)	(2)	(3)	(4)	(5)
SUE × BETA					-0.012 2 ** (-1.98)
Constant	-0.014 9 (-1.13)	-0.010 3 (-0.67)	-0.028 0 ** (-2.07)	-0.037 6 *** (-4.23)	-0.036 2 *** (-4.09)
Year-Quarter	—	—	—	Yes	Yes
Industry	Yes	Yes	Yes	Yes	Yes
Observations	67 104	67 104	67 104	67 104	67 104
R-squared	0.058	0.079	0.127	0.052	0.053

注：(1) ***、** 和 * 分别表示在 1%、5% 和 10% 水平上显著；(2) 括号中为 t 值。

6.4.7.1　使用 Fama-MacBeth 回归模型重新进行分析

首先，本书采用 Fama-MacBeth 模型重新进行分析。混合面板回归一般假设样本之间相互独立，否则可能导致回归的 t 统计量高估（Mendenhall，2004）。为此，本书分别每个季度进行截面回归；其次取各个季度回归系数的均值，在此基础上，对其显著性进行检验，此即 Fama-MacBeth 回归模型（Fama and MacBeth，1973)，同时采用经 Newey-West 调整的 t 统计量以控制异方差的自相关性。回归结果如表 6-11 中列（1）～列（3）所示。SUE × CONF 的系数平均在 3% 左右且均在 1% 水平显著为正，这一结论与前面基本一致。

6.4.7.2　其他回归模型

参照相关文献（Hirshleifer et al.，2009；Chung and Hrazdil，2011）的做法，本书在回归中进一步控制 SUE 与其他控制变量的交乘项以控制这些变量对盈余公告前股价漂移的影响，结果如列（4）～列（5）所示，SUE × CONF 的系数仍然在 1% 水平显著为正，表明本书结论比较稳健。

6.4.7.3　考虑未预期盈余的方向

本书进一步区分未预期盈余方向进行回归分析。具体地，本书选取未预期盈余最高（低）30% 的公司为"好（坏）消息"，同时，区分盈余公告前内部人交易是净买入为主（BUY）抑或净卖出为主（SELL），在此基础上，借鉴路斯和孙（Louis and Sun，2011）的做法采用以下模型进行检验：

$$PRERET = \alpha_0 + \alpha_1 SUE5 + \alpha_2 SUE1 + \alpha_3 SUE5 \times BUY + \alpha_4 SUE1 \times SELL$$
$$+ \alpha_5 SIZE + \alpha_6 BM + \alpha_7 MOMENTUM + \alpha_8 TURNOVER$$
$$+ \alpha_9 PRICE + \alpha_{10} BETA + \varepsilon \qquad (6-6)$$

其中，SUE5 为未预期盈余最高的 30% 的公司，即若某一上市公司的未预期盈余高于 70% 分位数为 1，否则为 0；SUE1 为未预期盈余最低的 30% 的公司，若某一上市公司的未预期盈余低于 30% 分位数为 1，否则为 0。BUY 为盈余公告前内部人净买入的公司，即 NETBUY 大于 0 为 1，否则为 0；SELL 为盈余公告前内部人净卖出的公司，即 NETBUY 小于 0 为 1，否则为 0。其余变量的定义如前述。

表 6-12 报告了模型（6-6）回归的结果。可以发现，SUE5 × BUY 的系数均在 1% 水平显著为正，而 SUE1 × SELL 的系数基本不显著，这一结果表明，对于发布"好消息"的公司，内部人在盈余公告前净购买较多的公司具有显著更高的股价漂移；相反，对于发布"坏消息"的公司，内部人在盈余公告前净卖出较多的公司的股价漂移与其他公司相比不具有显著差异，这一结果也与图 6-3 描绘的情形一致。

表 6-12　　内部人交易方向与盈余公告前的股价漂移：区分未预期盈余方向

变量	CAR(-60, -2)			CAR(-30, -2)
	(1)	(2)	(3)	(4)
SUE5	0.017 7 *** (10.31)	0.020 3 *** (12.00)	0.021 5 *** (12.77)	0.013 0 *** (11.17)
SUE1	-0.026 2 *** (-15.83)	-0.020 6 *** (-12.28)	-0.019 0 *** (-11.18)	-0.007 8 *** (-6.38)
SUE5 × BUY	0.016 2 *** (3.82)	0.014 8 *** (3.51)	0.013 5 *** (3.23)	0.008 6 *** (2.95)
SUE1 × SELL	0.003 1 (0.99)	0.001 2 (0.39)	0.001 4 (0.44)	-0.004 1 * (-1.85)
SIZE		0.055 2 *** (25.54)	0.041 1 *** (15.41)	0.006 6 *** (3.77)

续表

变量	CAR(-60, -2)			CAR(-30, -2)
	(1)	(2)	(3)	(4)
BM		-0.060 1 *** (-26.41)	-0.038 5 *** (-12.77)	-0.003 8 * (-1.86)
MOMENTUM			-0.043 0 *** (-17.45)	-0.004 9 *** (-2.86)
TURNOVER			-0.005 3 * (-1.94)	-0.007 1 *** (-3.91)
PRICE			0.067 1 *** (23.03)	0.025 0 *** (12.51)
BETA			0.005 4 ** (2.32)	0.004 4 *** (2.80)
Constant	-0.023 3 *** (-2.84)	-0.022 1 *** (-2.89)	-0.037 8 *** (-4.22)	-0.020 0 *** (-3.26)
Year-Quarter/Industry	Yes	Yes	Yes	Yes
Observations	67 104	67 104	67 104	67 104
R-squared	0.016	0.034	0.049	0.016

注:(1) *** 、** 和 * 分别表示在1% 、5%和10% 水平上显著;(2) 括号中为t值。

6.5　进一步研究:内部人交易与盈余公告后股价漂移

本书进一步考察盈余公告前的内部人交易对盈余公告后股价漂移的影响,从而检验内部人交易对资产定价效率的影响。

一方面,由于内部人拥有更多私人信息,内部人通过股票交易能够更加及时地将私人信息反映到股价中(Manne,1966;Aboody and Lev,2000)。前面已经证实盈余公告前的内部人交易导致股价漂移更大,因此,若内部人交易提高了资产定价效率,则未预期盈余的信息含量已经提前大幅融入股价,盈余公告后的股价漂移幅度将较低。另一方面,内部人交易也可能是内部人获取私利的一种便捷途径,由此体现的是公司治理的一种代理问题。内部人交易伴随的超额收益可能是内部人利用非公开信息进行内幕交易的结果，内幕信息泄露和交易损害了资本市场的公平性，这将削弱市场参与者收集公司信息的积极性（Bushman et al.，2005），且降低该股票对外部投资者的吸引力（Grossman and Stiglitz，1980），从而降低新增信息反映到公司股价的效率。在此情况下，盈余公告后的股价漂移幅度更大或漂移持续时间更长。因此，内部人交易如何影响盈余公告后的股价漂移幅度需要大样本的实证检验。

为了初步检验内部人交易对盈余公告后股价漂移的影响，本书描绘了内部人交易活动与盈余公告后 60 个交易日的累积超额回报率均值及其 95% 置信区间（见图 6-4）。可以直观地看到，对于发布"好消息"的公司，相对于无内部人交易活动的公司，盈余公告前内部人买入较多的公司具有更大幅度的盈余公告后股价漂移；对于发布"坏消息"的公司，内部人卖出与无内部人交易的股票在盈余公告后的股价漂移方面差异不是太明显。

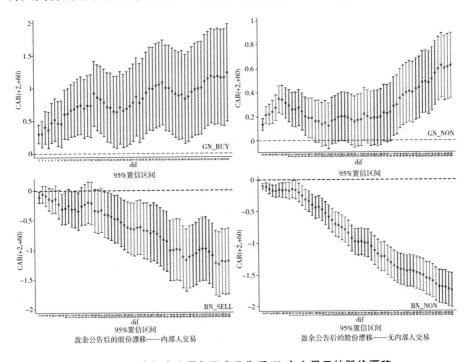

图 6-4 内部人交易与盈余公告后 60 个交易日的股价漂移

进一步地，本书构建以下回归模型①考察盈余公告前的内部人交易如何影响盈余公告后的股价漂移，即：

$$POSTRET = \alpha_0 + \alpha_1 SUE5 + \alpha_2 SUE1 + \alpha_3 SUE5 \times BUY + \alpha_4 SUE1 \times SELL$$
$$+ \alpha_5 SIZE + \alpha_6 BM + \alpha_7 MOMENTUM + \alpha_8 TURNOVER$$
$$+ \alpha_9 PRICE + \alpha_{10} BETA + \varepsilon \qquad (6-7)$$

其中，POSTRET 表示盈余公告后 60 个交易日内的超额累积回报率 CAR(+2, +60)，其余变量的定义如前述。回归结果如表 6 – 13 所示。

表 6 – 13 内部人交易与盈余公告后的股价漂移

变量	CAR(+2, +60)			
	全样本		HIGHPRE	LOWPRE
	(1)	(2)	(3)	(4)
SUE5	0.011 6 *** (6.87)	0.010 5 *** (6.16)	0.010 1 *** (4.09)	0.011 0 *** (4.89)
SUE1	-0.009 6 *** (-5.36)	-0.011 2 *** (-6.18)	-0.010 9 *** (-4.09)	-0.011 1 *** (-4.70)
SUE5 × BUY	0.008 1 ** (1.98)	0.006 9 * (1.71)	0.013 5 ** (2.30)	0.001 3 (0.25)
SUE1 × SELL	0.000 3 (0.08)	0.001 6 (0.48)	0.006 7 (1.39)	-0.004 1 (-0.93)
SIZE		-0.007 4 ** (-2.56)	-0.000 9 (-0.23)	-0.013 6 *** (-3.61)
BM		0.023 6 *** (7.54)	0.024 2 *** (5.51)	0.021 1 *** (4.88)
MOMENTUM		-0.017 5 *** (-7.07)	-0.014 8 *** (-4.28)	-0.019 9 *** (-5.96)
TURNOVER		-0.003 7 (-1.34)	0.003 8 (0.99)	-0.010 6 *** (-2.95)

---

① 我们使用模型（6-5）考察盈余公告前内部人交易对公告后股价漂移的影响，没有发现显著的影响结果。而基于图 6-4 发现，内部人交易对公告后股价漂移的影响主要存在发布"好消息"的公司，故本书采用模型（6-7）而非模型（6-5）进行这部分内容的分析。

续表

变量	CAR(+2, +60)			
	全样本		HIGHPRE	LOWPRE
	(1)	(2)	(3)	(4)
PRICE		0.024 8 ***	0.024 3 ***	0.025 9 ***
		(8.31)	(5.74)	(6.45)
BETA		-0.008 1 ***	-0.007 2 **	-0.009 0 ***
		(-3.64)	(-2.21)	(-3.08)
Constant	-0.010 6	-0.014 8	-0.025 1 **	-0.003 7
	(-1.28)	(-1.64)	(-2.11)	(-0.26)
Year-Quarter/Industry	Yes	Yes	Yes	Yes
Observations	67 104	67 104	33 552	33 552
R-squared	0.017	0.021	0.025	0.021

注：(1) ***、** 和 * 分别表示在 1%、5% 和 10% 水平上显著；(2) 括号中为 t 值。

列 (1) ~ 列 (2) 中 SUE5 的系数均在 1% 水平显著为正，而 SUE1 的系数均在 1% 水平显著为负，表明未预期盈余越高的公司具有更大的盈余公告后累积超额回报率，支持了我国资本市场普遍存在的盈余公告后股价漂移现象。SUE5 × BUY 的系数在列 (1) 和列 (2) 中分别在 5% 和 10% 水平显著为正，表明对于发布"好消息"的公司，盈余公告前内部人净买入较多的公司在盈余公告后 60 个交易日内具有显著更高的累积超额收益；而 SUE1 × SELL 的系数不显著，表明对于发布"坏消息"的公司，盈余公告前内部人净卖出较多的公司与内部人交易较少的公司在盈余公告后 60 个交易日内的累积超额收益不存在显著差异。已有文献指出，由于内部人卖出股票动机更为复杂，例如可能出于流动性需要卖出股票，而这一决策并不基于任何内幕信息或信息优势，因此，内部人卖出对股价的预测价值较弱 (Cheuk et al., 2006; Ravina and Sapienza, 2010)。

列 (3) ~ 列 (4) 进一步区分盈余公告前股价漂移幅度大小进行分组回归。对于盈余公告前 60 个交易日股价漂移幅度 [CAR(-60, -2)] 更大的公司，内部人净买入发布"好消息"的公司将导致盈余公告后 60 个交易日的股价漂移也更大；对于 CAR(-60, -2) 较小的公司，内部人交易的影响较弱。这一结果表明，盈余公告前内部人净买入不仅使盈余公告前的股价漂移幅度更高，也导致盈余公告后的股价漂移幅度更大。因此，对于此类公司，内部人交易降低了股价的定价效率。

本书最后考察盈余公告前的内部人交易对盈余公告前后整个窗口股价漂移的影响,结果如表6-14所示。列（1）~列（2）是基于模型（6-5）对CAR(-60, +60)、CAR(-30, +30)回归的结果,而列（3）~列（4）是基于模型（6-7）的回归结果。其中,前两列中SUE×CONF的系数均在1%水平上显著为正;后两列中SUE5×BUY的系数也均在1%水平上显著为正。这些结果表明,内部人交易使盈余公告前后60个交易日整个窗口（共131个交易日）的股价漂移幅度显著增大,且主要体现在内部人提前净买入更多发布"好消息"的公司股票。因此,内部人交易不仅导致盈余公告前资本市场信息披露的不公平,也降低了盈余公告后股价的定价效率。

表6-14　　　　　　内部人交易与盈余公告前后整个窗口的股价漂移

变量	CAR(-60, +60)	CAR(-30, +30)	变量	CAR(-60, +60)	CAR(-30, +30)
	(1)	(2)		(3)	(4)
SUE	0.091 5 *** (24.59)	0.056 2 *** (22.19)	SUE5	0.038 8 *** (15.25)	0.024 2 *** (13.55)
SUE × CONF	0.029 5 *** (3.10)	0.018 8 *** (2.78)	SUE1	-0.035 2 *** (-13.71)	-0.018 6 *** (-10.42)
SUE × CONT	-0.002 9 (-0.30)	-0.017 5 ** (-2.48)	SUE5 × BUY	0.020 9 *** (3.50)	0.013 0 *** (3.05)
SUE × NONE	-0.003 2 (-0.17)	-0.005 5 (-0.41)	SUE1 × SELL	0.001 7 (0.36)	-0.003 9 (-1.15)
CONF	0.017 0 *** (4.52)	0.006 4 ** (2.40)	SIZE	0.033 9 *** (7.93)	0.003 1 (1.08)
CONT	0.025 3 *** (6.62)	0.009 8 *** (3.63)	BM	-0.017 3 *** (-3.77)	0.007 4 ** (2.37)
NONE	0.017 0 *** (5.17)	0.002 9 (1.23)	MOMENTUM	-0.064 1 *** (-16.17)	-0.018 0 *** (-6.74)
SIZE	0.034 5 *** (8.12)	0.003 4 (1.18)	TURNOVER	-0.011 5 *** (-2.62)	-0.009 1 *** (-3.17)
BM	-0.015 4 *** (-3.38)	0.008 3 *** (2.67)	PRICE	0.091 9 *** (20.93)	0.032 6 *** (11.07)

续表

变量	CAR(−60, +60)	CAR(−30, +30)	变量	CAR(−60, +60)	CAR(−30, +30)
	（1）	（2）		（3）	（4）
MOMENTUM	−0.065 5 *** (−16.55)	−0.018 6 *** (−6.97)	BETA	−0.004 5 (−1.23)	−0.001 4 (−0.61)
TURNOVER	−0.011 4 *** (−2.59)	−0.008 6 *** (−3.00)	Constant	−0.049 0 *** (−3.71)	−0.031 5 *** (−3.10)
PRICE	0.089 4 *** (20.49)	0.031 7 *** (10.76)			
BETA	−0.004 1 (−1.10)	−0.001 4 (−0.60)			
Constant	−0.047 6 *** (−3.64)	−0.029 3 *** (−2.89)			
Year-Quarter	Yes	Yes	Year-Quarter	Yes	Yes
Industry	Yes	Yes	Industry	Yes	Yes
Observations	67 104	67 104	Observations	67 104	67 104
R-squared	0.053	0.025	R-squared	0.050	0.024

注：（1）***、** 和 * 分别表示在1%、5%和10%水平上显著；（2）括号中为 t 值。

6.6　本章小结

频繁的内部人交易和内幕信息泄露是中国资本市场普遍存在的现象。本章探讨盈余公告前的内部人交易是否及如何影响盈余公告前的股价漂移。本书发现：第一，公司内部人具有较强的信息优势，表现为盈余公告前的内部人交易活动能够在一定程度上预测未预期盈余的方向。第二，盈余公告前的内部人交易能够在一定程度上解释股价漂移，具体地，盈余公告前内部人交易方向与未预期盈余方向一致（内部人净买入"好消息"公司或净卖出"坏消息"公司）的情况下，盈余公告前的股价漂移幅度显著更大。第三，在公司信息环境较弱（信息透明度较低、分析师跟踪人数更少）、机构投资者持股比例较低的情况下，内部人交易对盈余公告前股价漂移的促进作用更强。第四，对于因信息泄露、内幕交易和股价操纵被证监会处罚的公司，内部人交易对盈余公告前股价漂移的影响显著更大。随着内幕信息监管强度的加强，内部人交易对盈余公告前股价漂移的影响显著减弱，这一方面表明内部人交易部分存在利用内幕信息交易获取超额收益，另一方面也为近年来监管部门加强打击内幕交易和强化内幕信息监管等提供了支持性证据。第五，盈余公告前的内部人交易也在一定程度上导致了更大幅度的盈余公告后股价漂移，表明内部人交易不仅导致资本市场信息披露的不公平，也降低了股票资产的定价效率。

本章检验并支持信息泄露和内幕交易是形成盈余公告前股价漂移的一个重要机理。本书研究结论也为监管层加强内幕交易监管和惩处、完善内部人交易信息披露政策提供一定的启示。

第7章 机构持股与盈余公告前的股价漂移

本章从信息挖掘和利用的角度，考察机构投资者如何影响盈余公告前的股价漂移。机构投资者具有较强的信息优势，能够先于市场捕捉公司未来现金流量信息，提前进行股票交易，从而影响盈余公告前的股价漂移。本章基于机构投资者的研究，有助于学者深入理解机构投资者在盈余漂移和资产定价方面发挥的作用，也为进一步发展机构投资者和优化投资者结构提供一定的政策启示。

7.1 研究问题的提出

机构投资者对资本市场有效性和股票定价具有重要的影响。一般认为，机构投资者是理性成熟型投资者（sophisticated investors），具有较强的资金优势和信息优势，机构对市场投资机会的套利交易有利于提高股票的定价效率及提升资本市场有效性（Bartov et al., 2000；Ke and Ramalingegowda, 2005）。

2001 年，监管层提出"超常规发展机构投资者"的发展战略。机构投资者的数量和规模获得迅速发展。根据 Wind 数据统计（见图 7 - 1），A 股上市公司的机构投资者持股比例自 2002 年开始迅速上升，2007 年机构持股均值约为 12%，此后一直保持在 8% 左右。然而，如第 3 章的制度背景所述，"以散户为主"的投资者结构一直是 A 股资本市场的一大重要特征。散户投资者比例过大加剧了我国股票市场的投机氛围，也可能诱发机构投资者的非理性行为（De long et al., 1990），导致股票价值偏离公司基本面水平。从国内相关研究文献来看，关于机构投资者在我国资本市场发挥的作用也存在较大的分歧（何佳等，2007；姚颐和刘志远，2008；陈国进等，2010）。

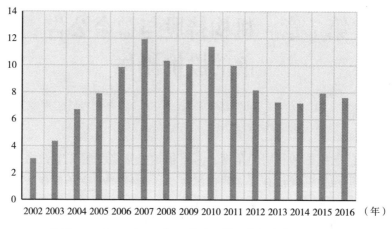

图 7 – 1　2002 ~ 2016 年 A 股公司的机构投资者持股均值

　　鉴于此，本书考察机构投资者如何影响盈余公告前的股价漂移，具体包括以下三个问题：首先，机构投资者具有较强的信息挖掘能力，也有动机利用信息优势提前买卖相关证券。那么，机构投资者持股能否解释盈余公告前的股价漂移？进一步地，随着公司信息环境质量（如信息透明度、媒体关注和分析师跟踪人数）的变化，上述关系是否随之发生显著改变？其次，不同类型的机构投资者在投资理念方面存在较大差异，故而对盈余公告前股价漂移的影响是否存在一定的差异？最后，机构投资者如何影响盈余公告后的股价漂移？对以上问题的回答能够帮助我们更为清晰地理解机构投资者对盈余公告股价漂移的影响，认识机构投资者在我国股票市场信息传递及股票定价效率发挥的作用，为我国进一步发展机构投资者和完善机构投资者交易的信息披露和监管提供一定的政策启示。

　　本章其余内容安排如下：第二部分综述机构投资者与资本市场相关的研究文献，进一步分析机构投资者如何影响盈余公告前的股价漂移并提出本章的研究假设；第三部分介绍本章研究的主要变量、数据和模型；第四部分对本章的实证结果进行报告、分析和讨论；第五部分进一步研究机构投资者是否影响盈余公告后的股价漂移；第六部分是本章的总结。

7.2　文献回顾与研究假设

7.2.1　机构投资者的相关文献回顾

关于机构投资者的研究比较丰富，这里重点综述机构投资者与资本市场相关的研究文献。具体主要包括以下四个方面①：

（1）机构投资者的信息优势。不管是实务界还是学术界，机构投资者一般被认为是公司私有信息的知情交易者，具有较强的信息优势，这主要表现在两个方面：其一，对公开信息较强的解读能力（王亚平等，2009；余佩琨等，2009；张宗新和杨通旻，2014）。机构投资者一般拥有一支专业的投研分析团队，这些人员拥有较强的信息挖掘和分析能力，因而能够对公开信息进行更精确的解读；同时，机构投资者的资金实力雄厚，能够从更多的渠道及时地获取相关信息，例如，机构投资者一般会购买类似 Wind、Bloomberg 等数据供应商产品、从卖方机构购买分析师分析报告等。因此，相对于个人投资者，机构投资者具有较强的信息挖掘和解读能力。其二，有较多的渠道获取非公开信息。一方面，机构投资者的持股比例较高，有更多的机会与上市公司高管进行交流。例如，机构投资者可以在公司重大信息公告前通过投资者调研（Cheng et al.，2018）或访问交流（孔东民等，2015）提前获取相关信息。例如，已有研究发现，机构投资者可能通过电话会议（conference call）与公司管理层进行沟通交流以在公司业绩大幅下降公告之前获得私有信息来避免投资损失（Ke and Petroni，2004）。另一方面，机构投资者也可能通过各种社会关系网络获取未公开信息。科恩等（Cohen et al.，2008）的研究发现，基金公司经理可以通过校友网络获得信息优势，当基金经理与上市公司高管是校友时，基金公司将更偏好投资这些公司股票且可以获得超额收益。类似地，杨玉龙等（2017）的研究也表明，我国基金经理通过与公司高管的校友关系取得了信息优势，基金经理在与其具有校友关系的上市公司持仓份额更大且取得了超额收益。何贤杰等（2014）的研究发现，券商自营机

---

① 相当一部分文献探讨机构投资者对资本市场稳定的影响（史永东和王谨乐，2014），由于此类文献与本书研究问题不太直接相关，故本书不对此部分文献进行综述。

构通过与具有证券背景的独立董事建立社交关系，比其他投资者提前获取公司内幕信息从而获得超额投资收益。

（2）基于上述逻辑，部分研究考察机构投资者能否预见（anticipate）公司重大信息的公告并提前做出正确的投资策略。例如，基于美国资本市场的研究均发现，美国机构投资者能准确地预见公司未来的盈余信息（Ali et al.，2004；Baker et al.，2010），具体地，机构投资者持股仓位的变化与下一期的公司盈余公告市场反应呈显著正相关关系。坎贝尔等（Campbell et al.，2009）通过机构投资者的日交易数据研究发现，机构投资者在盈余公告前60个交易日的交易行为能准确预测未预期盈余的信息：若公司即将公告的未预期盈余是"好消息"，则机构投资者在盈余公告前60个交易日便开始买入，反之则积极卖出。进一步地，短期型机构投资者的交易行为更为频繁，且面临较高的短期业绩压力故有更强的动机收集信息。柯和彼得罗尼（Ke and Petroni，2004）发现，短期型机构投资者通过电话会议与上市公司管理层进行沟通能帮助其准确预见公司业绩大幅下跌事件的发生，这类机构投资者至少提前一个季度卖出股票以避免投资损失。类似地，杨和张（Yan and Zhang，2009）的研究同样发现，短期型机构投资者具有较强的信息优势，且这类机构的交易与未来的未预期盈余信息显著正相关。国内部分研究也表明，机构投资者在一定程度上能够有效预测公司的未来盈利状况。孔东民和柯瑞豪（2007）的研究发现，机构投资者在盈余公告前持股仓位的变化与未预期盈余显著正相关。张海燕等（2009）的研究发现，机构投资者持股比例较高的股票，其当期股价和未来一年盈利水平显著正相关，表明机构投资者能较为准确地预测公司的未来盈利能力。余佩琨等（2009）的研究也发现，机构投资者在"好消息"公布之前会增加对该股票的持股仓位，反之减少股票仓位，且机构的仓位变化与股票收益存在正相关关系。张宗新和杨通旻（2014）的研究发现，基金持股变化与一年后的盈余同比变化显著正相关，而与当季及上一季度盈余变化无关，表明基金能有效捕获与公司基本面相关的信息。

（3）机构投资者影响PEAD的研究。现有相关研究较少探讨机构投资者对盈余公告前股价漂移的影响。孔东民和柯瑞豪（2007）初步发现并指出，机构投资者在公司盈余公告前便获悉未预期盈余信息，因而增持并拉升股价，从而导致股价向上漂移大部分在公告前已发生，然而，并未对此做更深入的探讨和分析，而将研究聚焦于盈余公告后的股价漂移。除此之外，国外并无文献系统考察机构投资者持股与盈余公告前股价漂移的关系。这里主要回顾机构持股如何影响盈余公告后的股价漂移的文献。此类研究的逻辑一般认为机构投资者作为理性的投资者，能有效识别当期盈余包含的未来盈余信息，在此基础上进行相应的套利交易（arbitrage activities）以收获超额投资回报，这一套利行为将使未预期盈余信息加速融入股价从而降低盈余公告后的股价漂移幅度。例如，巴托夫等（Bartov et al.，2000）的研究初步发现，机构投资者持股较高的公司具有显著较低的盈余公告后股价漂移。进一步地，柯滨和拉马林格古达（Ke and Ramalingegowda，2005）将机构投资者划分为长期和短期型机构，并发现，短期型机构投资者的套利活动加速了信息融入股价，降低了盈余公告后的股价漂移。陈等（Chen et al.，2017b）的研究发现，机构投资者的羊群行为若与未预期盈余方向一致（herd in the same direction of earnings surprises），则盈余公告后的股价漂移幅度更大，这使盈余信息更快地融入股价并保持平稳，并认为机构投资者的这类羊群行为提高了股票定价效率。然而，与国外研究结论不同，国内类似研究普遍发现，机构投资者加剧了盈余公告后的股价漂移，且不利于资本市场定价效率的提升。孔东民和柯瑞豪（2007）的研究指出，机构投资者的投资行为是我国股市 PEAD 的主要驱动因素，机构投资者受到卖空限制的影响，使发布"好消息"的公司在盈余公告后表现出更大幅度的股价漂移。蔡贵龙等（Cai et al.，2018）发现了类似的结果，进一步研究认为，机构投资者的羊群行为导致了更大幅度的盈余公告后股价漂移，这不利于股价的稳定。

（4）由于机构投资者持股比例较高，机构投资者也有动机获取内幕信息并操纵股价以获取更大的超额投资收益。机构投资者作为公司持股较多的股东，可能通过其"准内部人"身份获取公司内幕信息（Bushee，1998）。进一步地，公司大股东和内部人由于拥有较大的市场权力所以有较大的动机操纵股价（Allen et al.，2006）。尤其需要指出的是，在我国"散户为主"的投资者结构、中小投资者保护较弱、内幕交易监管和法律风险较低的制度背景下，机构投资者的信息优势也常常异化为内幕信息交易和股价操纵等投机行为。例如，张宗新等（2005）通过理论模型指出，具有信息优势的机构投资者有动机利用内幕信息对股价进行操纵，并通过实证检验进一步表明，公司信息在各类重大事件（如业绩大幅变动）公告前已泄露且被市场提前吸收。雷倩华等（2011）发现，上市公司在资产注入事件公告之前存在一定的信息泄露，且主要由机构投资者的私有信息所致。薛健和窦超（2015）的研究发现，我国上市公司首次披露并购重组公告之前存在较严重的信息泄露，且主要发生在机构持股较高的公司，机构投资者提前获取内幕信息并买入股票从而获得超额收益。

7.2.2 机构投资者持股与盈余公告前的股价漂移

基于上述文献综述，机构投资者对盈余公告前的股价漂移具有较为重大的影响，具体通过以下两条途径。

（1）机构投资者通过专业的研究团队能够在公司盈余公告之前获取一定的公司盈余信息。根据第4章的理论分析，在公司盈余信息公告之前，资本市场已经存在较多的相关信息源，例如行业上下游公司的业绩状况、分析师业绩预测、公司管理层业绩预告等。散户投资者由于注意力有限，对此类信息的敏感性相对机构投资者较弱；相反，机构投资者综合利用市场各类公开信息，通过各种信息挖掘和分析方法能够较为准确地捕捉公司盈利前景信息[①]，从而提高投资成功的概率。例如，近年来，越来越多的机构通过投资者调研参观公司生产经营活动，与公司高管交流等方式捕捉公司价值相关的信息（Cheng et al.，2018）。

（2）机构投资者也可能通过建立与公司内部人的社会关系，在盈余信息公告之前提前获取相关内幕消息。这在我国内幕信息监管和内幕交易惩处较弱的制度背景下可能更加普遍。以我国近年来性质较为恶劣的内幕交易和股价操纵案件——徐翔一案为例，2010~2015年，徐翔通过与13家上市公司的最终控制人或董事长合谋，利用上市公司配合发布"高送转"方案和公司业绩等利好信息形成内幕信息优势，同时通过操作大量证券账户操纵股价从中获取巨额投资收益，给中小投资者造成了重大的损失[②]。何贤杰等（2014）的研究发现，证券公司通过与具有证券背景的独立董事建立社会关系提前获取公司内幕消息并获得超额投资收益。综上所述，本书提出以下假设。

---

① 以国际知名做空机构——浑水为例，浑水公司在做空分众传媒之前，一方面，查阅了2005~2011年分众传媒的并购重组事件，根据这些信息顺藤摸瓜进一步查阅了并购对象的官网及业务结构；另一方面，通过实地考察上市公司的工厂环境、机器设备与库存，与工人及工厂周边的居民交流，了解公司的真实运营情况，甚至偷偷在厂区外观察进出厂区的车辆载货情况，通过上述手段获取了公司经营情况等信息从而进一步判断公司的真实价值水平。

② 搜狐财经，"从徐翔案看信息型市场操纵和内幕交易的区别"，https：//www.sohu.com/a/120962289_465463.

H7 - 1：相对于机构投资者持股较低的公司，机构持股较高的公司具有显著更大的盈余公告前股价漂移。

7.2.3　机构持股、公司信息环境与盈余公告前的股价漂移

公司信息环境对机构投资者的投资行为具有重要的影响。信息环境较差的公司将提高投资者的信息搜寻成本从而降低其投资收益，这将弱化机构投资者搜寻信息的动机。部分研究指出，机构投资者更偏好于投资分析师跟踪较多（O'Brien and Bhushan，1990）和信息披露质量更高（Bushee and Noe，2000）等信息环境较好的公司股票。张宗新和杨通旻（2014）的研究发现，我国基金公司只对大公司股票表现出较强的盈余信息挖掘优势，对小公司股票没有表现出较好的基本面信息挖掘能力。然而，当公司信息环境较差时，机构投资者也更有动机收集和获取公司私有信息，此时机构投资者更可能获得超额股票投资回报。例如，相关研究结果表明，机构投资者的私有信息交易行为在小公司股票更加普遍，表明机构投资者对于小公司等信息不对称程度较高的公司具有更强的信息优势（Bushee and Goodman，2007）。类似地，杨和张（Yan and Zhang，2009）同样发现，机构投资者的持股变化与未预期盈余的正相关关系在小公司股票显著更强。在我国投资者保护较弱、上市公司内幕信息监管和内幕交易惩处成本较低的制度背景下，机构投资者也有动机通过内幕信息交易获取超额投资回报，这类问题在信息环境较弱的公司表现得更为明显。因此，公司信息环境如何影响机构持股与盈余公告前股价漂移之间的关系仍需要大样本的实证检验。

传统文献通常以公司信息透明度（Aboody et al.，2005；李欢和李丹，2015）、分析师跟踪（Frankel and Li，2004；朱红军等，2007）衡量公司的信息环境，此类文献一般认为公司信息透明度越低、分析师跟踪人数越少，公司信息环境越差或信息不对称问题更突出。近年来，也有文献以媒体关注衡量公司信息环境，发现媒体关注显著地降低了公司信息不对称问题（Bushee et al.，2010）。基于此，本书依次提出以下假设。

H7 - 2a：相对于信息透明度较高的公司，机构持股与盈余公告前股价漂移的正向关系在信息透明度较低的公司更显著。

H7 - 2b：相对于分析师跟踪人数较多的公司，机构持股与盈余公告前股价漂移的正向关系在分析师跟踪人数较少的公司更显著。

H7 - 2c：相对于媒体关注度较高的公司，机构持股与盈余公告前股价漂移的正向关系在媒体关注较低的公司更显著。

7.2.4 机构异质性与盈余公告前的股价漂移

本书进一步探讨机构异质性在盈余公告前的信息优势是否存在差异，即盈余公告前的股价漂移主要由哪种类型的机构投资者所致。

机构投资者并非同质，实务中不同类型的机构投资者在投资风格上可能存在显著差异，学术上一般根据机构投资者的投资风格将其划分为两类：短期型和长期型机构投资者①。具体地，短期型机构投资者追求短期收益，换手率较为频繁；而长期型机构投资者注重长期投资收益，投资并持有股票的周期较长。一方面，由于短期型机构面临较高的短期业绩压力，这类机构具有较强的动机收集公司信息，因而具有更强的信息优势（Yan and Zhang，2009）。柯和彼得罗尼（Ke and Petroni，2004）发现，短期型机构投资者能较为准确地预见公司业绩大幅下跌事件的发生并至少提前一个季度卖出股票以避免投资损失。杨和张（Yan and Zhang，2009）发现，短期型机构投资者的持股仓位变化与公司未来业绩两者显著正相关。另一方面，短期型机构投资者在较高的短期业绩压力下也更可能"铤而走险"，通过各种手段谋取公司内幕消息并操纵股价以获取更大的超额投资收益。例如，由于我国证券投资基金需要定期（季度）披露投资业绩，基金经理面临较大的短期业绩压力，基金内幕交易和操纵股价案件层出不穷。2000 年 10 月，我国权威财经杂志《财经》刊登了《基金黑幕》一文，详细分析了我国基金各种不规范的股票投资行为。因此，相对于长期型机构，短期型机构投资者更可能在公司对外发布盈余信息之前获取相关信息并买卖相关证券。本书提出以下假设。

H7 - 3：相对于长期型机构，短期型机构投资者持股较多的公司具有显著更大的盈余公告前股价漂移。

---

① 在公司治理研究领域，部分文献考察机构异质性对公司治理的影响。例如，部分文献发现，养老基金更注重长期投资，因而养老基金持股水平与企业创新活动显著正相关；崔等（Choi et al.，2011）发现，QFII 相对于境内机构投资者更重视投资对象的公司治理质量；温军和冯根福（2012）通过研究异质机构对企业创新的影响发现，证券投资基金更偏好于短期收益，因而不利于企业创新；而QFII 和保险基金更注重长期投资，促进了企业创新。由于此类文献与本书研究问题不直接相关，故不做详细论述。

7.3　实证设计

7.3.1　研究样本与数据来源

本书采用季度盈余公告进行研究。由于自 2002 年开始中国上市公司才要求披露季度盈余数据，所以本书以 2002 年第一季度至 2016 年第四季度（共 56 个季度）的中国 A 股上市公司季度盈余公告为初始研究对象；在计算未预期盈余变量时需要上一年同季度的每股盈余数据，本书实际研究的样本区间为 2003 年第一季度至 2016 年第四季度。在此基础上，本书依次剔除以下样本：第一，金融行业样本；第二，参照相关文献（Ke and Ramalingegowda，2005）的做法，剔除季度盈余公告数据少于 10 个季度的样本；第三，剔除被 ST 和 * ST 的样本；第四，剔除盈余公告前、后 60 个交易日内缺乏股票交易数据的样本（Bernard and Thomas，1989）；第五，剔除主要变量缺失的样本。最终获得 2 709 家上市公司，共 82 365 个公司—季度样本。样本的具体筛选过程如表 7 - 1 所示。

表 7 - 1　　　　　　　　　　　样本的筛选过程

2002 ~ 2016 年季度盈余公告总观测值	113 596
剔除季度数据少于 10 个季度的公司	2 465
剔除金融行业样本	1 396
剔除 SUE 缺失的样本	7 252
剔除盈余公告日前、后 60 个交易日无股票交易数据的样本	6 552
剔除 ST 样本	4 862
剔除主要变量数据缺失的样本	8 704
最终研究样本	82 365

上市公司季度盈余（季度盈余公告日、季度每股盈余）数据主要来自 Wind 数据库，并与 CSMAR 披露的季度盈余数据进行抽查对比以确保季度盈余公告日和季度每股收益的可靠性；机构投资者持股数据来自 Wind 数据库；股票日交易数据及相关财务数据主要来源于 CSMAR 数据库。

7.3.2 主要研究变量的衡量过程

7.3.2.1 未预期盈余的衡量

参照相关文献的做法（Ke and Ramalingegowda，2005；Livnat and Mendenhall，2006；Ng et al.，2008），本书采用季节性随机游走模型（seasonal random walk model）估计季度未预期盈余（SUE）：

$$SUE_{i,t} = \frac{(EPS_{i,t} - EPS_{i,t-4})}{P_{i,t}} \qquad (7-1)$$

其中，$EPS_{i,t}$ 和 $EPS_{i,t-4}$ 分别表示公司 i 在季度 t 及其上年同一季度的每股盈余；$P_{i,t}$ 是公司 i 在 t 季度末的股票价格。本书采用季节性随机游走模型估计未预期盈余是因为中国资本市场充斥着大量的散户和中小投资者，这些投资者更倾向于采用时间序列模型形成公司未来盈余的预期（Ayers et al.，2011）。

此外，同大多数研究盈余公告后漂移的文献（Ke and Ramalingegowda，2005；Livnat and Mendenhall，2006；Chung and Hrazdil，2011）做法一致，本书在实际回归过程中将分季度对 SUE 进行排序并十等分，以缓解异常值及未预期盈余与股票超额回报非线性关系的问题。在此基础上，本书将十等分后每一组进行赋值并转换为 0 ~ 1 的数值，这有助于我们更加容易理解股票回报与未预期盈余的回归系数（Mendenhall，2004）。

7.3.2.2 盈余公告前超额收益的衡量

传统的研究主要关注盈余公告后的股价漂移（POST – EAD），且大多取盈余公告之后第 2 个交易日至第 60 个交易日为盈余公告后漂移的时间窗口进行研究（Chung and Hrazdil，2011）。然而，在盈余公告前 60 个交易日股价已经提前异动，即存在盈余公告前股价漂移（Foster et al.，1984；Bernard and Thomas，1989）。因此，本书采用盈余公告前 60 个交易日为盈余公告前漂移的时间窗口，并采用以下模型计算累积超额回报（PRERET）：

$$CAR(-60, -2)_{i,t} = \sum_{t=-60}^{-2} (R_{i,t} - R_{p,t}) \qquad (7-2)$$

其中，$R_{i,t}$ 为股票 i 在第 t 天的日个股回报率；$R_{p,t}$ 为股票投资组合的日加权平均回报率。参照法玛和弗伦奇（Fama and French，1993）的做法，在每年初，本书根据股票市值（SIZE）和账面市值比（BM）分别将股票进行五等分，由此形成了 25 个具有相近规模和账面市值比的股票投资组合，这些投资组合具有较为相似的风险特征。我们以股票日个股收益率减去所在的投资组合的日加权平均收益率作为个股日超额回报（$R_i - R_p$）。

7.3.2.3　机构投资者持股的衡量

本书定义的机构投资者包括基金、券商、银行、财务公司、保险公司、私募、QFII、社保基金、信托、企业年金和券商理财产品等①，采用季度末的机构持股总比例（INST）衡量机构投资者的作用。在稳健性分析中，我们也采用是否存在机构持股（INST_D）、机构投资者家数（INST#）和机构持股变化（ΔINST）等替代变量进行研究。同 SUE 的做法一致，本书在实证过程中也将 INST 分季度进行十等分并转换为 0～1 的数值进行分析。

7.3.3　研究模型

参照相关文献（Ke and Ramalingegowda，2005；Hung et al.，2015；Kovacs，2016）的做法，本书采用以下模型研究机构投资者持股与盈余公告前股价漂移之间的关系：

$$\begin{aligned}
\text{PRERET} = &\alpha_0 + \alpha_1 \text{SUE} + \alpha_2 \text{INST} + \alpha_3 \text{SUE} \times \text{INST} + \alpha_4 \text{SIZE} + \alpha_5 \text{BM} \\
&+ \alpha_6 \text{MOMENTUM} + \alpha_7 \text{TURNOVER} + \alpha_8 \text{PRICE} \\
&+ \alpha_9 \text{BETA} + \varepsilon
\end{aligned} \qquad (7-3)$$

其中，PRERET 表示盈余公告前 60 个交易日的累积超额回报率 CAR（-60，-2）；SUE 表示当季公告的未预期盈余；由于本书将 SUE 进行十等分并将赋值转换为 0～1 的有序数值②，α_1 表示未预期盈余最高的公司组合与未预期盈余最低的公司组合在盈余公告前的平均累积超额回报率之差，此即盈余

---

①　西方文献没有将一般法人和非金融类上市公司列入机构投资者范畴，故本书中并未加入此类机构持股。即使加入这两类机构持股，本书的研究结论依然成立。

②　具体地，参照门登霍尔（Mendenhall，2004）的做法，本书首先分季度将 SUE 十等分并对每一组按 SUE 高低赋值为 1，2，3，…，10；其次将其转换为 0～1 的有序数值，即赋值减去 1 之后再除以 9。SUE 为 1 表示未预期盈余最高组，SUE 为 0 表示未预期盈余最低组。

公告前的股价漂移幅度；INST 衡量机构投资者持股；α_3 表示机构持股对盈余公告前股价漂移的影响，也即本书主要感兴趣的系数，我们预期 α_3 显著为正。各变量的具体定义如前所述。此外，同前面实证章节，模型包括了公司规模（SIZE）、账面市值比（BM）、前一年股票持有至到期回报率（MOMENTUM）、换手率（TURNOVER）、股票价格（PRICE）和个股系统性风险（BETA）等研究盈余漂移文献中常见的控制变量。另外，本书控制了季度和行业固定效应，并在回归时采用稳健标准误和进行聚类处理以控制回归残差在各期之间的相关性（Petersen，2009）。各变量的具体定义如表 7 - 2 所示。

表 7 - 2　　　　　　　　　　　　　主要变量的定义

变量	变量定义
PRERET	盈余公告前的股票累积超额收益率，以盈余公告前 60 个交易日至盈余公告前 2 个交易日为盈余公告前时间窗口，经相似的 SIZE-BM 股票组合计算的日加权平均收益率调整后的日超额收益率累积得到
SUE	未预期盈余，即当个季度每股盈余减去上年同一季度后除以股价
机构投资者变量：	
INST	季度末机构投资者的持股总比例
INST_D	若季度末上市公司存在机构投资者持股为 1，否则为 0
INST#	季度末机构投资者的家数
ΔINST	当季季末机构持股比例减去上一季度末的机构持股比例
INST_FUND	基金持股比例
INST_OTHER	除基金外的机构持股比例
SIO	参照杨和张（Yan and Zhang，2009）的算法划分的短期型机构投资者持股比例
LIO	参照杨和张（Yan and Zhang，2009）的算法划分的长期性机构投资者持股比例
控制变量：	
SIZE	公司规模，以上年末的股票市值取对数衡量
BM	账面市值比，以上年末的总资产账面价值除以股票总市值与负债账面价值的总和
MOMENTUM	以上个季度末所在月份的前 12 个月的股票持有至到期收益衡量
TURNOVER	以上个季度末所在月份的前 12 个月股票的平均换手率衡量，股票月换手率为月股票交易金额除以月个股流通市值
PRICE	股票价格，以当季盈余公告的前一个月月末的股票价格的对数值衡量
BETA	股票系统风险，以上年股票日回报率数据，采用市场模型估算得到的 β 值

表7-3报告了主要变量的描述性统计分析结果。INST 的均值为7.53，表明样本期间机构投资者的持股比例平均约为7.53%，机构投资者在我国资本市场仍有较大的发展空间。INST 的最小值为0，最大值为52.56%，这说明我国上市公司的机构持股存在较大的差异。其他变量的描述性统计这里不再赘述。

表7-3　　　　　　　　　　**主要变量的描述性统计**

变量	N	mean	sd	min	p25	p50	p75	max
PRERET	82 365	-0.002	0.158	-0.378	-0.099	-0.018	0.078	0.540
SUE	82 365	-0.002	0.014	-0.076	-0.004	0.000	0.003	0.046
INST	82 365	7.534	10.850	0.000	0.240	2.838	10.270	52.560
SIZE	82 365	22.580	1.091	20.530	21.790	22.460	23.220	25.880
BM	82 365	0.553	0.249	0.095	0.356	0.536	0.737	1.118
MOMENTUM	82 365	0.292	0.782	-0.672	-0.229	0.052	0.557	3.623
TURNOVER	82 365	0.510	0.356	0.055	0.234	0.423	0.699	1.735
PRICE	82 365	2.310	0.662	0.896	1.841	2.275	2.747	4.048
BETA	82 365	1.065	0.220	0.450	0.935	1.077	1.202	1.619

7.4　实证结果与分析

7.4.1　机构持股与盈余公告前股价漂移的描述性分析

图7-2直观地展示了机构持股高低对应的上市公司盈余公告日前、后60个交易日的股价漂移。可以看到，机构持股较多的公司具有相对较高的股票收益率。对于发布"好消息"的公司，盈余公告前的股价向上漂移幅度在机构持股较多的公司相对更大；然而，对于发布"坏消息"的公司，盈余公告前的股价向下漂移的幅度在机构持股较低的公司相对更小。这一结果表明，机构持股对股价漂移的影响在"好消息"和"坏消息"公司的表现不对称。

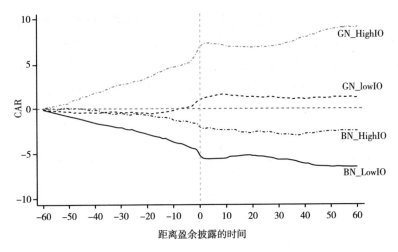

图7-2 机构持股与盈余公告前、后60个交易日的股价漂移

图7-3进一步只针对盈余公告前窗口描绘了累积超额回报率及其95%置信区间。我们可以更加直接地看出，发布"好消息"且机构持股较高的公司具有显著较高的盈余公告前累积超额收益率，公司股价在公告前60个交易日开始便逐渐上升；相反，发布"好消息"而机构持股较低的公司在盈余公告前股价并未表现出明显的向上漂移，甚至在一段时间内股票收益率显著为

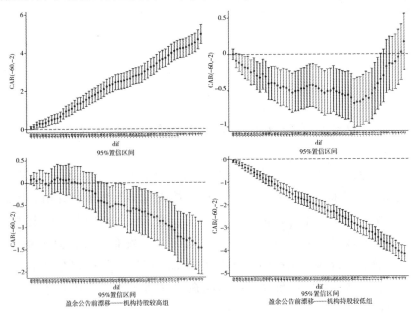

图7-3 机构持股与盈余公告前60个交易日的股价漂移

负，表明投资者未能有效预见公司的未预期盈余信息。然而，对于发布"坏消息"且机构持股较高的公司股票累积超额回报率相对高于机构持股较低的公司，这可能由于卖空限制或卖空成本较高所致。

表7-4报告了根据SUE和INST分别划分五等分后构造的25个股票投资组合在盈余公告前的累积超额收益率均值。Panel A是CAR(-60,-2)的结果。从横向来看，不管在哪一个SUE分组中，机构持股较高的公司股票收益率均相对更高，尤其是在SUE最高的公司，机构持股最高组的CAR(-60,-2)均值为5.4%，而机构持股最低组的均值仅为0.36%，两者相差高达5.04%。从纵向来看，不管在哪一个INST分组中，SUE最高组的公司股票收益率均相对更高：在机构持股较高的公司，SUE最高组和SUE最低组的公司CAR(-60,-2)均值分别为5.40%和-1.16%，两者相差6.56%；而在机构持股最低的公司，SUE最高组和SUE最低组公司CAR(-60,-2)均值分别为0.36%和-3.98%，两者相差4.34%。综上所述，相对于机构持股较低的公司，盈余公告前的股价漂移在机构持股较高的公司表现得更加突出。Panel B报告了CAR(-30,-2)的均值，结果基本类似，这里不再赘述。

表7-4　基于SUE和INST分组后盈余公告前累积超额回报率均值

SUEdeciles	INST deciles					
	D1 (Lowest)	D2	D3	D4	D5 (Highest)	H-L
Panel A：Average CAR(-60,-2)						
D1 (Lowest)	-0.039 8	-0.032 8	-0.034 1	-0.030 6	-0.011 6	0.028 2
D2	-0.021 3	-0.017 2	-0.015 5	-0.013 9	0.003 8	0.025 1
D3	-0.013 6	-0.006 4	-0.008 5	0.008 5	0.018 9	0.032 5
D4	-0.008 6	0.001 9	0.004 8	0.014 9	0.035 9	0.044 5
D5 (Highest)	0.003 6	0.013 7	0.019 2	0.032 4	0.054 0	0.050 4
H-L	0.043 4	0.046 5	0.053 3	0.063 0	0.065 6	0.022 2
Panel B：Average CAR(-30,-2)						
	D1 (Lowest)	D2	D3	D4	D5 (Highest)	H-L
D1 (Lowest)	-0.021 2	-0.010 4	-0.018 2	-0.013 3	-0.008 9	0.012 3
D2	-0.014 5	-0.006 4	-0.011 4	-0.009 4	-0.006 4	0.008 1
D3	-0.006 4	-0.003 4	-0.005 8	-0.000 6	0.004 0	0.010 4
D4	-0.002 1	0.003 2	0.002 2	0.005 2	0.013 8	0.015 9
D5 (Highest)	0.006 8	0.011 9	0.014 0	0.019 7	0.028 4	0.021 6
H-L	0.028 0	0.022 3	0.032 2	0.033 0	0.037 3	0.009 3

7.4.2 机构持股与盈余公告前的股价漂移

表7-5报告了机构投资者持股与盈余公告前股价漂移之间关系的回归结果。列（1）~列（3）是CAR(-60,-2)的回归结果；列（4）~列（5）分别是因变量为CAR(-45,-2)和CAR(-30,-2)的回归结果。

其中，SUE×INST的系数均在1%水平显著为正，表明机构投资者持股较多的公司，盈余公告前的股价漂移幅度显著更大。具体地，列（3）中SUE×INST的系数为0.034，表明相对机构持股最低组的公司，机构持股最高组的公司在盈余公告前60个交易日内股价漂移幅度提高了3.4%，这一增幅在盈余公告前45个交易日和30个交易日内分别为2.5%和1.3%，仍然具有相对较大的经济显著性。因此，上述结果支持了本书假设H7-1，表明机构投资者具有较强的信息挖掘能力，可能在公司盈余公告之前便捕捉到未预期盈余信息并提前做出股票投资决策，导致股价提前异动（盈余公告前股价漂移）。

表7-5 　　　　　　　机构投资者持股与盈余公告前股价漂移

变量	(1) CAR(-60,-2)	(2) CAR(-60,-2)	(3) CAR(-60,-2)	(4) CAR(-45,-2)	(5) CAR(-30,-2)
SUE	0.044 4 *** (14.81)	0.044 1 *** (14.77)	0.042 1 *** (14.14)	0.035 3 *** (13.93)	0.026 7 *** (12.72)
SUE×INST	0.035 4 *** (6.30)	0.032 5 *** (5.82)	0.033 9 *** (6.08)	0.025 0 *** (5.26)	0.013 0 *** (3.34)
INST	0.036 1 *** (19.24)	0.011 3 *** (5.61)	-0.008 3 *** (-3.59)	-0.008 2 *** (-4.29)	-0.003 8 ** (-2.36)
SIZE		0.045 3 *** (20.78)	0.039 9 *** (15.97)	0.021 8 *** (10.49)	0.006 7 *** (4.00)
BM		-0.053 1 *** (-26.01)	-0.032 8 *** (-12.73)	-0.011 9 *** (-5.58)	0.001 0 (0.53)
MOMENTUM			-0.039 9 *** (-17.66)	-0.018 5 *** (-9.88)	-0.000 7 (-0.47)
TURNOVER			-0.010 5 *** (-4.36)	-0.010 3 *** (-5.19)	-0.008 5 *** (-5.27)

续表

变量	(1) CAR(−60,−2)	(2) CAR(−60,−2)	(3) CAR(−60,−2)	(4) CAR(−45,−2)	(5) CAR(−30,−2)
PRICE			0.075 7 *** (27.53)	0.054 8 *** (24.04)	0.032 9 *** (17.20)
BETA			0.007 1 *** (3.43)	0.003 2 * (1.88)	0.002 9 ** (2.08)
Constant	−0.006 1 (−1.21)	0.006 3 (1.30)	−0.011 0 * (−1.84)	−0.010 9 ** (−2.25)	−0.008 5 ** (−1.99)
Year-Quarter	Yes	Yes	Yes	Yes	Yes
Industry	Yes	Yes	Yes	Yes	Yes
Observations	82 365	82 365	82 365	82 365	82 365
R-squared	0.027	0.038	0.055	0.037	0.022

注：(1) ***、** 和 * 分别表示在 1%、5% 和 10% 水平上显著；(2) 括号中为 t 值。

7.4.3　机构持股、信息环境与盈余公告前股价漂移

前面已证明了机构投资者具有较强的信息挖掘能力，并在公司盈余公告前能较为准确地捕捉未预期盈余信息，因而机构持股较高的公司具有更大幅度的盈余公告前股价漂移。本部分进一步考察公司信息环境对机构投资者信息优势的影响。参考传统文献的做法，本书采用公司信息透明度、媒体关注度和分析师跟踪人数衡量公司信息环境。

首先，借鉴路易斯和孙（Louis and Sun，2011）的做法，本书采用经业绩调整的 Jones 模型估算季度盈余管理（具体衡量方法见第 5 章），然后以前四个季度的盈余管理绝对值均值衡量企业信息透明度（OPAQUE），取最高的 30% 为信息透明度低的公司（HighOPA），取最小的 30% 为信息透明度高的公司（LowOPA）。表 7-6 报告了区分信息透明度高低回归的结果。当因变量为 CAR(−60,−2) 时，企业信息透明度较低时，SUE × INST 的系数为 0.042 且在 1% 水平显著为正 [列 (2)]；当企业信息透明度较高时，SUE × INST 系数虽显著为正但仅为 0.025 [列 (1)]，显著低于信息透明度较低时的对应值。当因变量为 CAR(−30,−2) 时，SUE × INST 的系数仅在信息透明度较低的公司显著为正 [列 (4)]。这些结果表明，企业信息透明度较低

时，机构投资者的信息挖掘能力或信息优势更加凸显，此时机构持股导致的盈余公告前股价漂移幅度更大。

表 7 - 6　　　　　　机构持股、信息透明度和盈余公告前股价漂移

变量	CAR(-60, -2)		CAR(-30, -2)	
	LowOPA	HighOPA	LowOPA	HighOPA
	(1)	(2)	(3)	(4)
SUE	0.044 5 ***	0.038 1 ***	0.029 8 ***	0.023 7 ***
	(7.77)	(9.37)	(7.34)	(8.08)
SUE × INST	0.025 1 **	0.042 2 ***	0.001 8	0.020 8 ***
	(2.35)	(5.68)	(0.24)	(3.96)
INST	-0.017 7 ***	-0.004 8	-0.006 8 **	-0.001 4
	(-4.25)	(-1.50)	(-2.29)	(-0.63)
SIZE	0.042 0 ***	0.039 7 ***	0.005 1 *	0.005 3 **
	(9.63)	(11.00)	(1.68)	(2.20)
BM	-0.034 3 ***	-0.031 5 ***	-0.001 6	0.003 3
	(-7.36)	(-8.50)	(-0.51)	(1.29)
MOMENTUM	-0.036 3 ***	-0.044 2 ***	-0.000 5	-0.000 8
	(-9.31)	(-13.79)	(-0.17)	(-0.35)
TURNOVER	-0.011 8 ***	-0.010 4 ***	-0.011 3 ***	-0.007 9 ***
	(-2.71)	(-3.20)	(-3.76)	(-3.62)
PRICE	0.073 0 ***	0.079 0 ***	0.028 7 ***	0.035 5 ***
	(15.16)	(20.55)	(8.82)	(12.95)
BETA	-0.000 6	0.009 3 ***	-0.000 4	0.003 2
	(-0.17)	(3.12)	(-0.15)	(1.59)
Constant	-0.009 2	-0.013 6 *	-0.023 0 ***	-0.012 4 **
	(-0.88)	(-1.85)	(-2.79)	(-2.37)
Year-Quarter/Industry	Yes	Yes	Yes	Yes
Observations	24 356	39 684	24 356	39 684
R-squared	0.055	0.057	0.021	0.025
F-test (p-value)	1.80 (0.089)		4.45 (0.017)	

注：(1) ***、** 和 * 分别表示在1%、5%和10%水平上显著；(2) 括号中为 t 值。

其次，我们以媒体关注度衡量企业信息环境进行分析。具体地，以前一季度盈余公告后第 2 天至当季度盈余公告前 2 天为窗口将媒体关于公司的新闻报道进行加总，以此衡量盈余公告前的媒体关注度。在此基础上，分季度根据样本中位数划分为媒体关注高组（HighMedia）和媒体关注低组（Low-Media）。分组回归的结果如表 7 - 7 所示。当因变量为 CAR(-60, -2) 时，媒体关注较低的公司 SUE × INST 的系数为 0.046 且在 1% 水平显著 [列(2)]，然而，媒体关注较高组对应的系数显著为正但仅为 0.023，显著较低。当因变量为 CAR(-30, -2) 时，SUE × INST 的系数仅在媒体关注较低的公司 [列 (4)] 显著为正。因此，当公司受到的媒体关注较低时，机构投资者的信息优势更加凸显，此时机构持股导致的盈余公告前股价漂移幅度更大。

表 7 - 7　　　　机构持股、媒体关注度和盈余公告前的股价漂移

变量	CAR(-60, -2)		CAR(-30, -2)	
	HighMedia	LowMedia	HighMedia	LowMedia
	（1）	（2）	（3）	（4）
SUE	0.050 7 *** (12.29)	0.032 3 *** (7.92)	0.030 7 *** (10.17)	0.021 7 *** (7.60)
SUE × INST	0.022 7 *** (3.15)	0.045 8 *** (5.62)	0.005 7 (1.10)	0.023 0 *** (3.97)
INST	- 0.007 0 ** (-2.26)	- 0.010 2 *** (-3.15)	- 0.002 9 (-1.34)	- 0.004 8 ** (-2.13)
SIZE	0.040 3 *** (12.29)	0.033 8 *** (9.58)	0.007 1 *** (3.12)	0.004 1 (1.63)
BM	- 0.033 9 *** (-9.61)	- 0.032 8 *** (-9.25)	- 0.001 0 (-0.41)	0.003 1 (1.25)
MOMENTUM	- 0.037 9 *** (-12.56)	- 0.042 6 *** (-14.13)	0.001 0 (0.48)	- 0.002 8 (-1.28)
TURNOVER	- 0.009 2 *** (-2.83)	- 0.011 7 *** (-3.72)	- 0.008 6 *** (-3.91)	- 0.007 9 *** (-3.66)
PRICE	0.071 5 *** (19.82)	0.081 2 *** (21.46)	0.030 7 *** (12.20)	0.035 8 *** (13.44)
BETA	0.007 6 *** (2.76)	0.007 2 ** (2.49)	0.002 5 (1.32)	0.003 6 * (1.82)

续表

变量	CAR(−60, −2)		CAR(−30, −2)	
	HighMedia	LowMedia	HighMedia	LowMedia
	（1）	（2）	（3）	（4）
Constant	−0.003 7 （−0.46）	−0.018 5 ** （−2.22）	−0.002 6 （−0.47）	−0.015 9 *** （−2.73）
Year-Quarter/Industry	Yes	Yes	Yes	Yes
Observations	46 961	35 404	46 961	35 404
R-squared	0.055	0.058	0.023	0.024
F-test （p-value）	4.95 （0.013）		5.23 （0.011）	

注：（1）***、**和*分别表示在1%、5%和10%水平上显著；（2）括号中为t值。

最后，本书以分析师跟踪衡量公司信息环境。具体地，我们以上一年分析师跟踪人数（ANALYST）衡量公司信息环境，分季度中位数划分分析师跟踪高组（HighANA）和低组（LowANA）进行分组回归，结果如表7-8所示。当因变量为CAR(−60, −2)时，SUE×INST的系数在分析师跟踪较低（高）的公司均在1%水平显著为正，且分别为0.030和0.023；尽管分析师跟踪较低的公司系数相对更大但两者差异较弱。当因变量为CAR(−30, −2)时，SUE×INST的系数仅在分析师跟踪较低的公司在5%水平显著为正［列（4）］。因此，以分析师跟踪衡量公司信息环境时，尽管我们发现在分析师跟踪较低的公司，机构投资者的信息优势相对较大但差异较弱。这一结果受到分析师与机构投资者之间关系的影响。由于分析师报告是机构投资者捕捉公司价值的重要信息源，分析师跟踪较少的公司也可能削弱机构投资者的信息挖掘能力。

表7-8　　　　机构持股、分析师跟踪与盈余公告前股价漂移

变量	CAR(−60, −2)		CAR(−30, −2)	
	HighANA	LowANA	HighANA	LowANA
	（1）	（2）	（3）	（4）
SUE	0.050 6 *** （9.22）	0.038 0 *** （10.73）	0.032 9 *** （8.27）	0.024 1 *** （9.69）
SUE×INST	0.023 4 *** （2.74）	0.029 7 *** （3.61）	0.005 7 （0.92）	0.013 2 ** （2.34）

续表

变量	CAR(-60, -2)		CAR(-30, -2)	
	HighANA	LowANA	HighANA	LowANA
	(1)	(2)	(3)	(4)
INST	-0.002 6	0.005 1	-0.006 5 **	0.002 3
	(-0.73)	(1.61)	(-2.51)	(1.04)
SIZE	0.047 8 ***	0.060 3 ***	0.011 2 ***	0.012 4 ***
	(12.45)	(16.26)	(4.31)	(5.30)
BM	-0.034 2 ***	-0.034 8 ***	-0.002 5	0.001 4
	(-8.85)	(-9.85)	(-0.92)	(0.56)
MOMENTUM	-0.035 4 ***	-0.054 8 ***	-0.000 4	-0.005 3 **
	(-11.07)	(-17.22)	(-0.16)	(-2.45)
TURNOVER	0.006 7 *	-0.027 4 ***	0.003 2	-0.019 4 ***
	(1.88)	(-8.45)	(1.35)	(-9.23)
PRICE	0.068 0 ***	0.096 4 ***	0.030 1 ***	0.039 3 ***
	(17.68)	(24.56)	(11.20)	(14.69)
BETA	0.001 6	0.008 6 ***	-0.001 6	0.006 1 ***
	(0.54)	(2.94)	(-0.81)	(3.14)
Constant	-0.021 8 **	-0.014 4 **	-0.006 1	-0.009 9 **
	(-2.05)	(-2.01)	(-0.80)	(-1.97)
Year-Quarter/Industry	Yes	Yes	Yes	Yes
Observations	37 194	45 171	37 194	45 171
R-squared	0.062	0.069	0.028	0.027
F-test (p-value)	0.29 (0.296)		0.86 (0.178)	

注：(1) ***、**和*分别表示在1%、5%和10%水平上显著；(2) 括号中为t值。

上述结果表明，当公司信息环境较差时，尤其是信息透明度较低、媒体关注较少时，机构投资者的信息优势更加凸显。机构投资者通过信息挖掘在盈余公告前进行股票交易能够获得更大的超额收益，使盈余公告前的股价漂移幅度更大。

7.4.4　机构异质性与盈余公告前股价漂移

本部分考察机构投资者异质性对盈余公告前股价漂移的影响是否存在差

异。我们采取两种分类方法对机构投资者进行划分。

首先，基金需要定期披露投资业绩，因而普遍被认为面临较大的短期业绩压力且更注重短期投资收益。本书将基金单独划分为一类（INST_FUND），其余机构投资者划分为另一类（INST_OTHER），回归结果如表 7 - 9 所示。列（1）中 SUE × INST_FUND 的系数为 0. 032 且在 1% 水平显著为正，而 SUE × INST_OTHER 的系数为正但不显著，因此，机构导致的盈余公告前股价漂移主要由基金公司引起。

其次，借鉴颜和张（Yan and Zhang，2009）的做法，本书根据机构投资者过去四个季度的换手率特征将其划分为长期投资者和短期投资者[①]。具体地，在每一季度 t，对每个机构投资者 k 计算其加总的购买和卖出股票规模：

$$CR\_buy_{k,t} = \sum_{i=1}^{N_k} |S_{k,i,t} P_{i,t} - S_{k,i,t-1} P_{i,t-1} - S_{k,i,t-1} \Delta P_{i,t}| \ if \ S_{k,i,t} > S_{k,i,t-1}$$

$$(7-4)$$

$$CR\_sell_{k,t} = \sum_{i=1}^{N_k} |S_{k,i,t} P_{i,t} - S_{k,i,t-1} P_{i,t-1} - S_{k,i,t-1} \Delta P_{i,t}| \ if \ S_{k,i,t} \leq S_{k,i,t-1}$$

$$(7-5)$$

其中，$P_{i,t}$ 和 $P_{i,t-1}$ 分别表示股票 i 在 t 和 t - 1 季度末的股价；N_k 表示机构投资者 k 持有的股票数量；$S_{k,i,t}$ 和 $S_{k,i,t-1}$ 分别表示机构投资者 k 在 t 和 t - 1 季度末持有的股票 i 的数量；$CR\_buy_{k,t}$ 和 $CR\_sell_{k,t}$ 分别表示机构投资者 k 在 t 季度累积购买和卖出股票的金额。因此，机构投资者在 t 季度的换手率为：

$$CR_{k,t} = \frac{min(CR\_buy_{k,t}, CR\_sell_{k,t})}{\sum_{i=1}^{N_k}(S_{k,i,t} P_{i,t} + S_{k,i,t-1} P_{i,t-1})/2}$$

$$(7-6)$$

机构投资者 k 在过去几个季度的平均换手率为：

$$AVG\_CR_{k,t} = \frac{1}{4}\sum_{j=0}^{3} CR_{k,t-j}$$

$$(7-7)$$

机构换手率越大表示机构投资者行为越短期化，相反则表示机构投资行为偏长期化。因此，在每个季度，我们将机构换手率最高的 30% 划分为短期

[①] 在将机构划分为长期和短期投资者时，本书采取的是 Wind 上的机构重仓股数据，因而列（2）回归的样本量与列（1）不一致。

型机构（SIO），换手率最低的 30% 划分为长期型机构（LIO），回归结果如表 7－9 中的列（2）所示。

表 7－9　　　　　　　机构投资者类型与盈余公告前股价漂移

变量	CAR(−60, −2) (1)	变量	CAR(−60, −2) (2)
SUE	0.043 0 *** (14.05)	SUE	0.051 5 *** (14.58)
SUE × INST_FUND	0.031 8 *** (5.36)	SUE × SIO	0.012 4 ** (2.32)
INST_FUND	−0.002 0 (−0.86)	SIO	0.010 3 *** (5.33)
SUE × INST_OTHER	0.001 1 (0.21)	SUE × LIO	0.009 5 (1.53)
INST_OTHER	−0.007 0 *** (−3.79)	LIO	−0.015 6 *** (−6.53)
SIZE	0.039 6 *** (15.55)	SIZE	0.033 9 *** (11.59)
BM	−0.032 6 *** (−12.64)	BM	−0.030 0 *** (−9.95)
MOMENTUM	−0.040 1 *** (−17.78)	MOMENTUM	−0.036 4 *** (−14.09)
TURNOVER	−0.010 6 *** (−4.43)	TURNOVER	−0.006 8 ** (−2.48)
PRICE	0.075 2 *** (27.29)	PRICE	0.077 9 *** (25.17)
BETA	0.007 2 *** (3.46)	BETA	0.006 6 *** (2.77)
Constant	−0.012 0 ** (−2.01)	Constant	−0.002 0 (−0.23)
Year-Quarter/Industry	Yes	Year-Quarter/Industry	Yes
Observations	82 365	Observations	60 774
R-squared	0.055	R-squared	0.057

注：（1）***、** 和 * 分别表示在 1%、5% 和 10% 水平上显著；（2）括号中为 t 值。

其中，SUE×SIO 的系数为 0.012 且在 5% 水平显著为正，SUE×LIO 的系数为正但不显著，因此，机构持股导致的盈余公告前股价漂移主要由短期型机构投资者引起。这与已有文献的观点比较一致，即短期型机构投资者由于面临较高的业绩压力，有较强的动机收集私有信息，因而这类机构投资者具有更强的信息优势（Ke and Petroni，2004；Yan and Zhang，2009）。此外，SIO 的系数在 1% 水平显著为正，而 LIO 的系数在 1% 水平显著为负，表明短期型机构持股比例较高的公司具有较高的盈余公告前累积超额收益率，而长期型机构投资者持股较高的公司 CAR(-60,-2) 则显著较低。

7.4.5 稳健性分析

本书采用以下一系列稳健性检验确保研究结论的可靠性。

7.4.5.1 考虑机构持股的内生性问题

部分研究指出，机构投资者持股可能偏好某些公司特征的股票，这些公司特征可能影响盈余公告的股价漂移。因此，本书采用二阶段回归缓解潜在的内生性问题。在第一阶段，本书采取以下回归：

$$INST = \alpha_0 + \alpha_1 SIZE + \alpha_2 LEV + \alpha_3 BM + \alpha_4 LIQ + \alpha_5 MOMENTUM$$
$$+ \alpha_6 BETA + \alpha_7 IRISK + \alpha_8 DIVIDEND + \varepsilon \qquad (7-8)$$

其中，LEV 为季度末的资产负债率；LIQ 衡量股票流动性，以盈余公告前第 3 个月末的股票交易量衡量；IRISK 衡量公司特质性风险，参考相关文献（Bushee and Noe，2000；Bushee，2001）的做法，采用市场模型估算得到的残差的标准差衡量；DIVIDEND 表示公司上一年的股利分配率；其他变量的衡量方法如前所述。第一阶段回归模型控制变量的选取标准如下：机构投资者更偏好规模较大、股票流动性较高、历史回报率较低的公司（Gompers and Metrick，2001）。因此，本书控制了公司规模（SIZE）、股票流动性（LIQ）和前一年的股票累积超额收益率（MOMENTUM）等变量；模型也控制了衡量公司风险变量，包括资产负债率（LEV）、股票系统性风险（BETA）和特质性风险（IRISK）。另外，机构投资者可能更偏好于成长性和分红较高的公司股票，故我们也控制了账面市值比（BM）和股利分配率（DIVIDEND）变量。模型（7-8）也控制了年份和公司个体固定效应以缓解遗漏变量的影响。

　　第一阶段的回归结果如表 7 - 10 中的列（1）所示。我们发现 SIZE、MO-MENTUM 和 IRISK 的系数显著为正，表明机构投资者更偏好于投资规模较大、历史收益率较好和特质性风险较大的公司股票；相反，LEV、BM、LIQ 和 BETA 的系数显著为负，表明机构投资者更不愿意投资负债率较高、成长性较低、流动性较高和系统性风险较大的公司股票。在第二阶段回归中，采用第一阶段回归得到的残差衡量干净的机构投资者持股（IO_pure），对模型（7 - 3）重新进行回归的结果如列（2）所示。SUE × IO_pure 的系数在 5% 水平显著为正，表明在控制内生性问题后机构持股与盈余公告前股价漂移的正相关关系仍然成立。

表 7 - 10　　　　　　　　　　　　　二阶段回归

第一阶段回归变量	IO	第二阶段回归变量	CAR(-60, -2)
	（1）		（2）
SIZE	6.262 *** (23.92)	SUE	0.052 2 *** (13.98)
LEV	-1.854 ** (-2.42)	SUE × IO_pure	0.015 1 ** (2.40)
BM	-20.170 *** (-27.88)	IO_pure	-0.011 4 *** (-4.88)
LIQ	-2.572 *** (-16.19)	SIZE	0.035 1 *** (14.54)
MOMENTUM	1.204 *** (10.73)	BM	-0.028 0 *** (-9.92)
BETA	-2.481 *** (-6.97)	MOMENTUM	-0.037 1 *** (-16.24)
IRISK	1.894 *** (6.73)	TURNOVER	-0.008 5 *** (-3.51)
DIVIDEND	-0.175 (-0.86)	PRICE	0.073 8 *** (26.38)
Constant	-63.220 *** (-10.77)	BETA	0.008 9 *** (4.18)
		Constant	-0.007 5 (-1.19)

续表

第一阶段回归 变量	IO	第二阶段回归 变量	CAR(-60, -2)
	(1)		(2)
Firm	Yes	Industry	Yes
Year-Quarter	Yes	Year-Quarter	Yes
Observations	75 696	Observations	75 696
R-squared	0.587	R-squared	0.056

注：（1） *** 、** 和 * 分别表示在 1%、5% 和 10% 水平上显著；（2）括号中为 t 值。

7.4.5.2　采用 Fama-Macbeth 回归模型

本书采用 Fama-MacBeth 回归模型（Fama and MacBeth, 1973），同时采用经 Newey-West 调整的 t 统计量以控制异方差的自相关性，重新进行分析的结果如表 7-11 中的列（1）~列（3）所示。其中，SUE × INST 的系数均在 1% 水平上显著为正，表明本书基本结论的稳健性。

表 7-11　　　　　　　　　　稳健性分析——替代性模型

变量	CAR(-60, -2)				
	Fama-MacBeth			OLS	
	(1)	(2)	(3)	(4)	(5)
SUE	0.053 0 ***	0.052 2 ***	0.047 1 ***	0.047 1 ***	0.036 2 ***
	(8.25)	(8.41)	(8.53)	(12.42)	(4.39)
SUE × INST	0.036 6 ***	0.034 2 ***	0.036 6 ***	0.039 1 ***	0.016 8 **
	(3.75)	(3.57)	(4.03)	(6.67)	(2.55)
INST	0.035 9 ***	0.012 2	-0.009 0	-0.008 2 ***	-0.008 5 ***
	(7.27)	(1.36)	(-1.02)	(-3.56)	(-3.68)
SIZE		0.043 2 ***	0.039 2 ***	0.039 8 ***	0.039 7 ***
		(5.27)	(4.83)	(15.95)	(15.90)
BM		-0.055 1 ***	-0.038 4 ***	-0.032 9 ***	-0.032 8 ***
		(-8.66)	(-4.92)	(-12.74)	(-12.71)
MOMENTUM			-0.047 6 ***	-0.039 8 ***	-0.040 2 ***
			(-5.52)	(-17.64)	(-17.82)
TURNOVER			-0.007 1	-0.010 4 ***	-0.010 3 ***
			(-0.96)	(-4.34)	(-4.28)

续表

变量	CAR(−60, −2)				
	Fama-MacBeth			OLS	
	(1)	(2)	(3)	(4)	(5)
PRICE			0.086 0***	0.075 7***	0.075 5***
			(6.96)	(27.48)	(27.43)
BETA			0.012 9**	0.007 0***	0.006 9***
			(2.13)	(3.39)	(3.31)
SUE × SIZE				−0.013 8**	−0.003 3
				(−2.35)	(−0.48)
SUE × BM					−0.002 5
					(−0.33)
SUE × MOMENTUM					−0.008 1
					(−1.30)
SUE × TURNOVER					0.008 5
					(1.30)
SUE × PRICE					0.046 8***
					(6.10)
SUE × BETA					−0.007 1
					(−1.27)
Constant	−0.022 2**	−0.002 8	−0.018 4	−0.010 9*	−0.010 2*
	(−2.09)	(−0.21)	(−1.50)	(−1.83)	(−1.71)
Year-Quarter	—	—	—	Yes	Yes
Industry	Yes	Yes	Yes	Yes	Yes
Observations	86 379	86 379	82 365	82 365	82 365
R-squared	0.072	0.090	0.139	0.055	0.056

注:(1) ***、** 和 * 分别表示在1%、5% 和10% 水平上显著;(2) 括号中为 t 值。

7.4.5.3　其他替代性回归模型

参照相关文献(Hirshleifer et al.,2009;Chung and Hrazdil,2011)的做法,我们在回归中进一步控制 SUE 与其他控制变量的交乘项以控制这些变量对盈余漂移的影响,结果如表 7–11 中的列(4)~列(5)所示,基本的回归结果保持不变。

7.4.5.4 机构投资者变量的稳健性分析

本书采用以下替代性变量衡量机构投资者的影响。首先，本书采用机构是否持股哑变量：若 INST_D 为 1 公司存在机构持股，否则为 0。回归结果如表 7 - 12 中的列（1）~ 列（2）所示，SUE × INST_D 的系数均在 1% 水平显著为正，列（2）中 SUE × INST_D 的值为 0.015，表明相对于不存在机构持股的股票，存在机构持股的股票在盈余公告前存在更显著的股价漂移。其次，本书采用机构持股变化量衡量：ΔINST 为当季季末机构投资者持股减去上一季度末的机构持股。回归结果如列（3）~ 列（4）所示。SUE × ΔINST 的系数均在 5% 水平显著为正，表明机构增持越多的公司，盈余公告前股价漂移幅度更大。最后，本书采用机构投资者数量衡量：INST#为当季度上市公司股东中机构投资者的数量。回归结果如列（5）~ 列（6）所示。SUE × INST#的系数也仍至少在 10% 水平显著为正，表明被更多机构投资者青睐的股票具有更显著的盈余公告前股价漂移。总的来说，本书采用不同的机构投资者影响变量后基本结论仍然稳健。

表 7 - 12　　　　　　　　　　稳健性分析——替代性变量

变量	CAR(-60, -2)					
	（1）	（2）	（3）	（4）	（5）	（6）
SUE	0.050 0 *** (11.68)	0.045 1 *** (10.69)	0.055 6 *** (18.51)	0.0505 0 *** (16.61)	0.060 4 *** (18.89)	0.054 6 *** (16.21)
SUE × INST_D	0.015 9 *** (3.47)	0.014 9 *** (3.26)				
INST_D	0.023 9 *** (14.35)	0.002 3 (1.35)				
SUE × ΔINST			0.013 2 ** (2.55)	0.011 1 ** (2.12)		
ΔINST			0.048 2 *** (29.17)	0.044 9 *** (27.21)		
SUE × INST#					0.009 8 * (1.75)	0.014 3 ** (2.36)
INST#					0.033 6 *** (17.71)	- 0.007 0 *** (-2.63)

续表

变量	CAR(−60, −2)					
	(1)	(2)	(3)	(4)	(5)	(6)
SIZE		0.036 3 *** (14.94)		0.036 4 *** (15.45)		0.036 7 *** (11.10)
BM		− 0.032 3 *** (− 12.60)		− 0.031 0 *** (− 12.10)		− 0.030 2 *** (− 9.95)
MOMENTUM		− 0.039 7 *** (− 17.60)		− 0.039 4 *** (− 17.63)		− 0.036 0 *** (− 13.93)
TURNOVER		− 0.010 1 *** (− 4.20)		− 0.010 3 *** (− 4.32)		− 0.006 0 ** (− 2.18)
PRICE		0.072 3 *** (27.59)		0.071 6 *** (27.71)		0.076 7 *** (24.73)
BETA		0.007 6 *** (3.70)		0.007 8 *** (3.80)		0.006 8 *** (2.85)
Constant	− 0.002 9 (− 0.56)	− 0.011 2 * (− 1.87)	− 0.007 7 (− 1.45)	− 0.021 6 *** (− 3.62)	0.003 8 (0.48)	− 0.003 7 (− 0.44)
Year-Quarter	Yes	Yes	Yes	Yes	Yes	Yes
Industry	Yes	Yes	Yes	Yes	Yes	Yes
Observations	86 379	82 365	86 373	82 359	63 666	60 775
R-squared	0.023	0.054	0.029	0.062	0.030	0.055

注：（1）***、** 和 * 分别表示在1%、5%和10%水平上显著；（2）括号中为 t 值。

7.5　进一步研究：机构持股与盈余公告后的股价漂移

本章最后考察机构投资者如何影响盈余公告后的股价漂移，从而进一步讨论机构投资者对中国资本市场股票定价效率的影响。

现有文献关于机构投资者增强抑或降低盈余公告后股价漂移的研究结论仍不一致。主流观点认为，机构投资者作为理性人，更能识别当期未预期盈余包含的未来盈余信息，机构投资者的套利活动将加速未预期盈余信息融入股价，从而降低盈余公告后的股价漂移（Ke and Ramalingegowda，2005）。然而，此类文献一般基于一个假设，即机构投资者在公司盈余公告之后较短时间内便开始反向股票操作，即卖出发布"好消息"的公司而买入发布"坏消息"的公司。这在成熟的资本市场比较合理，却可能不适用于新兴资本市场。当市场存在较多噪音交易者时，机构投资者的最佳投资策略不是逆（bet-against）噪音投资者而行，由于噪音投资者使股票价值在一段时间内长期偏离基本面价值水平，机构投资者的最佳投资策略是与噪音交易者保持一致（De long et al.，1990）。基于我国资本市场的研究一般也都发现，机构投资者加剧了盈余公告后的股价漂移（孔东民和柯瑞豪，2007；Cai et al.，2018）。

表7-13报告了基于SUE和INST分别五等分构造25个股票投资组合后，股票在盈余公告后时间窗口的累积超额收益率均值。Panel A是盈余公告后60个交易日累积超额收益率的结果。在机构持股最高组，发布"好消息"公司的CAR（+2，+60）相对于发布"坏消息"公司的差额为2.94%；而在机构持股最低组，这一差异仅为1.50%。Panel B是盈余公告后30个交易日内累积超额收益率的均值，结果基本一致。因此，机构持股较高的公司，盈余公告后的股价漂移幅度相对机构持股较低的公司更大。

表7-13　　　基于 SUE 和 INST 分组后盈余公告后累积超额回报率均值

SUEdeciles	INST deciles					
	D1（Lowest）	D2	D3	D4	D5（Highest）	H-L
Panel A：Average CAR（+2，+60）						
D1（Lowest）	-0.013 6	-0.019 0	-0.015 2	-0.017 7	-0.007 3	**0.006 3**
D2	-0.018 0	-0.017 5	-0.010 9	-0.007 7	-0.004 9	0.013 1
D3	-0.012 8	-0.015 7	-0.003 2	-0.004 8	0.003 0	0.015 8
D4	-0.005 5	-0.003 9	0.002 9	0.009 9	0.017 5	0.023 0
D5（Highest）	0.001 4	0.005 7	0.012 1	0.015 7	0.022 1	0.020 7
H-L	0.015 0	0.024 7	0.027 3	0.033 4	0.029 4	0.014 4
Panel B：Average CAR（+2，+30）						
	D1（Lowest）	D2	D3	D4	D5（Highest）	H-L
D1（Lowest）	-0.003 9	-0.007 1	-0.005 3	-0.006 8	-0.005 8	-0.001 9
D2	-0.007 0	-0.010 0	-0.004 6	-0.003 9	-0.004 5	0.002 5
D3	-0.005 2	-0.006 6	0.000 4	-0.003 2	0.002 1	0.007 3
D4	-0.003 8	-0.001 0	0.000 6	-0.001 3	0.002 6	0.006 4
D5（Highest）	0.001 7	0.002 9	0.006 3	0.007 7	0.004 6	0.002 9
H-L	0.005 6	0.010 0	0.011 6	0.014 5	0.010 4	0.004 8

表 7 – 14 报告了机构持股与盈余公告后股价漂移的回归结果。列（1）
是因变量为 CAR(+2, +30) 的回归结果。SUE × INST 的系数为 0.011 且在
1% 水平显著为正，表明机构持股较高的公司，盈余公告后 30 个交易日的股
价漂移幅度显著增大了 1.1%。列（2）是因变量为 CAR(+2, +60) 的回归
结果。SUE × INST 的系数为 0.026 且在 1% 水平显著，表明机构持股较高的
公司，盈余公告后 60 个交易日的股价漂移幅度显著增大了 2.6%。上述结果
表明，机构投资者持股导致了更大幅度的盈余公告后股价漂移。进一步地，
我们根据盈余公告前的股价漂移幅度划分高低组分别进行回归，结果如列
（3）～列（4）所示。在盈余公告前股价漂移幅度更大的公司，机构持股与盈
余公告后股价漂移的正向关系显著更大，表明机构投资者尽管使大部分未预
期盈余信息在盈余公告前融入股价，但机构同时也可能存在一定的股价操纵
行为，导致了较大幅度的盈余公告后股价漂移。

表 7 – 14　　　　　　　　机构持股与盈余公告后的股价漂移

变量	CAR(+2, +30)		CAR(+2, +60)	
	全样本	全样本	HighPre	LowPre
	(1)	(2)	(3)	(4)
SUE	0.007 3 ***	0.018 3 ***	0.011 8 **	0.023 8 ***
	(3.30)	(5.80)	(2.45)	(5.93)
SUE × INST	0.010 6 ***	0.025 9 ***	0.036 6 ***	0.016 0 **
	(2.73)	(4.59)	(4.45)	(2.17)
INST	0.009 9 ***	0.019 4 ***	0.025 6 ***	0.013 0 ***
	(6.37)	(8.23)	(7.60)	(4.03)
SIZE	− 0.005 7 ***	− 0.012 1 ***	− 0.008 4 **	− 0.015 0 ***
	(− 3.22)	(− 4.56)	(− 2.21)	(− 4.34)
BM	0.007 5 ***	0.017 9 ***	0.016 5 ***	0.017 4 ***
	(4.12)	(6.69)	(4.32)	(4.71)
MOMENTUM	− 0.010 9 ***	− 0.014 7 ***	− 0.012 9 ***	− 0.016 1 ***
	(− 7.21)	(− 6.47)	(− 4.02)	(− 5.30)
TURNOVER	0.000 8	− 0.002 7	0.004 0	− 0.008 6 ***
	(0.51)	(− 1.14)	(1.18)	(− 2.79)
PRICE	− 0.002 2	0.013 4 ***	0.010 7 ***	0.016 2 ***
	(− 1.18)	(4.83)	(2.68)	(4.43)

续表

| 变量 | CAR(+2, +30) | | CAR(+2, +60) | |
| | 全样本 | 全样本 | HighPre | LowPre |
	（1）	（2）	（3）	（4）
BETA	-0.001 4 (-0.99)	-0.006 3 *** (-3.13)	-0.004 6 (-1.56)	-0.008 4 *** (-3.16)
Constant	0.001 3 (0.29)	0.000 4 (0.06)	-0.006 6 (-0.61)	0.008 0 (0.94)
Year-Quarter/Industry	Yes	Yes	Yes	Yes
Observations	82 365	82 365	41 182	41 183
R-squared	0.014	0.020	0.025	0.020
F - test			3.62 (0.028)	

注：（1） *** 、** 和 * 分别表示在1%、5%和10%水平上显著；（2）括号中为 t 值。

本书最后考察机构持股对盈余公告前、后整个时间窗口股价漂移的影响。列（1）~ 列（2）报告了因变量为 CAR(-30, +30) 的回归结果。SUE × INST 的系数约为 0.030 且在 1% 水平显著为正。列（3）~ 列（4）是因变量为 CAR (-60, +60) 的回归结果，SUE × INST 的系数也在 1% 水平显著为正。列（4）中 SUE × INST 的系数为 0.066，是表 7 - 5 中列（3）[因变量为 CAR(-60, -2)] 对应值（0.034）的 1.94 倍，因此，若考虑盈余公告前、后 60 个交易日的股价漂浮，机构持股更多的公司显著增大了 6.6%，是盈余公告前 60 个交易日股价漂移差异的 1.94 倍。总的来说，我们发现，机构持股较高的公司不仅具有较大幅度的盈余公告前股价漂移，也导致了更大幅度的盈余公告后股价漂移。

表 7 - 15　　　　　机构持股与盈余公告前后整个窗口的股价漂移

| 变量 | CAR(-30, +30) | | CAR(-60, +60) | |
	（1）	（2）	（3）	（4）
SUE	0.049 6 *** (15.19)	0.048 5 *** (14.90)	0.077 6 *** (16.56)	0.075 2 *** (16.16)
SUE × INST	0.030 1 *** (5.05)	0.030 7 *** (5.15)	0.064 2 *** (7.41)	0.065 7 *** (7.60)

续表

变量	CAR(-30, +30)		CAR(-60, +60)	
	(1)	(2)	(3)	(4)
INST	0.022 1***	0.013 8***	0.057 4***	0.017 9***
	(11.08)	(5.75)	(18.66)	(4.97)
SIZE		-0.002 2		0.025 0***
		(-0.84)		(6.28)
BM		0.009 1***		-0.015 2***
		(3.37)		(-3.84)
MOMENTUM		-0.014 7***		-0.058 6***
		(-5.99)		(-15.89)
TURNOVER		-0.009 9***		-0.015 3***
		(-3.98)		(-3.97)
PRICE		0.028 6***		0.087 6***
		(10.48)		(22.08)
BETA		0.000 0		-0.000 4
		(0.02)		(-0.13)
Constant	-0.001 4	-0.003 5	-0.009 6	-0.008 1
	(-0.22)	(-0.48)	(-1.16)	(-0.84)
Year-Quarter/Industry	Yes	Yes	Yes	Yes
Observations	82 365	82 365	82 365	82 365
R-squared	0.026	0.028	0.041	0.056

注：(1) ***、** 和 * 分别表示在 1%、5% 和 10% 水平上显著；(2) 括号中为 t 值。

7.6　本章小结

机构投资者具有较强的信息优势，往往能够先于市场获取与公司价值相关的重大信息。本章研究机构投资者持股与盈余公告前股价漂移之间的关系，研究结论支持机构投资者具有信息优势的观点。具体地，本书有以下发现：第一，机构持股较高的公司，盈余公告前股价漂移幅度显著增大，这一结果表明，机构投资者在公司盈余公告之前便提前捕捉或获取未预期盈余信息，机构提前进行交易从而导致盈余公告前的股价漂移；第二，在公司信息透明度和媒体关注较低的情况下，机构持股对盈余公告前股价漂移的正向促进作用显著更大，表明当公司信息环境较弱时，机构投资者的信息优势更加突出；第三，相对于长期型机构投资者或非基金机构投资者，短期型机构投资者和基金持股较多的公司具有显著更大的盈余公告前股价漂移，表明机构异质性对盈余漂移存在差异性影响；第四，机构持股更多的公司，盈余公告后股价漂移幅度也更大，表明我国机构投资者在提升股票定价效率方面仍存在一定的局限性。

本书研究表明，机构投资者的信息挖掘和利用功能是盈余公告前漂移产生的重要因素，然而，机构投资者在提升盈余公告后的股价定价效率方面仍显不足，这为监管层进一步发展机构投资者和提升资本市场有效性指明了方向。

第8章 媒体信息传播与盈余公告前的股价漂移

本章基于信息传播的角度，考察媒体报道对盈余公告前股价漂移的影响。盈余公告前的股价漂移取决于投资者在公司盈余公告之前获取了相关的信息并形成关于公司盈利前景的预期。第 7 章研究已经证实机构投资者具有专业的信息挖掘和分析能力，能够早于公司盈余公告获取公司盈利前景的相关信息并提前做出股票投资决策，导致盈余公告前的股价漂移。然而，中国 A 股资本市场存在大量的散户投资者，这些个人投资者的信息搜寻、整合和分析能力较弱，可能更加依赖新闻舆论等媒体报道。因此，本章研究盈余公告前的媒体报道对盈余公告前股价漂移的影响。

8.1 研究问题的提出

信息充分披露是有效市场理论的基础前提（Fama，1970；Healy and Palepu，2001）。公允、及时、充分的信息披露能够降低公司外部投资者的信息不对称，抑制公司股东和内部人的投机动机与行为，从而提升资本市场各项资源的配置效率（Healy and Palepu，2001）。作为资本市场的重要信息传播媒介，新闻媒体在收集、整合、分析和传递公司信息等过程中发挥着重要的角色，尤其在公司信息环境较差的情况下，媒体报道成为外部投资者洞悉公司真实运营情况的一个重要信息渠道。因此，关于新闻媒体在改善公司信息环境和公司治理质量方面的作用逐渐受到学者的关注（Dyck and Zingales，2004；Griffin et al.，2011）。

盈余公告前的股价漂移主要源于投资者在公司盈余公告之前便已获得与公司价值相关的信息并形成关于公司盈利前景的稳定预期（详见第 4 章的理

论分析)。在这个阶段，媒体报道对投资者信念的形成具有重要的影响。一方面，我国正处于经济转型的阶段，各项信息披露政策仍未完善，投资者面临较高的信息不对称问题。媒体作为信息传播的媒介，通过对市场上公开信息的搜寻、整合、分析和报道，能够丰富投资者的信息获取渠道，媒体报道可以起到提供投资者与公司价值相关的替代性信息渠道。在信息不对称程度越高、信息透明度较低的公司，媒体能够发挥更为重要和有效的监督治理职能（孔东民等，2013）。另一方面，我国资本市场存在大量的散户投资者①。不同于专业的机构投资者，散户投资者缺乏专业的信息搜寻和分析能力，新闻媒体由于获取成本低、便捷等优势成为我国散户投资者获取公司信息的重要途径（才国伟等，2015；游家兴和吴静，2012）。因此，在公司公告盈余信息之前，媒体跟踪报道有助于丰富投资者的信息渠道，提供更多与公司盈利前景相关的信息，帮助投资者形成关于公司盈利前景的稳定预期，投资者因而可能在盈余公告之前提前做出股票投资决策，形成盈余公告前的股价漂移。

媒体作用发挥的关键在于公众信任（Chaffee et al.，1991；Katz et al.，1973）。部分文章指出，媒体报道存在有偏的问题：媒体为了追逐私利甚至可能与公司合谋，部分媒体报道的立场并非是公正中立的（孔东民等，2013；方军雄，2014）。媒体报道可能"搅乱"资本市场信息的流动，这反而提高了投资者信息不对称的问题。因此，媒体报道也可能对盈余公告前的股价漂移影响较弱。

关于媒体报道是否及如何影响盈余公告前的股价漂移需要大样本的实证检验，这正是本章研究的问题。具体地，本章将依次回答以下四个问题：首先，在上市公司盈余公告之前，媒体报道能否有效地预测当期未预期盈余？如果答案是肯定的，那么盈余公告前的媒体报道具有一定的信息含量。其次，盈余公告前的媒体报道能否解释上市公司盈余公告前的股价漂移？再其次，在不同的信息环境下，例如公司信息透明度高低、分析师跟踪多寡和机构投资者持股高低等，媒体报道与盈余公告前的股价漂移之间的关系是否随之变化？最后，盈余公告前的媒体报道与盈余公告后的股价漂移之间的关系如何？

---

① 根据《中国证券登记结算统计年鉴》，截至 2016 年底，我国投资者数量有 11 811.04 万人，其中，自然人投资者数量为 11 778.42 万人，自然人投资者比重高达 99.7%。此外，截至 2017 年 2 月，1 万元市值以下投资者占比 47.87%，1 万 ~ 10 万元市值以下投资者比重为 24.35%，10 万 ~ 50 万元级别的投资者比重为 21.31%，表明我国投资者"散户化"特征依然比较明显。

通过对以上问题的考察，本章能够帮助我们认识媒体报道在公司信息传播过程中如何影响投资者信念，以及媒体报道在改善我国资本市场有效性的过程中起到怎样的作用，这为监管部门进一步完善新闻媒体发展和监管制度具有重要的借鉴和启示作用。

本章余下内容安排如下：第二部分对媒体治理的相关文献进行回顾、总结和点评，在此基础上，理论分析盈余公告前的媒体报道如何作用于盈余公告前的股价漂移进而提出本章研究的主要假设；第三部分介绍本章研究的主要变量、数据和模型；第四部分对实证结果进行报告、分析和讨论；第五部分进一步研究盈余公告前的媒体报道是否及如何影响盈余公告后的股价漂移；第六部分是本章的总结。

8.2 文献回顾与研究假设

8.2.1 媒体治理的文献回顾

随着新闻媒体在揭露企业违规行为方面的案例逐渐增多①，媒体治理的作用逐渐受到国内外学者的关注（Griffin et al. , 2011）。综合现有文献，关于新闻媒体的研究主要包括以下三个方面。

8.2.1.1 媒体对资本资产定价的影响

信息的流动对于降低投资者信息不对称、引导资源流动从而优化资源配置效率具有重要的作用。作为资本市场重要的信息传播媒介，新闻媒体在收集、整合、分析和传递公司信息等过程中发挥着重要的作用，有助于提升投资者对公司信息的关注（Peress，2008；张圣平等，2014）、提高信息传播的速度和受众人数、降低投资者获取信息的成本（李培功和徐淑美，2013），

---

① 例如，2001 年 9 月《财经》杂志发表的封面文章《银广夏陷阱》指出，银广夏在 1999 ~ 2001 年的业绩神话完全是虚构的，从而揭示了银广夏伪造购销合同虚增销售收入和利润的违规行为。在此之前，银广夏的股票还一直被资本市场津津乐道。类似地，2011 年 7 月《21 世纪经济报道》刊登《人参引发的举报：紫鑫药业等 7 公司涉嫌空买空卖》一文，质疑紫鑫药业可能存在业绩造假；2011 年 8 月《上海证券报》进一步报道分析了紫鑫药业造假的详细手段和过程，从而揭示了紫鑫药业披露虚假财务信息的行为。类似的案例还有蓝田股份和科龙电器造假案例。

从而降低投资者信息不对称（Bushee et al.，2010；Tetlock，2010）并加速公司特质信息反映到股票价格中（黄俊和郭照蕊，2014；Peress，2014）。因此，媒体报道对股票定价效率具有重要影响（Tetlock，2007；Tetlock et al.，2008）。

基于媒体报道与股票回报的研究却存在一定的分歧。米歇尔和马尔赫林（Mitchell and Mulherin，1994）的研究发现，媒体报道越多的公司，投资者能够获得更多的信息，从而导致更多的交易量和更高的股票回报。与此相反，媒体报道越多的公司，投资者遭遇的信息摩擦（information frictions）越低，因此，相对于媒体关注较低的公司，媒体报道较多的公司股票收益更低（Fang and Peress，2009）。特劳克等（Tetlock et al.，2008）发现，媒体负面报道越多的公司具有越差的盈利能力，且媒体负面报道后的一个交易日股票市场反应显著为负，表明媒体报道在一定程度上能够捕捉与公司基本面相关的信息。王和叶（Wang and Ye，2014）研究中国民营企业实际控制人的媒体关注对公司估值的影响，发现实际控制人受到更多中立的媒体报道，公司股票的估值更高；实际控制人获得较多的负面报道将显著降低股票估值，而关于实际控制人的正面报道对股票估值没有影响。

关于媒体报道是否提高股票定价效率的研究结论也不一致。一方面，部分学者认为，媒体作为信息传播媒介能够显著提高股票定价的效率（Drake et al.，2014；Kim et al.，2016；黄俊和郭照蕊，2014；Peress，2014）。这类文献认为，媒体整合和传播可靠信息使更多的投资者得以用较低的成本获得与公司价值相关的信息，降低了投资者的信息不对称（Bushee et al.，2010；Tetlock，2010），提高了投资者对公司的关注和对信息反应的速度（张圣平等，2014；郦金梁等，2018），因而促进股票价格反映相关信息的效率。例如，基于中国资本市场的研究发现，媒体报道能够降低股票同步性和股票错误定价，提高知情交易的概率（Kim et al.，2016）；黄俊和郭照蕊（2014）同样发现，媒体报道与股价同步性呈负相关的关系。另一方面，部分学者认为，媒体报道可能加剧投资者的心理偏差或投资者情绪对股票错误定价的影响，从而不利于资本市场有效性的提高（Tetlock，2007；游家兴和吴静，2012）。例如，特劳克（Tetlock，2007）研究发现，媒体负面报道越多的公司，当期股价将面临下跌的压力，而在下一期股价反转向价值面靠拢，表明媒体负面报道通过影响投资者情绪影响股票交易。游家兴和吴静（2012）的研究表明，当新闻报道所传递出的媒体情绪越高涨或越低落时，股票价格偏离基本价值水平的程度更大。此外，部分学者认为，媒体可能异化为企业资本运作的工具。媒体有偏或虚假报道将加剧资本市场上的信息不对称。

8.2.1.2　媒体在公司治理的作用

主流的文献认为，媒体报道作为一种非正式的外部舆论监督和约束机制，可以抑制企业内部人的投机行为（杨德明和赵璨，2012），增强投资者权益保护（徐莉萍和辛宇，2011），以及在整体上改善公司的治理结构（Dyck and Zingales，2002，2004；Dyck et al.，2008；李培功和沈艺峰，2010；孔东民等，2013）。英文文献主要认为，媒体监督通过影响经理人声誉促进公司治理的改善。迪克等（Dyck et al.，2008）以存在公司治理隐患的公司为研究对象，发现媒体关注较多的公司更积极地纠正违规行为，媒体监督能有效改善公司治理结构。刘和麦康奈尔（Liu and McConnell，2013）的研究发现，媒体关注较多的公司，价值损害类的企业并购发生的概率更低，作者指出，媒体监督主要提高了经理人的声誉风险进而影响经理人的资本配置行为。

与国外的制度不同，由于我国经理人市场仍未建立，媒体监督不太可能通过经理人声誉影响公司治理。李培功和沈艺峰（2010）的研究发现，媒体曝光数量的增加能有效促使上市公司纠正违规行为，进一步研究指出，我国媒体治理作用的发挥主要通过引起相关行政机构的介入实现。与此类似，杨德明和赵璨（2012）发现，媒体监督能够优化企业高管薪酬契约，但只在政府行政部门介入的时候才能发挥积极的效果。徐莉萍和辛宇（2011）以股权分置改革为研究场景，发现媒体关注与公司股改对价呈负相关关系，表明媒体关注较高的公司具有更好的治理环境。此外，徐莉萍等（2011）的研究发现，媒体关注还能有效促进企业的捐赠行为。孔东民等（2013）的研究发现，媒体监督对公司生产效率、经营业绩和企业社会责任具有积极的促进作用，也能够有效抑制企业盈余管理、大股东掏空及其他违规行为。

越来越多的文献开始质疑媒体对公司治理的积极影响（李培功和徐淑美，2013），认为媒体关注产生的市场压力可能导致经理人更加短视（于忠泊等，2011；方军雄，2014；杨道广等，2017），更有甚者，媒体可能被公司收买从而偏离客观公正的立场，媒体"有偿沉默"或有偏报道将不利于公司治理的改善。方军雄（2014）的研究指出，我国企业在 IPO 时可能支付给媒体"封口费"，媒体有偿沉默导致企业更多的机会主义行为。于忠泊等（2011）发现，媒体关注给管理者带来了较大的市场压力，这将迫使管理者迎合市场预期进行更多的应计盈余管理。杨道广等（2017）发现，媒体负面报道数量与企业创新投入显著负相关，作者认为，媒体负面报道导致管理者更多的短期财务业绩压力从而抑制企业创新。

8.2.1.3 媒体对审计行为的影响

关于媒体与审计行为的研究结论比较一致，这类文献普遍认为，媒体作为信息中介，媒体负面报道往往揭示公司潜在的破产或法律风险，进而影响审计师行为。例如，弗罗斯特（Frost，1991）的研究发现，媒体报道公司亏损的信息将使审计师签发更为稳健的审计意见。乔（Joe，2003）提出了媒体负面报道影响审计师行为的两个假说：第一，媒体负面报道增加揭示了企业未来较高的破产风险，审计师将出具更不利的审计意见；第二，媒体负面报道增加了审计师对法律风险的感知，导致审计师出具更稳健的审计意见。与国外研究类似，杨德明和刘敏（2013）的研究发现，媒体负面报道越多的公司，上市公司更可能收到审计师出具的非标审计意见，事务所变更的概率也显著提高，表明审计师为了规避声誉损失风险采取更保守的审计行为。刘启亮等（2013）也发现，媒体负面报道较多的公司，审计师变更的概率更高，但只在法律诉讼风险较高的地区成立，表明我国媒体主要通过提高审计师的诉讼风险影响审计行为。

总的来说，现有关于媒体在资产定价和公司治理是起到积极还是消极作用的研究仍然存在一定的分歧。媒体既可能充当客观公正的信息传播媒介，提高资本市场定价效率，也能够作为一种外部舆论监督抑制公司内部人投机行为，改善公司治理的效率；然而，媒体治理也可能追逐私利而与公司合谋操纵投资者情绪，或者发布有偏报道，这将不利于改善资本市场有效性和公司治理质量。

8.2.2 媒体报道与盈余公告前的股价漂移

盈余公告前的股价漂移受到盈余公告前信息披露和信息传播的重大影响。基于上述关于媒体治理文献的讨论，媒体报道与盈余公告前股价漂移的关系如下。

作为信息传播媒介，新闻媒体能够加速信息在资本市场的流动和降低投资者的信息不对称（Bushee et al.，2010），具体体现在以下三个方面。

首先，在公司盈余信息公告之前，媒体报道能够对市场各类信息进行整合。资本市场已经存在各类公司披露的公开信息，包括公司自身的历史经营发展状况、同行业竞争对手信息、供应链上下游企业的供需、分析师预测信息以及宏观经济发展前景等。由于投资者（尤其是中小投资者）在处理信息方面存在有限注意等认知局限（Hirshleifer and Teoh，2003；Dellavigna and Pollet，2009），投资者难以完全把握与公司价值相关的信息。新闻媒体一般拥有一支专业的信息跟踪、搜寻和报道队伍，通过对各类信息进行整合和传播，能够帮助投资者降低信息搜寻成本从而更好地获取与公司价值相关的信息。

其次，在公司盈余信息公告之前，媒体报道有助于提高公司披露信息的传播速度和传播范围。公司公告正式的盈余信息之前，可能提前发布与公司价值相关的信息，包括管理层盈利预测或业绩预告等。由于传统信息渠道的局限性，公司披露的信息只能到达部分投资者。新闻媒体的跟踪报道使更多的中小投资者及时了解这些信息，扩大了公司信息的传播范围和受众面（杨玉龙等，2016）。媒体也会提醒投资者关注公司即将发布的一些相关信息（如业绩说明会等），从而吸引投资者对公司披露信息的关注（Bushee et al.，2010），缓解投资者认知局限对市场公开信息反应不足等问题。

最后，在公司盈余信息公告之前，媒体报道也可能提供有价值的增量信息。新闻媒体工作者一般由专业的信息挖掘和分析队伍组成，他们可以通过长时间的对公司进行跟踪、调查、暗访和分析，也能够先于公司披露与公司价值相关的信息，降低投资者的信息风险并助其更好地做出投资决策。

此外，媒体关注较多的公司暴露在更强的舆论监督之下，公司内部人的各种投机动机和行为可以得到一定程度的抑制，公司治理质量较高，投资者对公司公告的信息更加信任且更青睐公司的股票。同时，内幕信息泄露或内部人利用私有信息进行交易的行为得到抑制（杨玉龙等，2017），从而激励投资者和分析师更积极地获取公司信息（Grossman and Stiglitz，1980；Bushman et al.，2005）。盈余公告前的媒体报道还有助于提高分析师的预测精度，从而提供给投资者更精确的业绩预测信息（谭松涛等，2015）。这些均有助于与公司价值相关的信息更快地融入股价并导致盈余公告前股价的提前异动。因此，本书提出以下假设。

H8-1：盈余公告前的媒体报道越多，盈余公告前的股价漂移幅度更大。

然而，媒体报道对盈余公告前股价漂移的影响也可能较弱或者没有显著影响。首先，有偏或虚假的媒体报道可能导致投资者对市场公开信息不信任，甚至混淆视听造成投资者关于公司价值的信念差异较大，投资者在正式的盈余信息公告之前难以对公司盈利情况形成稳定的预期，只有等到确切的盈余信息公告之后才进行股票交易；其次，媒体为了追逐私利可能与企业合谋（孔东民等，2013；方军雄，2014）并配合内部人进行更隐蔽的内幕交易，这在企业的信息环境较差或面临较弱的法律风险和投资者保护的情况下可能更加明显。进一步地，过多的内幕交易使外部投资者难以通过公开的信息获得超额收益，从而削弱投资者交易和分析师挖掘公司私有信息的积极性（Bushman et al.，2005）。在这种情况下，媒体关注可能对盈余公告前的股价漂移影响较弱甚至降低盈余公告前的股票市场反应。

8.2.3 媒体报道、信息环境与盈余公告前的股价漂移

若媒体报道的信息传播效应在中国资本市场存在，媒体报道与盈余公告前股价漂移的关系将受到公司信息环境的重大影响。当公司信息环境较差的时候，例如企业信息透明度较低和分析师分析报告较少，新闻媒体作为信息中介的重要性更加突出（Fang and Peress，2009）。媒体记者通过跟踪和暗访等搜寻和整合企业经营前景的信息，使投资者可以通过阅读媒体报道获得公司价值相关的信息，此时，媒体报道可以作为替代性的信息源帮助投资者形成公司盈利能力的预期；相反，若公司信息透明度较高或分析师对公司的分析报告更多时，投资者通过公司披露的历史信息或分析师报告也可以比较便捷地获得公司信息，因而媒体报道的信息中介作用相对较低。例如，佩雷斯（Peress，2008）指出，媒体报道能够加速信息融入股价，但这一作用在更频繁地出现在公众视野中的公司相对较弱；方和佩雷斯（Fang and Peress，2009）发现，当传统的信息渠道发挥的作用较弱时（如公司规模较小和分析师跟踪人数较少），媒体关注降低信息风险和引起投资者关注的作用更强。因此，本书提出以下假设。

H8-2：相对于信息透明度较高的公司，媒体报道对盈余公告前股价漂移的促进作用在信息透明度较低的公司更显著。

H8-3：相对于分析师跟踪较多的公司，媒体报道对盈余公告前股价漂移的促进作用在分析师跟踪较少的公司更显著。

8.2.4　媒体报道、投资者结构与盈余公告前的股价漂移

类似地，第 7 章研究发现，机构投资者持股较高的公司具有更明显的盈余公告前股价漂移，表明机构投资者作为专业的投资队伍，有较强的信息搜寻和挖掘能力，甚至不弱于新闻工作者的信息分析能力。因此，机构投资者可能更多地依赖公司拥有的信息挖掘团队产生的信息。与此相反，散户投资者的信息搜寻和分析能力普遍较弱，因而媒体报道是散户投资者的重要信息来源之一。此外，相对于专业的机构投资者，散户投资者更易受到心理偏差和注意力有限等行为因素的影响，媒体报道对散户投资者的投资行为具有更强的影响，将促使散户投资者更加关注公司股票及相关信息。例如，巴伯和奥登（Barber and Odean，2008）发现，个人投资者更青睐于媒体报道较多的股票。方和佩雷斯（Fang and Peress，2009）的研究指出，在个人投资者者持股较高的公司，媒体关注降低信息风险的作用更显著。因此，本书提出以下假设。

H8 - 4：相对于机构投资者持股较高的公司，媒体报道对盈余公告前股价漂移的促进作用在机构持股较低的公司更显著。

8.3　研究设计

8.3.1　研究样本与数据来源

本书采用季度盈余公告进行研究。由于自 2002 年开始中国上市公司才要求披露季度盈余数据，本书以 2002 年第一季度至 2016 年第四季度（共 56 个季度）的中国 A 股上市公司季度盈余公告为初始研究对象。由于计算未预期盈余变量需要上一年同季度的每股盈余数据，本书实际研究的样本区间为 2003 年第一季度至 2016 年第四季度。在此基础上，本书依次剔除以下样本：第一，金融行业样本；第二，参照相关文献（Ke and Ramalingegowda，2005）的做法，剔除季度盈余公告数据少于 10 个季度的样本；第三，剔除被 ST 和 *ST 的样本；第四，剔除盈余公告前、后 60 个交易日内缺乏股票交易数据的样本（Bernard and Thomas，1989）；第五，剔除主要变量缺失的样本。最

终获得 2 718 家上市公司，共 66 556 个公司—季度样本。样本的具体筛选过程如表 8 - 1 所示。

表 8 - 1 样本的筛选过程

2002 ~ 2016 年季度盈余公告总观测值	113 596
剔除季度数据少于 10 个季度的公司	2 465
剔除金融行业样本	1 396
剔除 SUE 缺失的样本	7 252
剔除盈余公告日前、后 60 个交易日无股票交易数据的样本	6 552
剔除 ST 样本	4 862
剔除主要变量数据缺失的样本	24 513
最终研究样本	66 556

上市公司季度盈余（季度盈余公告日、季度每股盈余）的数据主要来自 Wind 数据库，并与 CSMAR 披露的季度盈余数据进行抽查对比以确保季度盈余公告日和季度每股收益的可靠性；股票的日交易数据、上市公司相关财务数据主要来源于 CSMAR 数据库；媒体报道数据来源于 CNRDS 的中国上市公司财经新闻数据库。

8.3.2 变量定义与研究模型

8.3.2.1 未预期盈余的衡量

参照相关文献的做法（Ke and Ramalingegowda, 2005；Livnat and Mendenhall, 2006；Ng et al., 2008），本书采用季节性随机游走模型（seasonal random walk model）估计季度未预期盈余（SUE）：

$$SUE_{i,t} = \frac{(EPS_{i,t} - EPS_{i,t-4})}{P_{i,t}} \qquad (8-1)$$

其中，$EPS_{i,t}$ 和 $EPS_{i,t-4}$ 分别表示公司 i 在季度 t 及其上年同一季度的每股盈余；$P_{i,t}$ 是公司 i 在 t 季度末的股票价格。本书采用季节性随机游走模型估计未预期盈余是因为中国资本市场充斥着大量的散户和中小投资者，这些投资者更倾向于采用时间序列模型形成公司未来盈余的预期（Ayers et al., 2011）。

此外，同大多数研究盈余公告后漂移的文献（Ke and Ramalingegowda，2005；Livnat and Mendenhall，2006；Chung and Hrazdil，2011）做法一致，本书在实际回归过程中将分季度对 SUE 进行排序并十等分，以缓解异常值及未预期盈余与股票超额回报非线性关系的问题。在此基础上，本书将十等分后每一组进行赋值并转换为 0 ~ 1 的数值，这有助于我们更加容易理解股票回报与未预期盈余的回归系数（Mendenhall，2004）。

8.3.2.2　盈余公告前超额收益的衡量

传统的研究主要关注盈余公告后的股价漂移（POST-EAD），且大多取盈余公告之后第 2 个交易日至第 60 个交易日（约 60 日）为盈余公告后漂移的时间窗口进行研究（Chung and Hrazdil，2011）。然而，在盈余公告前60 个交易日股价已经提前异动，即存在盈余公告前股价漂移（Foster et al.，1984；Bernard and Thomas，1989）。因此，本书采用盈余公告前 60 个交易日为盈余公告前漂移的时间窗口，并采用以下模型计算累积超额回报（PRERET）：

$$CAR(-60,-2)_{i,t} = \sum_{t=-60}^{-2} (R_{i,t} - R_{p,t}) \qquad (8-2)$$

其中，$R_{i,t}$ 为股票 i 在第 t 天的日个股回报率；$R_{p,t}$ 为股票投资组合的日加权平均回报率；参照法玛和弗伦奇（Fama and French，1993）的做法，在每年初，本书根据股票市值（SIZE）和账面市值比（BM）分别将股票进行五等分，由此形成 25 个具有相近规模和账面市值比的股票投资组合，这些投资组合具有较为相似的风险特征。我们以股票日个股收益率减去所在的投资组合的日加权平均收益率作为个股日超额回报（$R_i - R_p$）。

8.3.2.3　盈余公告前媒体报道的衡量

本书采用财经报刊新闻中内容出现上市公司的新闻总数衡量媒体关注程度。具体地，中国研究数据服务平台（CNRDS）中的报刊财经新闻包括了来自国内 300 多家重要报纸媒体的新闻数据，其中主要包含国内八大主流财经报纸即《中国证券报》《上海证券报》《第一财经日报》《21 世纪经济报道》《中国经营报》《经济观察报》《证券日报》和《证券时报》。这八大财经报纸不仅具有财经新闻报道及时、质量高、影响力大等特点，还是国内研究媒体问题时经常引用的数据来源（游家兴和吴静，2012；黄俊和郭照蕊，2014）。

同时，为了体现新闻报道的全面性，该数据库还包括其他300余家重要报纸刊物，主要包括重要性中央报纸，地方性晨报、日报、晚报以及其他财经报刊。数据库总共包含原始新闻数量约3700多万条（1994年始至今），上市公司新闻累计达190多万条。同时，该数据库使用计算机领域成熟的文本情感判断方法识别新闻报道正面、中立、负面语气（准确率高达85%），从而较好地捕捉上市公司的好消息、坏消息。

本书剔除信息含量较低的新闻报道（中性新闻报道），以前一季度盈余公告后第2天至当季度盈余公告前2天为时间窗口（Bushee et al., 2010），对每一天关于上市公司的正面和负面新闻报道数量（PREMEDIA）进行加总作为公司盈余公告前的媒体关注。

8.3.2.4 研究模型

参照相关文献（Hung et al., 2015; Kovacs, 2016）的做法，本书采用以下模型研究媒体报道如何影响盈余公告前的股价漂移：

$$\begin{aligned}
\text{PRERET} = &\alpha_0 + \alpha_1 \text{SUE} + \alpha_2 \text{PREMEDIA} + \alpha_3 \text{SUE} \times \text{PREMEDIA} + \alpha_4 \text{SIZE} \\
&+ \alpha_5 \text{BM} + \alpha_6 \text{MOMENTUM} + \alpha_7 \text{TURNOVER} + \alpha_8 \text{PRICE} \\
&+ \alpha_9 \text{BETA} + \varepsilon
\end{aligned} \qquad (8-3)$$

其中，PRERET表示盈余公告前60个交易日的累积超额回报率CAR(-60, -2)；SUE表示当季公告的未预期盈余；由于本书将SUE进行十等分并将赋值转换为0~1的有序数值[1]，α_1表示未预期盈余最高的公司组合与未预期盈余最低的公司组合在盈余公告前的平均累积超额回报率之差，此即盈余公告前的股价漂移幅度；PREMEDIA衡量盈余公告前的媒体关注度，同SUE的处理方式一样，本书在回归中将PREMEDIA十等分、赋值并转换为0~1的有序数值；α_3表示媒体关注度对盈余公告前股价漂移的影响，也即本书主要感兴趣的系数。变量的具体定义如前所述。

本书控制了以下解释变量：公司规模（SIZE）、账面市值比（BM）、前一年股票持有至到期回报率（MOMENTUM）、换手率（TURNOVER）、股票价格（PRICE）和个股系统性风险（BETA）。我们控制SIZE和BM是为了控

---

① 具体地，参照门登霍尔（Mendenhall, 2004）的做法，本书首先分季度将SUE十等分并对每一组按SUE高低赋值为1,2,3,…,10；其次将其转换为0~1的有序数值，即将赋值减去1之后再除以9。SUE为1表示未预期盈余最高组，SUE为0表示未预期盈余最低组。

制文献中常提及的潜在资产定价风险因子（Fama and French，1993）；由于部分文献发现，股票流动性对信息融入股价的效率有一定的影响（Sadka，2006；Chordia et al.，2009），本书以 TURNOVER 衡量股票流动性并对其进行控制；MOMENTUM 表示盈余公告前一年的股票持有至到期收益率，用以控制股票的动量效应或反转效应；PRICE 用以控制个股交易成本对投资者交易行为的影响。类似地，为了控制变量异常值的影响，本书将上述变量分季度进行十等分并将赋值转换为 0～1 处理。另外，本书控制了季度和行业固定效应，并在回归时采用稳健标准误和进行聚类处理以控制回归残差在各期之间的相关性（Petersen，2009）。各变量的具体定义如表 8-2 所示。

表 8-2　　　　　　　　　　　　　　　　主要变量的定义

变量	变量定义
PRERET	盈余公告前的股票累积超额收益率，以盈余公告前 60 个交易日至盈余公告前 2 个交易日为盈余公告前时间窗口，经相似的 SIZE-BM 股票组合计算的日加权平均收益率调整后的日超额收益率累积得到
SUE	未预期盈余，即当个季度每股盈余减去上年同一季度后除以股价
媒体报道变量：	
PREMEDIA	盈余公告前的媒体报道，以上一季度盈余公告后第 2 个天至当季度盈余公告前 2 天媒体报道的与上市公司相关的新闻报道数量衡量
PREMEDIA_POS	盈余公告前时间窗口内的媒体正面报道的数量
PREMEDIA_NEG	盈余公告前时间窗口内的媒体负面报道的数量
控制变量：	
SIZE	公司规模，以上年年末的股票市值取对数衡量
BM	账面市值比，以上年年末的总资产账面价值除以股票总市值与负债账面价值的总和
MOMENTUM	以上个季度末所在月份的前 12 个月的股票持有至到期收益衡量
TURNOVER	以上个季度末所在月份的前 12 个月股票的平均换手率衡量，股票月换手率为月股票交易金额除以月个股流通市值
PRICE	股票价格，以当季盈余公告的前一个月月末的股票价格的对数值衡量
BETA	股票系统风险，以上年股票日回报率数据，采用市场模型估算得到的 β 值

8.3.2.5　描述性统计分析

表 8-3 报告了主要变量的描述性统计结果。其中，PRERET 的均值为

0.003，表明上市公司在盈余公告前 60 个交易日的累积超额回报率为 0.3%，这一值较小是因为这里并未区分未预期盈余的大小进行分析，具体如表 8 − 4 所示。PREMEDIA 的均值为 7.788，表明样本公司盈余公告前平均有近八条新闻报道；PREMEDIA 的方差为 19.867，约为均值的 2 倍，说明不同公司的媒体关注度存在较大的差异，这为本书研究提供了一定的基础。

表 8 − 3 　　　　　　　　　　　主要变量描述性统计

变量	N	mean	sd	min	p25	p50	p75	max
PRERET	66 556	0.003	0.169	− 0.373	− 0.097	− 0.014	0.084	0.548
SUE	66 556	− 0.002	0.015	− 0.077	− 0.004	0.000	0.003	0.050
PREMEDIA	66 556	7.788	19.867	0.000	1.000	4.000	9.000	139.000
SIZE	66 556	22.680	1.106	20.630	21.880	22.550	23.320	26.020
BM	66 556	0.557	0.250	0.100	0.357	0.540	0.744	1.123
MOMENTUM	66 556	0.301	0.791	− 0.663	− 0.224	0.056	0.564	3.600
TURNOVER	66 556	0.502	0.349	0.054	0.231	0.419	0.689	1.691
PRICE	66 556	2.326	0.667	0.892	1.852	2.294	2.769	4.024
BETA	66 556	1.062	0.221	0.460	0.930	1.073	1.200	1.624

表 8 − 4 进一步将 SUE 和 PREMEDIA 分别进行五等分后构建 25 个公司组合，然后统计盈余公告前的股票累积回报率的均值。其中，Panel A 是盈余公告前 60 个交易日的累积超额回报率的均值。我们看到，SUE 最低组时 CAR(− 60，− 2) 均显著较低，而 SUE 最高时 CAR(− 60，− 2) 均显著较高，表明我国资本市场存在盈余公告前的股价漂移。类似地，CAR(− 60，− 2) 在媒体关注最高组也相对大于媒体关注最低的公司，表明媒体关注的增多使公司的股票回报率较高，这与米歇尔和马尔赫林（Mitchell and Mulherin，1994）的研究结论一致，即媒体关注越多的公司吸引了更多投资者并获得他们的青睐。值得注意的是，在媒体关注最低的公司，SUE 最高和最低组的超额回报率差额仅为 0.049 3；而在媒体关注最高的公司，该数值为 0.063 8，相对增长了近 29.4%。因此，相对于盈余公告前媒体关注较少的公司，媒体关注较多的公司具有更大的盈余公告前股价漂移。Panel B 和 Panel C 分别报告了 CAR(− 60，− 30) 和 CAR(− 30，− 2) 两个子窗口的股票超额收益率，结果与 Panel A 基本类似，然而，盈余公告前的媒体关注对盈余公告前股价漂移的影响主要体现在盈余公告前 60 个交易日至前 30 个交易日之间。

表 8 - 4　　基于 SUE 和 PREMEDIA 分组后盈余公告前累积超额回报率均值

SUE Deciles	PREMEDIA Deciles					
	D1 (Lowest)	D2	D3	D4	D5 (Highest)	H - L
Panel A：Average CAR(-60, -2)						
D1 (Lowest)	- 0.036 9	- 0.028 5	- 0.024 4	- 0.017 9	- 0.021 9	0.015 0
D2	- 0.019 6	- 0.017 3	0.000 2	0.007 5	0.005 9	0.025 5
D3	- 0.010 1	- 0.001 0	0.009 0	0.025 2	0.022 6	0.032 7
D4	0.001 8	0.007 4	0.018 2	0.029 1	0.032 8	0.031 0
D5 (Highest)	0.012 4	0.019 3	0.029 8	0.034 3	0.041 9	0.029 5
H - L	0.049 3	0.047 8	0.054 2	0.052 2	0.063 8	0.014 5
Panel B：Average CAR(-60, -30)						
	D1 (Lowest)	D2	D3	D4	D5 (Highest)	H - L
D1 (Lowest)	- 0.046 2	- 0.043 1	- 0.035 3	- 0.030 7	- 0.037 7	0.008 5
D2	- 0.028 6	- 0.029 3	- 0.007 1	- 0.000 3	- 0.005 0	0.023 6
D3	- 0.012 6	- 0.003 8	0.003 9	0.019 1	0.018 4	0.031 0
D4	0.010 2	0.008 7	0.021 1	0.030 5	0.039 1	0.028 9
D5 (Highest)	0.026 6	0.033 0	0.045 7	0.043 6	0.048 4	0.021 8
H - L	0.072 8	0.076 1	0.081 0	0.074 3	0.086 1	0.013 3
Panel C：Average CAR(-30, -2)						
	D1 (Lowest)	D2	D3	D4	D5 (Highest)	H - L
D1 (Lowest)	- 0.019 4	- 0.010 1	- 0.010 6	- 0.008 5	- 0.010 0	0.009 4
D2	- 0.013 1	- 0.010 5	- 0.003 3	0.000 2	- 0.001 9	0.011 2
D3	- 0.006 3	- 0.000 3	0.003 2	0.013 0	0.004 6	0.010 9
D4	0.003 4	0.001 3	0.006 8	0.011 6	0.012 6	0.009 2
D5 (Highest)	0.014 5	0.015 1	0.018 8	0.019 0	0.020 6	0.006 1
H - L	0.033 9	0.025 2	0.029 4	0.027 5	0.030 6	- 0.003 3

　　为了更直观地展示媒体关注差异对盈余公告前股价漂移的影响，图 8 - 1 区分媒体关注度高低分别描绘了盈余公告前、后 60 个交易日的股价漂移形态。具体地，在每个季度，我们以盈余公告前的媒体关注（PREMEDIA）最

高的20%的公司为高媒体关注组（HighMedia），最低的20%的公司为低媒体关注组（LowMedia），然后区分公布"好消息"（GN：SUE最高的20%）和"坏消息"（BN：SUE最低的20%）的公司构造四个组合分别计算其盈余公告前、后60个交易日的累积超额回报率的均值，如图8-1所示。我们发现，不管是发布"好消息"还是发布"坏消息"的公司，盈余公告前媒体关注较多的公司，盈余公告前的股票累积超额回报率均较高；进一步地，我们可以直观地看到：对于媒体关注较高的公司，"好消息"组与"坏消息"组的累积超额回报率的差额显著大于媒体关注较低的公司，表明盈余公告前的媒体关注加速了投资者反应的速度，导致盈余公告前股价漂移幅度较大，这与表8-4中的结果一致。

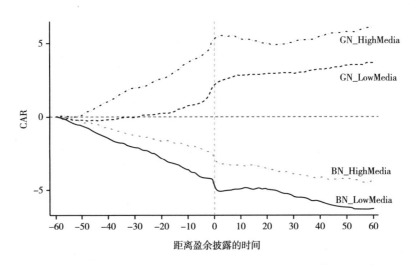

图8-1　盈余公告前后60个交易日的股价漂移：区分媒体关注度高低

图8-2进一步报告了在区分媒体关注度高低后，盈余公告前60个交易日的累积超额回报率均值及其95%置信区间。可以直观地看出，对于发布"好消息"的公司，媒体关注度较高的公司股价提前反应的速度更快且累积超额回报率相对更高；而媒体关注度较低的公司只在临近盈余公告的前10个交易日附近，其累计超额回报率才开始显著为正，表明盈余公告前的媒体报道使得好消息的公司股价更快地反应未预期盈余的信息。对于坏消息的公司，媒体关注程度导致的差异不太明显。

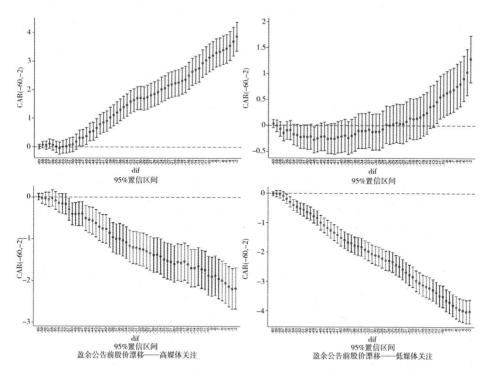

图 8－2　盈余公告前 60 个交易日的股价漂移：区分媒体关注度高低

8.4　实证结果与分析

本部分将首先分析盈余公告前的媒体报道是否具有一定的信息含量？即能否有效预测未预期盈余的方向？在此基础上，研究媒体报道对盈余公告前股价漂移的影响；其次讨论媒体报道在信息透明度高低、分析师跟踪人数多寡、机构持股比例高低等不同场景下对盈余公告前股价漂移的影响；最后研究盈余公告前的媒体报道能否提高资产定价效率，即考察盈余公告前媒体报道对盈余公告后股价漂移的影响。

8.4.1　媒体报道能否有效预测未预期盈余？

按照前面的理论分析逻辑，媒体报道之所以能够影响盈余公告前的股价漂移，是因为公司盈余公告之前的媒体报道传递了公司盈利前景的信息，即投资者根据盈余公告前的媒体报道能够初步形成关于公司盈利情况的稳定预期，帮助投资者提前做出股票投资决策，从而导致盈余公告前的股价提前反应。为此，本书采用以下模型检验盈余公告前媒体报道的信息含量：

$$SUE = \beta_0 + \beta_1 PREMEDIA\_POS + \beta_2 PREMEDIA\_NEG + \beta_3 L1SUE$$
$$+ \beta_4 L2SUE + \beta_5 L3SUE + \beta_6 L4SUE + \beta_7 SIZE$$
$$+ \beta_8 BM + \beta_9 GROWTH + \varepsilon \qquad\qquad (8-4)$$

其中，PREMEDIA_POS 和 PREMEDIA_NEG 分别表示盈余公告前关于上市公司正面的媒体报道数量和负面的媒体报道数量（加 1 取对数）。盈余公告前较多的正面新闻报道意味着公司的经营发展比较好，即未预期盈余更高；相反，盈余公告前较多的负面新闻报道可能揭露了公司盈利状况不佳的信息，即未预期盈余可能较低。因此，若媒体报道能够提前传递关于公司未预期盈余的信息，我们预期 β_1 和 β_2 应该分别显著为正和显著为负。

关于盈余公告后漂移的文献指出，投资者无法或低估了季度未预期盈余之间的时间序列特征，即投资者没有意识到当期未预期盈余包含的未来盈利情况的信息（Bernard and Thomas，1990；Bartov，1992；Rangan and Sloan，1998），因而产生了盈余公告后的股价漂移。为此，本书参照此类文献在模型（8 - 4）中控制了滞后 4 期的未预期盈余 L1SUE，L2SUE，L3SUE 和 L4SUE。本书还控制了公司规模（SIZE）、账面市值比（BM）和销售增长率（GROWTH）等公司特征变量，这些变量反映了公司的成长能力。同时，模型还包括了季度、行业和个体固定效应以控制遗漏变量对结论的影响。

表 8 - 5 报告了模型（8 - 4）的回归结果。其中，列（1）在不控制其他解释变量的基础上进行回归；列（2）考虑了未预期盈余时间序列特征的影响；列（3）进一步控制了其他公司特征的影响；列（4）在列（3）的基础上控制了个体固定效应。我们发现，PREMEDIA_POS 的系数在列（1）~ 列（4）中均在 1% 水平上显著为正；而 PREMEDIA_NEG 的系数均在 1% 水平显著为负，符合本书的预期，即盈余公告前的媒体报道具有一定的信息含量，能够提前捕捉到上市公司即将公告的未预期盈余的方向。这一结果与特劳克等（Tetlock et al.，2008）的发现类似，作者发现，媒体负面报道较多的公司未来业绩表现较差，表明媒体报道能有效地捕捉关于公司盈利前景的信息。

本书结果表明我国资本市场媒体报道具有相似的作用。此外，L1SUE、L2SUE、L3SUE 的系数均显著为正，而 L4SUE 的系数显著为负，这一结果与相关研究（Bernard and Thomas，1990；Bartov，1992）的发现一致。

表 8 - 5　　　　　　　　　媒体报道能否预测未预期盈余信息

变量	SUE			
	（1）	（2）	（3）	（4）
PREMEDIA_POS	0. 001 0 ***	0. 000 7 ***	0. 000 7 ***	0. 000 7 ***
	（11. 70）	（9. 45）	（8. 46）	（7. 31）
PREMEDIA_NEG	- 0. 001 2 ***	- 0. 000 6 ***	- 0. 000 5 ***	- 0. 000 5 ***
	（ - 11. 87）	（ - 7. 28）	（ - 6. 24）	（ - 5. 34）
L1SUE		0. 320 ***	0. 322 ***	0. 295 ***
		（25. 29）	（25. 74）	（22. 63）
L2SUE		0. 064 3 ***	0. 061 1 ***	0. 053 9 ***
		（9. 59）	（9. 10）	（7. 89）
L3SUE		0. 037 3 ***	0. 035 8 ***	0. 028 4 ***
		（6. 00）	（5. 77）	（4. 47）
L4SUE		- 0. 385 ***	- 0. 389 ***	- 0. 407 ***
		（ - 42. 30）	（ - 42. 46）	（ - 42. 89）
SIZE			0. 000 0	- 0. 000 6 ***
			（1. 53）	（ - 3. 28）
BM			- 0. 003 0 ***	- 0. 007 3 ***
			（ - 11. 28）	（ - 13. 20）
GROWTH			0. 026 1 ***	0. 027 7 ***
			（18. 20）	（17. 86）
Constant	- 0. 002 6 ***	0. 000 3	- 0. 000 1	0. 016 7 ***
	（ - 4. 78）	（0. 60）	（ - 0. 05）	（3. 72）
Year-Quarter	Yes	Yes	Yes	Yes
Industry	Yes	Yes	Yes	—
firm	—	—	—	Yes
Observations	66 556	46 372	45 352	45 352
R-squared	0. 045	0. 230	0. 247	0. 282

注：（1）***、** 和 * 分别表示在 1%、5% 和 10% 水平上显著；（2）括号中为 t 值。

8.4.2　媒体报道与盈余公告前的股价漂移

表 8-6 报告了盈余公告前的媒体报道与盈余公告前股价漂移的回归结果。列（1）报告了未包括其他控制变量的回归结果；列（2）控制了 SIZE 和 BM 风险因子对盈余公告前股价漂移的影响；列（3）进一步控制了其他解释变量。本书发现，SUE 的系数均在 1% 水平显著为正，支持了我国股票在盈余公告前存在股价漂移的现象。具体地，列（3）中 SUE 的系数为 0.048，表明相对于 SUE 最低组，SUE 最高组的公司股票在盈余公告前 60 个交易日的累积超过回报率更高，这一比例高达 4.78%；PREMEDIA 的系数均在 1% 水平显著为正，表明盈余公告前的媒体报道越多，股票收益率更高，与米歇尔和马尔赫林（Mitchell and Mulherin，1994）的结论一致；SUE × PREMEDIA 的系数均至少在 5% 水平显著为正，表明相对于媒体关注较少的公司，媒体关注更多的是公司盈余公告前的股价漂移幅度（即 SUE 最高时与 SUE 最低时累积超额回报率的差额）。以上结果支持了假设 H8-1，即在我国资本市场，盈余公告前的媒体报道能够提前传递公司盈利前景的信息，帮助投资者在公司盈余公告前形成关于公司盈利情况的稳定预期并做出股票投资决策，导致了盈余公告前的股价异动和漂移①。

表 8-6　　　　　　　　　媒体报道与盈余公告前的股价漂移

变量	(1) CAR(-60, -2)	(2) CAR(-60, -2)	(3) CAR(-60, -2)	(4) CAR(-60, -30)	(5) CAR(-30, -2)
SUE	0.053 8 *** (16.82)	0.051 5 *** (16.19)	0.047 8 *** (15.19)	0.078 1 *** (18.78)	0.032 3 *** (14.43)
SUE × PREMEDIA	0.012 8 ** (2.28)	0.012 2 ** (2.17)	0.015 0 *** (2.71)	0.011 6 * (1.67)	-0.003 0 (-0.77)
PREMEDIA	0.032 9 *** (15.91)	0.025 0 *** (11.49)	0.023 8 *** (10.72)	0.019 3 *** (7.00)	0.010 6 *** (6.89)

---

① 需要指出的是，第 5 章研究发现，会计信息越不透明，盈余公告前股价漂浮幅度越高。此次发现盈余公告前媒体报道越多的公司具有显著更高的盈余公告前股价漂移，这一结论并不必然与第 5 章结论冲突：根据前面关于媒体关注的文献指出，媒体关注与企业盈余管理的关系的研究结论存在较大分歧。

续表

变量	（1） CAR(-60, -2)	（2） CAR(-60, -2)	（3） CAR(-60, -2)	（4） CAR(-60, -30)	（5） CAR(-30, -2)
SIZE		0.031 2 *** (12.89)	0.015 8 *** (5.68)	0.015 5 *** (4.41)	-0.003 6 * (-1.90)
BM		-0.057 8 *** (-26.03)	-0.026 9 *** (-9.19)	-0.022 1 *** (-6.17)	0.003 1 (1.53)
MOMENTUM			-0.039 4 *** (-16.44)	-0.051 9 *** (-16.12)	-0.001 2 (-0.72)
TURNOVER			-0.005 6 ** (-2.18)	-0.010 5 *** (-3.18)	-0.004 9 *** (-2.88)
PRICE			0.081 5 *** (27.95)	0.082 5 *** (23.60)	0.032 9 *** (16.55)
BETA			0.007 2 *** (3.18)	0.001 8 (0.62)	0.003 4 ** (2.20)
Constant	-0.008 9 (-1.57)	0.008 2 (1.56)	-0.019 9 *** (-3.05)	-0.009 9 (-1.13)	-0.010 6 ** (-2.36)
Year-Quarter	Yes	Yes	Yes	Yes	Yes
Industry	Yes	Yes	Yes	Yes	Yes
Observations	66 556	66 556	66 556	66 556	66 556
R-squared	0.026	0.038	0.057	0.052	0.021

注：（1）***、** 和 * 分别表示在 1%、5% 和 10% 水平上显著；（2）括号中为 t 值。

此外，根据表 8 - 4 中的结果，媒体报道主要作用于盈余公告前时间窗口（ -60, -30）的股票市场回报，为此，本书进一步区分盈余公告前时间窗口，分别对 CAR(-60, -30) 和 CAR(-30, -2) 进行回归，结果如列（4）～列（5）所示。SUE × PREMEDIA 的系数只在列（4）中显著，这一结果与表 8 - 4 中的结果一致，这里不再赘述。

8.4.3 媒体报道、公司信息环境与盈余公告前的股价漂移

本部分进一步区分公司所处信息环境研究媒体报道对盈余公告前股价漂移的影响。具体地，本书使用会计信息透明度和分析师报告数量衡量公司信

息环境。方和佩雷斯（Fang and Peress，2009）认为，企业信息透明度较低和分析师分析报告较少，新闻媒体更能体现信息中介的重要性。

参照第 5 章的做法，本书采用前一季度的盈余管理程度衡量公司信息透明度（OPAQUE），具体算法见第 5 章的变量定义部分，进一步地，在每个季度根据 OPAQUE 的中位数划分高低组：若公司盈余管理程度高于季度中位数，则为信息不透明度较高的公司（HighOPA），即透明度较低；若公司盈余管理程度低于季度中位数，则公司信息透明度较高（LowOPA），信息环境较好。表 8-7 报告了信息透明度的调节效应。其中，SUE × PREMEDIA 的系数只在信息透明度较低的时候［列（1）］显著为正，在信息透明度较高时尽管为正但不显著。当因变量为 CAR(-60，-30) 时结果类似。上述结果表明，当上市公司的信息环境较差时，媒体报道的信息传递的边际效应更强，此时媒体报道可以发挥替代性作用为投资者提供公司价值相关的信息。

表 8-7　　　　　　**媒体报道、信息环境与盈余公告前的股价漂移**

变量	CAR(-60，-2)		CAR(-60，-30)		CAR(-30，-2)	
	HighQPA	LowQPA	HighQPA	LowQPA	HighQPA	LowQPA
	(1)	(2)	(3)	(4)	(5)	(6)
SUE	0.046 ***	0.050 ***	0.078 ***	0.078 ***	0.032 ***	0.033 ***
	(10.89)	(11.43)	(13.84)	(13.61)	(10.66)	(10.20)
SUE × PREMEDIA	0.022 ***	0.007	0.017 *	0.005	-0.001	-0.005
	(2.92)	(0.83)	(1.79)	(0.52)	(-0.24)	(-0.90)
PREMEDIA	0.023 ***	0.025 ***	0.016 ***	0.023 ***	0.008 ***	0.014 ***
	(7.77)	(8.14)	(4.34)	(6.21)	(4.03)	(6.01)
SIZE	0.015 ***	0.017 ***	0.019 ***	0.011 **	-0.004 *	-0.003
	(4.05)	(4.37)	(4.15)	(2.18)	(-1.73)	(-1.08)
BM	-0.025 ***	-0.029 ***	-0.023 ***	-0.021 ***	0.005 *	0.001
	(-6.55)	(-7.00)	(-4.80)	(-4.22)	(1.74)	(0.48)
MOMENTUM	-0.043 ***	-0.035 ***	-0.054 ***	-0.050 ***	-0.002	0.000
	(-13.58)	(-10.51)	(-13.05)	(-11.47)	(-1.12)	(0.09)
TURNOVER	-0.005	-0.006 *	-0.008 *	-0.013 ***	-0.005 **	-0.005 *
	(-1.52)	(-1.65)	(-1.92)	(-2.85)	(-2.25)	(-1.83)

续表

变量	CAR(−60, −2)		CAR(−60, −30)		CAR(−30, −2)	
	HighQPA	LowQPA	HighQPA	LowQPA	HighQPA	LowQPA
	（1）	（2）	（3）	（4）	（5）	（6）
PRICE	0. 089 ***	0. 073 ***	0. 085 ***	0. 080 ***	0. 036 ***	0. 029 ***
	（23. 21）	（18. 76）	（17. 75）	（16. 84）	（13. 83）	（10. 26）
BETA	0. 010 ***	0. 004	0. 004	− 0. 000	0. 004 **	0. 002
	（3. 36）	（1. 14）	（0. 96）	（ − 0. 06）	（2. 09）	（0. 98）
Constant	− 0. 028 ***	− 0. 010	− 0. 021 **	0. 006	− 0. 012 **	− 0. 010
	（ − 3. 56）	（ − 0. 93）	（ − 2. 12）	（0. 43）	（ − 2. 04）	（ − 1. 39）
Year-Quarter/ Industry	Yes	Yes	Yes	Yes	Yes	Yes
Observations	36 086	30 470	36 086	30 470	36 086	30 470
R-squared	0. 062	0. 054	0. 055	0. 051	0. 023	0. 022

注：（1） *** 、 ** 和 * 分别表示在1% 、5% 和10% 水平上显著；（2） 括号中为 t 值。

表 8 - 8 报告了分析师跟踪对媒体报道与盈余公告前股价漂移的影响结果。由于我国分析师队伍建设相对落后，分析师一般只对年度盈余进行预测，很少预测公司的季度业绩，因此，本书选取上一年的分析师研究报告数量衡量①（ANALYST） 分析跟踪的调节效应。具体地，我们根据每个季度分析师报告数量的中位数划分高低组（HighANA 和 LowANA） 分组进行回归。表 8 - 8 中的结果显示，SUE × PREMEDIA 的系数只在分析师跟踪较少的公司显著为正，在分析师跟踪较多的公司为正但不显著。当因变量为CAR(−60, −30) 时也显示在分析师跟踪较少的公司交乘项的系数为正（ P 值为 0. 11）。上述结果表明，媒体报道与分析师报告具有一定的替代作用，当公司分析师跟踪较少时，媒体关注可以作为一种替代信息渠道给投资者提供价值相关的信息。

————————

① 文献大多使用分析师跟踪人数衡量分析师的影响，然而，分析师可能在同一年内发布多份公司盈利的预测报告，分析师研究报告较多表明分析师更加活跃，分析师及时更新公司盈预测也能给投资者提供更加精确的信息，因此，本书使用分析师研究报告的数量衡量分析师对媒体的影响。此外，本书使用分析师跟踪人数进行回归分析的结果基本一致。

表 8 - 8   媒体报道、分析师跟踪与盈余公告前的股价漂移

变量	CAR(-60, -2)		CAR(-60, -30)		CAR(-30, -2)	
	LowANA	HighANA	LowANA	HighANA	LowANA	HighANA
	（1）	（2）	（3）	（4）	（5）	（6）
SUE	0.038 ***	0.058 ***	0.065 ***	0.099 ***	0.029 ***	0.036 ***
	（9.56）	（11.62）	（12.40）	（14.95）	（9.97）	（9.76）
SUE × PREMEDIA	0.021 ***	0.003	0.016	-0.008	-0.000	-0.007
	（2.64）	（0.42）	（1.57）	（-0.81）	（-0.00）	（-1.28）
PREMEDIA	0.031 ***	0.025 ***	0.022 ***	0.024 ***	0.013 ***	0.012 ***
	（9.99）	（8.36）	（5.74）	（6.43）	（6.08）	（5.78）
SIZE	0.044 ***	0.025 ***	0.043 ***	0.016 ***	0.007 **	-0.000
	（10.91）	（5.81）	（8.60）	（2.87）	（2.54）	（-0.06）
BM	-0.033 ***	-0.026 ***	-0.019 ***	-0.034 ***	0.000	0.004
	（-8.27）	（-6.08）	（-3.93）	（-6.42）	（0.18）	（1.21）
MOMENTUM	-0.057 ***	-0.033 ***	-0.069 ***	-0.043 ***	-0.007 ***	-0.001
	（-16.22）	（-9.90）	（-15.35）	（-9.63）	（-2.73）	（-0.28）
TURNOVER	-0.027 ***	0.011 ***	-0.029 ***	0.004	-0.018 ***	0.007 ***
	（-7.62）	（2.84）	（-6.42）	（0.87）	（-7.98）	（2.68）
PRICE	0.110 ***	0.077 ***	0.111 ***	0.068 ***	0.042 ***	0.033 ***
	（26.42）	（18.64）	（22.11）	（13.60）	（14.54）	（11.89）
BETA	0.007 **	0.001	0.007 *	-0.009 **	0.005 **	-0.000
	（2.15）	（0.34）	（1.71）	（-2.22）	（2.40）	（-0.18）
Constant	-0.025 ***	-0.033 ***	-0.023 **	-0.001	-0.010 *	-0.016 **
	（-2.95）	（-2.93）	（-1.98）	（-0.05）	（-1.77）	（-2.17）
Year-Quarter	Yes	Yes	Yes	Yes	Yes	Yes
Industry	Yes	Yes	Yes	Yes	Yes	Yes
Observations	35 676	30 880	35 676	30 880	35 676	30 880
R-squared	0.074	0.064	0.060	0.060	0.027	0.028

注：（1） *** 、** 和 * 分别表示在1%、5%和10%水平上显著；（2）括号中为 t 值。

8.4.4　媒体报道、投资者结构与盈余公告前的股价漂移

表 8 - 9 报告了机构投资者持股如何影响媒体报道与盈余公告前股价漂移之间的关系。本书以上一季度末的机构投资者持股比例衡量上市公司受到机构投资者的影响程度，根据每个季度的机构投资者持股比例中位数划分高低组进行分组回归。列（1）中 SUE × PREMEDIA 的系数为 0.028 且在 1% 水平显著为正，列（2）中 SUE × PREMEDIA 的系数为负但不显著；当因变量为 CAR(- 60, - 30) 时结果基本类似。当机构投资者持股比例较低时，公司股票可能更多地被散户投资者所持有，此时，媒体报道的信息传递作用对于散户投资者显得更加重要。因此，相比机构持股较高的公司，媒体报道在机构持股较低的公司导致更大幅度的盈余公告前股价漂移，支持了假设 H8 - 4。

表 8 - 9　　媒体报道、机构投资者持股与盈余公告前的股价漂移

变量	CAR(- 60, - 2)		CAR(- 60, - 30)		CAR(- 30, - 2)	
	LowINST	HighINST	LowINST	HighINST	LowINST	HighINST
	(1)	(2)	(3)	(4)	(5)	(6)
SUE	0.037 *** (9.52)	0.062 *** (11.99)	0.062 *** (12.10)	0.103 *** (15.16)	0.024 *** (8.66)	0.044 *** (11.68)
SUE × PREMEDIA	0.028 *** (3.76)	- 0.002 (- 0.25)	0.023 ** (2.52)	- 0.012 (- 1.17)	0.009 * (1.71)	- 0.019 *** (- 3.27)
PREMEDIA	0.029 *** (9.73)	0.023 *** (7.32)	0.024 *** (6.19)	0.020 *** (5.13)	0.014 *** (6.42)	0.010 *** (4.75)
SIZE	0.031 *** (7.98)	0.026 *** (6.04)	0.027 *** (5.55)	0.024 *** (4.48)	0.002 (0.63)	- 0.002 (- 0.54)
BM	- 0.034 *** (- 8.48)	- 0.038 *** (- 6.32)	- 0.017 *** (- 3.54)	- 0.037 *** (- 6.87)	0.002 (0.54)	0.001 (0.46)
MOMENTUM	- 0.042 *** (- 12.69)	- 0.038 *** (- 11.12)	- 0.059 *** (- 13.63)	- 0.048 *** (- 10.57)	- 0.003 (- 1.30)	- 0.001 (- 0.26)
TURNOVER	- 0.030 *** (- 8.88)	0.014 *** (3.60)	- 0.032 *** (- 7.34)	0.008 (1.61)	- 0.017 *** (- 7.15)	0.006 ** (2.16)
PRICE	0.102 *** (23.81)	0.094 *** (21.47)	0.102 *** (20.15)	0.089 *** (16.60)	0.038 *** (12.98)	0.039 *** (13.46)

续表

变量	CAR(-60, -2)		CAR(-60, -30)		CAR(-30, -2)	
	LowINST	HighINST	LowINST	HighINST	LowINST	HighINST
	(1)	(2)	(3)	(4)	(5)	(6)
BETA	0.003	0.007**	0.001	-0.001	0.003	0.002
	(0.86)	(2.14)	(0.17)	(-0.27)	(1.56)	(0.82)
Constant	-0.019**	-0.026*	-0.010	-0.002	-0.008	-0.012
	(-2.40)	(-1.69)	(-1.01)	(-0.14)	(-1.39)	(-1.19)
Year-Quarter	Yes	Yes	Yes	Yes	Yes	Yes
Industry	Yes	Yes	Yes	Yes	Yes	Yes
Observations	34 482	32 074	34 482	32 074	34 482	32 074
R-squared	0.072	0.067	0.058	0.065	0.027	0.030

注:(1) ***、**和*分别表示在1%、5%和10%水平上显著;(2) 括号中为t值。

8.4.5 稳健性分析

本书采用以下一系列稳健性检验确保研究结论的可靠性。

8.4.5.1 考虑媒体报道的语调

采用文本情感判断方法可以识别新闻报道的语气,从而捕捉上市公司"好消息"和"坏消息"。如果盈余公告前的媒体报道更加正面,预示着公司经营情况较好,即更可能公告较高的业绩;相反,若盈余公告前的媒体报道比较负面,则媒体报道可能揭示了公司经营状况不佳的风险,公司后续可能发布较差的业绩。表8-5的结果支持了这一论断。为此,本书进一步区分正面和负面的媒体报道,然后区分未预期盈余是"好消息"还是"坏消息",借鉴路易斯和孙(Louis and Sun, 2011)的做法采用以下模型进行研究:

$$\begin{aligned}
PRERET = &\alpha_0 + \alpha_1 SUE5 + \alpha_2 SUE1 + \alpha_3 SUE5 \times HighMEDIA\_POS \\
&+ \alpha_4 SUE1 \times HighMEDIA\_NEG + \alpha_5 SIZE + \alpha_6 BM \\
&+ \alpha_7 MOMENTUM + \alpha_8 TURNOVER + \alpha_9 PRICE \\
&+ \alpha_{10} BETA + \varepsilon
\end{aligned} \qquad (8-5)$$

其中，SUE5 为未预期盈余最高的 30% 的公司，即若某一上市公司的未预期盈余高于 70% 分位数则为 1，否则为 0；SUE1 为未预期盈余最低的 30% 的公司，若某一上市公司的未预期盈余低于 30% 分位数则为 1，否则为 0。HighMEDIA_POS 表示媒体正面报道数量较多的公司，若某一上市公司的正面报道数量高于季度行业中位数为 1，否则为 0；HighMEDIA_NEG 表示媒体负面报道数量较多的公司，若某一上市公司的负面报道数量高于季度行业中位数为 1，否则为 0。

表 8 - 10 报告了模型 (8 - 5) 的回归结果。可以看到，SUE5 × HighMEDIA_POS 的系数在列 (1) ~ 列 (5) 均在 1% 水平上显著为正，表明盈余公告前的媒体正面报道加速了利好消息融入股票价格的速度；SUE1 × HighMEDIA_NEG 的系数在列 (3) 中尽管为负但不显著，只有当因变量为 CAR(-60, -30) 时才在 10% 水平上显著为负，表明盈余公告前的媒体负面报道对利差消息的影响较弱，只在盈余公告前时间窗口 (-60, -30) 比较显著。这一结果与我国的制度背景有关。由于我国融资融券门槛或交易成本较高，缺乏真正的做空机制，投资者往往只有在推动股价上涨过程中才能直接获益（游家兴和吴静，2012）。因此，投资者更容易受到媒体正面报道的鼓舞，更易推动股价上扬；相反，若媒体报道较多的负面新闻将导致投资者悲观情绪，投资者卖空限制的情况下对股票的交易不太活跃因而影响较弱。张圣平等（2014）基于盈余公告后漂移的研究也发现，媒体报道主要加快了利好消息的融入而对利空消息作用不太明显。

表 8 - 10　媒体报道与盈余公告前的股价漂移：区分正面与负面新闻

变量	(1) CAR(-60, -2)	(2) CAR(-60, -2)	(3) CAR(-60, -2)	(4) CAR(-60, -30)	(5) CAR(-30, -2)
SUE5	0.009 *** (4.65)	0.015 *** (8.01)	0.017 *** (8.78)	0.031 *** (12.69)	0.014 *** (10.28)
SUE1	-0.029 *** (-15.32)	-0.021 *** (-11.40)	-0.018 *** (-9.80)	-0.028 *** (-11.84)	-0.009 *** (-6.96)
SUE5 × HighMEDIA_POS	0.026 *** (10.95)	0.019 *** (8.15)	0.018 *** (7.98)	0.014 *** (4.94)	0.006 *** (3.47)
SUE1 × HighMEDIA_NEG	0.002 (0.99)	-0.002 (-0.89)	-0.002 (-0.88)	-0.005 * (-1.72)	0.000 (0.13)

续表

变量	(1) CAR(-60, -2)	(2) CAR(-60, -2)	(3) CAR(-60, -2)	(4) CAR(-60, -30)	(5) CAR(-30, -2)
SIZE		0.040 *** (17.78)	0.023 *** (8.73)	0.022 *** (6.49)	-0.000 (-0.15)
BM		-0.059 *** (-26.41)	-0.028 *** (-9.48)	-0.023 *** (-6.34)	0.002 (1.17)
MOMENTUM			-0.039 *** (-16.33)	-0.051 *** (-15.93)	-0.001 (-0.63)
TURNOVER			-0.006 ** (-2.42)	-0.011 *** (-3.44)	-0.005 *** (-3.14)
PRICE			0.082 *** (28.54)	0.084 *** (24.04)	0.034 *** (16.99)
BETA			0.007 *** (2.92)	0.001 (0.49)	0.003 ** (2.09)
Constant	0.007 (1.18)	0.014 *** (2.74)	-0.015 ** (-2.34)	-0.008 (-0.93)	-0.010 ** (-2.30)
Year-Quarter	Yes	Yes	Yes	Yes	Yes
Industry	Yes	Yes	Yes	Yes	Yes
Observations	66 556	66 556	66 556	66 556	66 556
R-squared	0.021	0.035	0.054	0.050	0.020

注:(1) ***、** 和 * 分别表示在1%、5% 和10% 水平上显著;(2) 括号中为 t 值。

8.4.5.2 采用 Fama-MacBeth 模型进行回归

混合面板回归一般假设样本之间相互独立,否则可能导致回归的 t 统计量高估(Mendenhall, 2004),为此,本书分别以每个季度进行截面回归,然后取各个季度回归系数的均值后对其显著性进行检验,即 Fama-MacBeth 回归模型(Fama and MacBeth, 1973),同时采用经 Newey-West 调整的 t 统计量以控制异方差的自相关性,结果如表 8 – 11 中的列(1)~列(3)所示。其中,SUE × PREMEDIA 的系数仍至少在 5% 水平上显著为正,表明本书基本结论的稳健性。

8.4.5.3　采用其他回归模型

本书参照相关文献（Hirshleifer et al., 2009；Chung and Hrazdil, 2011）的做法，在回归中进一步控制 SUE 与其他控制变量的交乘项以控制这些变量对盈余漂移的影响，结果如表 8 - 11 中的列（4）~ 列（5）所示，基本回归结果保持不变。

表 8 - 11　　　　　　　　　稳健性分析——替换模型

变量	CAR（-60，-2）				
	Fama-MacBeth			OLS	
	（1）	（2）	（3）	（4）	（5）
SUE	0.063 6 *** (7.40)	0.061 0 *** (7.64)	0.057 4 *** (8.00)	0.050 7 *** (12.96)	0.036 7 *** (4.12)
SUE × PREMEDIA	0.015 3 ** (2.39)	0.014 8 ** (2.28)	0.016 5 *** (2.97)	0.018 5 *** (2.98)	0.016 8 *** (2.70)
PREMEDIA	0.029 0 *** (5.81)	0.022 2 *** (4.48)	0.020 6 *** (5.17)	0.023 9 *** (10.73)	0.023 8 *** (10.69)
SIZE		0.028 3 *** (7.03)	0.016 9 *** (2.75)	0.015 8 *** (5.66)	0.015 5 *** (5.55)
BM		-0.061 5 *** (-10.81)	-0.036 4 *** (-4.32)	-0.026 9 *** (-9.19)	-0.027 0 *** (-9.22)
MOMENTUM			-0.044 6 *** (-4.75)	-0.039 3 *** (-16.41)	-0.040 2 *** (-16.77)
TURNOVER			-0.000 1 (-0.01)	-0.005 5 ** (-2.17)	-0.005 3 ** (-2.09)
PRICE			0.086 0 *** (6.73)	0.081 5 *** (27.94)	0.081 4 *** (27.84)
BETA			0.011 8 (1.60)	0.007 1 *** (3.15)	0.006 9 *** (3.04)
SUE × SIZE				-0.008 6 (-1.27)	-0.009 9 (-1.27)
SUE × BM					0.000 4 (0.05)

续表

变量	CAR(-60, -2)				
	Fama-MacBeth			OLS	
	(1)	(2)	(3)	(4)	(5)
SUE × MOMENTUM					-0.001 0 (-1.50)
SUE × TURNOVER					0.001 6 (0.23)
SUE × PRICE					0.052 0 *** (6.65)
SUE × BETA					-0.007 6 (-1.24)
Constant	-0.008 9 *** (-3.14)	0.010 6 *** (2.83)	-0.022 1 ** (-2.54)	-0.019 8 *** (-3.03)	-0.019 3 *** (-2.95)
Year-Quarter	—	—	—	Yes	Yes
Industry	—	—	—	Yes	Yes
Observations	66 556	66 556	66 556	66 556	66 556
R-squared	0.032	0.051	0.109	0.057	0.058

注：（1）***、** 和 * 分别表示在 1%、5% 和 10% 水平上显著；（2）括号中为 t 值。

8.4.5.4 采用地区传媒发展指数衡量企业信息环境

由于公司媒体报道可能受到公司某些特征变量（如分析师跟踪人数和机构持股大小）的影响，本书采用地区传媒发展指数衡量公司信息环境进行分析。若上市公司所处的地区传媒发展较好，则公司信息环境可能较强，反之则较弱。具体地，本书采用中国人民大学发布的《中国传媒发展指数报告》（2009~2014 年）中的地区媒介环境指数，根据季度中位数划分地区传媒发展指数高组（HighMDI）和地区传媒发展指数低组（LowMDI），分组回归的结果如表 8-12 所示①。其中，SUE × PREMEDIA 的系数只在地区传媒发展较弱的公司在 1% 水平显著为正 [列（2）和列（4）]，当公司所处地区的传媒

---

① 由于中国传媒发展指数数据时间范围为 2009~2014 年，表 8-12 中的回归样本也只包括这一区间，故回归样本减少为 33 871 个。

发展较强时，媒体报道的作用弱化。这一结果与前面基于分析师跟踪或公司信息透明度的结果类似。

表 8 - 12　　　　媒体报道、地区传媒发展与盈余公告前的股价漂移

变量	CAR(-60, -2)		CAR(-60, -30)		CAR(-30, -2)	
	HighMDI	LowMDI	HighMDI	LowMDI	HighMDI	LowMDI
	(1)	(2)	(3)	(4)	(5)	(6)
SUE	0.044 ***	0.034 ***	0.077 ***	0.057 ***	0.022 ***	0.023 ***
	(6.82)	(6.33)	(9.43)	(7.72)	(4.75)	(5.90)
SUE × PREMEDIA	0.011	0.025 ***	0.014	0.036 ***	0.007	0.004
	(1.01)	(2.60)	(0.97)	(2.86)	(0.86)	(0.57)
PREMEDIA	0.037 ***	0.032 ***	0.037 ***	0.023 ***	0.017 ***	0.017 ***
	(8.26)	(7.99)	(6.61)	(4.66)	(5.61)	(6.05)
SIZE	0.012 **	0.006	0.012	0.006	- 0.007 *	- 0.005
	(2.04)	(1.17)	(1.52)	(0.82)	(-1.72)	(-1.42)
BM	- 0.027 ***	- 0.024 ***	- 0.030 ***	- 0.021 ***	- 0.001	- 0.002
	(-4.38)	(-4.53)	(-3.90)	(-3.11)	(-0.34)	(-0.64)
MOMENTUM	- 0.043 ***	- 0.042 ***	- 0.054 ***	- 0.063 ***	- 0.011 ***	- 0.015 ***
	(-9.33)	(-9.92)	(-8.79)	(-11.20)	(-3.38)	(-5.28)
TURNOVER	- 0.006	- 0.004	- 0.014 **	- 0.008	- 0.012 ***	- 0.009 ***
	(-1.09)	(-0.92)	(-1.97)	(-1.33)	(-3.11)	(-2.81)
PRICE	0.078 ***	0.076 ***	0.075 ***	0.082 ***	0.026 ***	0.024 ***
	(12.89)	(14.53)	(10.23)	(12.45)	(6.38)	(7.37)
BETA	0.020 ***	- 0.000	0.014 **	- 0.011 **	0.009 ***	0.003
	(4.32)	(-0.04)	(2.30)	(-2.08)	(2.89)	(1.13)
Constant	- 0.016	- 0.045 ***	0.014	- 0.023	- 0.010	- 0.014 *
	(-1.00)	(-3.97)	(0.72)	(-1.43)	(-0.84)	(-1.67)
Year-Quarter	Yes	Yes	Yes	Yes	Yes	Yes
Industry	Yes	Yes	Yes	Yes	Yes	Yes
Observations	14 801	19 070	14 801	19 070	14 801	19 070
R-squared	0.070	0.067	0.069	0.061	0.026	0.027

注：（1）***、**和*分别表示在1%、5%和10%水平上显著；（2）括号中为 t 值。

8.4.5.5　剔除媒体之间相互转载的新闻报道

媒体之间可能对同一篇新闻报道进行转载，转载量越多表示上市公司受到不同媒体的关注度较高，且不同媒体的转载可以使更多的读者接收相关的信息。尽管如此，本书在稳健性分析只保留原创性的新闻报道重新进行回归分析，结果如表 8 - 13 所示。我们依然发现，媒体原创性报道更多的公司，盈余公告前的股价漂移相对媒体原创性报道较少的公司更大。

表 8 - 13　　　　　　稳健性分析——只使用原创性媒体报道

变量	CAR(-60, -2)			
	OLS			Fama-MacBeth
	(1)	(2)	(3)	(4)
SUE	0.055 6 ***	0.049 8 ***	0.037 9 ***	0.059 1 ***
	(17.63)	(16.02)	(4.25)	(7.84)
SUE × PREMEDIA	0.009 9 *	0.011 4 **	0.011 9 *	0.013 2 **
	(1.78)	(2.08)	(1.95)	(2.31)
PREMEDIA	0.029 5 ***	0.020 2 ***	0.020 1 ***	0.017 1 ***
	(14.50)	(9.33)	(9.28)	(4.47)
SIZE		0.017 8 ***	0.017 5 ***	0.018 9 ***
		(6.49)	(6.37)	(3.03)
BM		- 0.027 0 ***	- 0.027 0 ***	- 0.036 4 ***
		(-9.23)	(-9.25)	(-4.30)
MOMENTUM		- 0.039 3 ***	- 0.040 1 ***	- 0.044 5 ***
		(-16.38)	(-16.72)	(-4.74)
TURNOVER		- 0.005 6 **	- 0.005 4 **	- 0.000 1
		(-2.20)	(-2.11)	(-0.01)
PRICE		0.081 7 ***	0.081 5 ***	0.085 9 ***
		(28.08)	(27.96)	(6.73)
BETA		0.007 0 ***	0.006 7 ***	0.011 6
		(3.09)	(2.95)	(1.58)
SUE × SIZE			- 0.007 5	
			(-0.96)	
SUE × BM			0.000 6	
			(0.07)	
SUE × MOMENTUM			- 0.009 6	
			(-1.44)	

变量	CAR(−60, −2)			
	OLS			Fama-MacBeth
	(1)	(2)	(3)	(4)
SUE × TURNOVER			0.001 5 (0.21)	
SUE × PRICE			0.052 0 *** (6.65)	
SUE × BETA			− 0.007 8 (−1.28)	
Constant	− 0.007 3 (−1.28)	− 0.018 9 *** (−2.91)	− 0.018 3 *** (−2.81)	− 0.021 3 ** (−2.48)
Year-Quarter	Yes	Yes	Yes	—
Industry	Yes	Yes	Yes	—
Observations	66 556	66 556	66 556	66 556
R-squared	0.025	0.056	0.057	0.108

注：（1）*** 、** 和 * 分别表示在 1% 、5% 和 10% 水平上显著；（2）括号中为 t 值。

8.5　进一步分析：媒体报道与盈余公告后的股价漂移

　　本部分内容考察盈余公告前的媒体报道是否影响盈余公告后的股价漂移。已有研究发现（Peress，2008；张圣平等，2014），上市公司公告盈余之后，较多的媒体报道有助于加速盈余信息融入公司股价，从而降低盈余公告后的股价漂移，这表明媒体报道提高了股票价格的定价效率。例如，佩雷斯（Peress，2008）的研究发现，盈余公告之后两个交易日内较多的媒体报道能够引导投资者对公司股票的注意力，使盈余公告之后两个交易日内公司股票回报率更高，而盈余公告后 70 个交易日的累积超额回报率较低，即盈余公告后的股价漂移较低。这一结果在个人投资者持股较高和分析师跟踪较少的情况下更显著。张圣平等（2014）基于我国的数据发现了类似的结果，但作者进一步发现，盈余公告后两天的媒体报道在机构投资者持股更高和分析师跟踪较多的情况下更显著，这一发现与国外研究不同。

　　与上述研究不同，本书研究盈余公告之前窗口的媒体报道对盈余公告后股价漂移的影响。重要区别在于，盈余公告后的媒体报道理论上不包含任何新的信息，只是对公司披露的盈余信息进行传播（张圣平等，2014）；而盈余公告前的媒体报道可能包括了新闻工作者的信息挖掘成果，具有一定的信息含量，可以帮助投资者在盈余公告前形成关于公司盈利前景的预期。若盈余公告前的媒体报道使公司股价在盈余公告前已经对即将公告的未预期盈余信息大部分反应完毕，则盈余公告后股价将不再对公司盈余信息做出反应。

　　图 8-3 描述了盈余公告前媒体报道高低组公司在盈余公告后 60 个交易日的累积超额收益率均值及 95% 置信区间。可以直观地看到，盈余公告前媒体报道较多的公司，其利好消息基本已经融入股价，盈余公告后的股票超额收益率基本不显著异于 0；对于媒体关注较低的公司，发布利好消息的公司盈余公告后股价显著异于 0 且持续往上漂移。然而，对于发布利空消息的股票，媒体关注高低对盈余公告后漂移的影响较弱。因此，盈余公告前的媒体报道加速了利好消息融入股价的效率，提高了股票的定价消息。

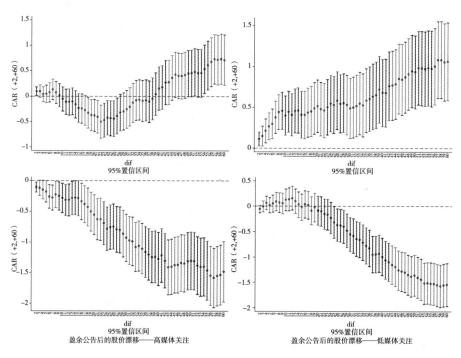

盈余公告后的股价漂移——高媒体关注　　　　　　盈余公告后的股价漂移——低媒体关注

图 8-3　盈余公告后 60 个交易日的股价漂移：区分媒体报道高低

根据图 8 - 3 中的初步结果，本书构造以下回归模型进一步进行实证检验：

$$
\begin{aligned}
POSTRET = {} & \alpha_0 + \alpha_1 SUE5 + \alpha_2 SUE1 + \alpha_3 SUE5 \times PREMEDIA \\
& + \alpha_4 SUE1 \times PREMEDIA + \alpha_5 SIZE + \alpha_6 BM \\
& + \alpha_7 MOMENTUM + \alpha_8 TURNOVER \\
& + \alpha_9 PRICE + \alpha_{10} BETA + \varepsilon
\end{aligned} \tag{8-6}
$$

其中，POSTRET 表示盈余公告后的股票累积超额收益率，本书使用盈余公告后第 2 个交易日至第 60 个交易日的累积超额回报率 CAR(+2, +60) 进行衡量。其他变量的定义如前所述。

表 8 - 14 报告了盈余公告前的媒体报道对盈余公告后股价漂移的影响。结果显示，盈余公告前的媒体报道的确加速了利好信息融入股价的速度：在盈余公告日附近 [因变量为 CAR(-1, +1) 时]，SUE5 × PREMEDIA 的系数在 10% 水平上显著为正；当因变量为 CAR(+2, +30) 和 CAR(+2, +60) 时，SUE5 × PREMEDIA 的系数均显著为负。这些结果表明，盈余公告前的媒体报道一定程度上降低了利好消息的股票价格漂移幅度。然而，盈余公告前的媒体报道对利空消息的影响较弱，列（1）~列（2）中 SUE1 × PREMEDIA 的系数为负且不显著；在盈余公告后的前 30 个交易日内，盈余公告前的媒体报道甚至使利空消息的股票向下漂移的幅度更大。因此，盈余公告前的媒体报道对盈余公告后的股价漂移的影响取决于未预期盈余的方向。

表 8 - 14　　　　媒体报道、盈余公告前漂移与盈余公告后股价漂移

变量	(1) CAR(-1, +1)	(2) CAR(+2, +60)	(3) CAR(+2, +30)	(4) CAR(+30, +60)
SUE5	0.007 0 *** (10.24)	0.015 5 *** (6.55)	0.008 0 *** (4.95)	0.007 4 *** (4.40)
SUE1	-0.004 9 *** (-7.56)	-0.010 9 *** (-4.93)	-0.003 2 ** (-2.09)	-0.007 4 *** (-4.53)
SUE5 × PREMEDIA	0.001 9 * (1.87)	-0.006 6 * (-1.90)	-0.008 3 *** (-3.48)	0.001 4 (0.57)
SUE1 × PREMEDIA	-0.000 9 (-0.88)	-0.001 4 (-0.40)	-0.005 7 ** (-2.46)	0.003 4 (1.39)

续表

变量	（1） CAR(-1, +1)	（2） CAR(+2, +60)	（3） CAR(+2, +30)	（4） CAR(+30, +60)
SIZE	0.000 7 (0.90)	-0.003 0 (-1.11)	-0.000 5 (-0.29)	-0.001 3 (-0.68)
BM	-0.000 5 (-0.58)	0.015 1 *** (5.19)	0.005 7 *** (2.85)	0.008 9 *** (4.47)
MOMENTUM	-0.002 1 *** (-3.20)	-0.010 7 *** (-4.52)	-0.009 1 *** (-5.69)	-0.001 1 (-0.66)
TURNOVER	-0.003 0 *** (-4.39)	-0.006 1 ** (-2.50)	-0.002 0 (-1.19)	-0.003 9 ** (-2.34)
PRICE	0.001 0 (1.26)	0.020 0 *** (7.12)	0.000 3 (0.14)	0.019 4 *** (10.00)
BETA	-0.002 4 *** (-3.88)	-0.008 6 *** (-3.89)	-0.003 0 ** (-2.00)	-0.005 9 *** (-3.85)
Constant	0.003 3 * (1.90)	0.000 2 (0.03)	0.003 3 (0.74)	-0.002 4 (-0.45)
Year-Quarter/Industry	Yes	Yes	Yes	Yes
Observations	66 556	66 556	66 556	66 556
R-squared	0.019	0.017	0.013	0.013

注：（1） *** 、 ** 和 * 分别表示在1%、5%和10%水平上显著；（2）括号中为 t 值。

8.6　本章小结

媒体关注在公司治理和资本资产定价领域发挥的作用越来越受到学者的关注。然而，关于媒体治理的研究结论仍存在一定的分歧。

本章从媒体信息传播的视角，研究盈余公告前的媒体报道是否及如何影响盈余公告前的股价漂移。以 2002 年第一季度至 2016 年第四季度我国 A 股上市公司发布的季度盈余公告为研究对象，研究发现：第一，盈余公告前的媒体报道具有一定的信息含量，能够有效预测公司未来的盈利情况。盈余公告前媒体报道越正面，公司更可能发布较高的未预期盈余；盈余公告前的媒体报道越负面，公司更可能发布较低的未预期盈余。第二，相对于媒体报道较少的公司，盈余公告前媒体报道较多的公司具有更大幅度的盈余公告前股价漂移，表明盈余公告前的媒体报道使投资者得以先于公司盈余公告之前形成公司盈利前景的预期，投资者可能提前做出股票投资决策从而导致盈余公告前的股价漂移。第三，公司信息环境对媒体报道的信息传播效应具有重要的影响。具体地，在公司信息透明度较低、分析师报告较少的情况下，盈余公告前的媒体报道与股价漂移的正向关系更强。此外，投资者结构也对媒体报道的作用具有一定的影响：相对于机构持股较高的公司，盈余公告前的媒体报道在机构持股较低的公司更能促进盈余公告前的股价漂移。第四，盈余公告前的媒体报道与盈余公告后的股价漂移之间的关系取决于未预期盈余的方向：盈余公告前的媒体报道加速了股票价格对利好消息的反应速度，而对利空消息的反应不太明显。

本书研究支持了媒体报道的信息媒介作用，盈余公告前较多的媒体报道加速了公司盈余信息融入股票价格的速率，一定程度上解释了盈余公告前的股价漂移现象。为了更好地发挥媒体信息传播功能，监管层在媒体发展过程中应强调媒体报道的独立性，避免媒体有偏报道对投资者信任和资本市场发展的不利影响。

第9章　研究结论与启示

本章将对全书研究进行总结。首先对主要的研究结论进行归纳总结，具体分为理论分析和实证研究两个部分；其次讨论本书研究结论的一些启示，主要从学术研究和政策完善两个方面进行分析；最后指出本书研究存在的局限，并简单讨论未来的研究方向。

9.1　研究结论

本书研究中国上市公司盈余公告前股价漂移的形成机理。通过文献分析和现状描述，识别和比较中国上市公司盈余公告前与盈余公告后股价漂移的形态差异；通过理论分析盈余公告前股价漂移的形成机理，并进一步通过实证研究对盈余公告前股价漂移的形成机理进行检验。本书在理论分析和实证研究两个方面分别得出以下研究结论。

9.1.1　理论分析方面

首先，对于盈余公告后股价漂移的文献综述方面，本书尝试基于有效市场理论和行为金融理论的统一分析框架进行梳理，指出现有关于盈余公告后股价漂移的研究主要沿着"有效市场理论——行为金融理论"展开，行为金融理论逐步放宽有效市场理论的三个重要假设（信息充分披露假设、理性人假设和无套利限制假设）对盈余公告后股价漂移进行解释和检验。

其次，基于我国理解盈余漂移的重要制度背景和相关研究，本书提出研究盈余公告前股价漂移的理论分析框架，主要构建"股票市场信息集合—市场参与者的信息获取及盈余预期形成过程—盈余公告前股票交易及股价漂移"的逻辑链条，核心思想包括：第一，在上市公司盈余公告之前，市场已存在各类与公司未来现金流量相关的重要信息（包括公司历史盈余、业绩预测与预告、公允价值与股权投资信息、同行业及上下游行业的公司信息等）；第二，盈余公告前股价漂移是内幕信息泄露（内部人交易）、信息收集与传播（媒体报道）、信息发现与解读（分析师跟踪）、信息挖掘与利用（机构投资者持股）四条路径综合作用的结果；第三，公司信息环境（盈余质量、市场监管、信息技术的发展与应用）对市场参与者信息获取与投资信念的形成过程具有重大影响。

9.1.2　实证研究方面

（1）本书对中国 A 股上市公司的盈余公告股价漂移形态进行描述，主要发现中国上市公司股价大部分在盈余公告前反应，而盈余公告后的股价反应较弱且较为迟缓；随着时间推移，盈余公告前股价漂移的幅度大幅下降，而盈余公告后股价漂移下降不太明显，表明我国股票市场的有效性得到了一定的改善，但仍有待进一步提升。

（2）根据中国上市公司盈余公告前股价漂移的理论分析框架，本书从四个方面对盈余公告前股价漂移的形成机理进行实证检验。

第一，基于公司信息透明度检验盈余公告前的股价漂移。首先，对 2002～2016 年 A 股上市公司发布的季度盈余公告研究发现，相对于信息透明度较高的公司，信息不透明的公司具有较高的盈余公告前股价漂移。其次，在分析师跟踪人数较少、机构投资者持股较低、内幕交易监管较弱的情况下，信息不透明导致的盈余公告前股价漂移幅度显著增大。这些结果表明，公司信息不透明可能诱发更多的内幕信息泄露和内幕交易等代理问题从而导致盈余公告前的股价漂移。最后，相对于信息透明度较高的公司，信息越不透明的公司也具有较高的盈余公告后股价漂移，表明企业信息质量较低或信息不透明提高了外部投资者的信息风险，增强了投资者对公司盈余信息的不信任，导致盈余信息融入股价的效率降低。

第二，基于内部人交易考察内幕信息泄露对盈余公告前股价漂移的影响。对 2007～2016 年 A 股上市公司的季度盈余公告研究发现：首先，盈余公告前的内部人交易活动能够有效预测未预期盈余的方向，表明内部人具有较强的信息优势。其次，在盈余公告前内部人交易方向与未预期盈余方向一致（内部人净买入"好消息"公司或净卖出"坏消息"公司)的情况下,盈余公告前的股价漂移幅度显著更大。再其次,在公司信息环境较弱(信息透明度较低、分析师跟踪人数更少)、机构投资者持股比例较低的情况下,内部人交易对盈余公告前股价漂移的促进作用更强;相反,随着内幕信息监管强度的加强,内部人交易对盈余公告前股价漂移的影响显著减弱。最后,盈余公告前的内部人交易也在一定程度上导致了更大幅度的盈余公告后股价漂移。这些结果表明,较为频繁的内幕信息泄露是中国上市公司盈余公告前股价漂移的重要影响因素,内部人交易不仅导致资本市场信息披露的不公平性,也降低了股票资产的定价效率。

第三,基于机构投资者持股考察信息挖掘与利用对盈余公告前股价漂移的影响。对 2002~2016 年 A 股上市公司发布的季度盈余公告研究发现,首先,机构持股较高的公司,盈余公告前股价漂移幅度显著增大。其次,在公司信息透明度和媒体关注较低的情况下,机构持股对盈余公告前股价漂移的正向促进作用显著更大,表明当公司信息环境较弱时,机构投资者的信息优势更加突出;相对于长期型机构投资者或非基金机构投资者,短期型机构投资者和基金持股较多的公司具有显著更大的盈余公告前股价漂移,表明机构异质性对盈余漂移存在异质性影响。最后,机构持股更多的公司,盈余公告后股价漂移幅度也更大,表明我国机构投资者在提升股票定价效率方面仍存在一定的局限性。这些结果表明,机构投资者在盈余公告前的信息挖掘活动能帮助其提前形成盈余预期,一定程度上导致了盈余公告前股价漂移。

第四,基于媒体报道考察信息收集与传播对盈余公告前股价漂移的影响。对 2002~2016 年 A 股上市公司发布的季度盈余公告研究发现,首先,盈余公告前媒体报道越正面,公司更可能发布较高的未预期盈余;盈余公告前的媒体报道越负面,公司更可能发布较低的未预期盈余,表明盈余公告前的媒体报道能够有效预测公司未来的盈利情况。其次,相对于媒体报道较少的公司,盈余公告前媒体报道较多的公司具有更大幅度的盈余公告前股价漂移。再其次,在公司信息透明度较低、分析师跟踪较少、机构持股较低的情况下,盈余公告前的媒体报道与股价漂移的正向关系更强。最后,盈余公告前的媒体报道降低了利好消息公告后的股价漂移,而对利空消息的反应不太明显。这些研究结果表明,盈余公告前较多的媒体报道加速了公司盈余信息融入股票价格的速率,从而形成盈余公告前股价漂移的现象。

9.2 研究启示

本书研究结论同时在学术研究和政策完善方面带来以下启示。

9.2.1 学术研究的启示

（1）盈余信息的边界与有用性的再思考。盈余信息是公认的一种重要会计信息，对于评价代理人经营管理能力、评估企业价值、外部投资者投资决策等具有重要的作用（Healy and Palepu，2001）。然而，部分研究指出，盈余信息的有用性（价值相关性）不够令人满意（Ball and Shivakumar，2008），甚至随着企业商业模式和技术变革存在逐渐下降的趋势（Lev and Zarowin，1999）。本书研究结论表明，盈余信息有用性较低或下降可能源于研究视角选择的问题。首先，从研究的时间窗口来看，若仅仅考察盈余信息公告日附近或公告后短窗口的股价变化，自然可能得出盈余信息价值相关性较低的研究结论，很重要的原因在于很大部分价值相关的信息在盈余公告之前已经反映到股票价格。其次，盈余信息的边界可以更宽广，不应局限于公司自身的盈余信息。同一行业内其他公司的盈余信息、供应链上下游行业内相关公司的盈余信息甚至公司所投资标的公司的盈余信息等均蕴含与公司价值相关的信息。如果充分考虑这些相关利益方的盈余信息，盈余信息的价值相关性应该更大。因此，会计学者应该对会计盈余信息的信息含量更加自信，未来关于盈余信息有用性的研究应该提供更多关于上述视角的研究证据，从而支持盈余信息的有用性。

（2）研究盈余公告的股价漂移时，应将研究视角放宽至同时考虑盈余公告前与盈余公告后的股价漂移，能够更加完整地描绘盈余漂移的形态特征并获得更为丰富的研究结论。纵观国内外关于盈余公告股价漂移的形态，盈余公告前股价漂移的幅度相对盈余公告后股价漂移显著更大，这一特征在中国上市公司表现得更加明显。因此，研究过程中不应完全忽视盈余公告前股价漂移及其与盈余公告后股价漂移之间的可能联系。从本书研究结论来看，盈余公告前存在其他信息渠道可以预示公司未来盈余情况，若忽视这些信息导致股价大部分在盈余公告前反应的事实，则可能进一步忽略那些可以改善资本市场效率的举措。例如，若某个因素对盈余公告前股价漂移影响较大，而对盈余公告后股价漂移影响较弱或几乎无影响（因为信息已反应完毕），此时，若学者仍将研究视角聚焦于盈余公告后的股价漂移，则可能得出该因素无法改善资本市场效率的研究结论。然而，若同时考虑盈余公告前、后的股价漂移，我们才能发现该因素有助于加速信息融入股价的合理结论。

（3）应抛弃盈余公告前股价漂移等同于盈余信息泄露的思维定式，综合考虑信息泄露、信息传播、信息发现、挖掘与利用等因素对盈余公告前股价漂移的影响。国内部分学者常常简单地将盈余公告前的股价漂移定性为信息泄露，却未对其进行细致的考究。本书研究结论表明，尽管盈余公告前的信息泄露是盈余公告前股价漂移的一个重要因素，媒体的信息传播和机构投资者的信息挖掘行为也能部分解释盈余公告前的股价漂移。因此，若简单地将盈余公告前股价漂移等同于信息泄露，则可能导致研究结论难以被理解。例如，杨德明和林斌（2009）直接以盈余公告前的股票市场反应衡量信息泄露，研究发现，信息泄露显著地减弱了盈余公告后股价漂移。根据有效市场理论（Fama，1970），这一结论表明，信息泄露提高了股票市场的有效性，进一步地，这是否表明我国监管层过去推行的加强内幕交易监管、防止内幕信息泄露等措施不利于资本市场效率的提高？显然，若盈余公告前股价异动反映的是媒体信息传播加速了盈余信息融入股价（而不是信息泄露），则盈余公告前股票市场反应较高导致盈余公告后股价漂移幅度减弱，恰恰表明媒体信息传播提高了信息流通的效率进而提升了资本市场效率。因此，综合考虑信息泄露、信息传播和挖掘等因素对盈余公告前股价漂移的影响，有助于更加清晰和恰当地理解实证研究中的一些发现。

9.2.2 政策方面的启示

（1）监管层应完善我国上市公司内幕交易制度规定，加强内幕信息泄露和内幕交易监管，提高内幕交易的法律风险。本书研究发现，我国公司内部人在盈余公告前的股票交易活动较为频繁。由于内部人更可能接触公司内幕信息，在我国内幕交易监管较弱及违规成本较低的制度背景下，盈余公告前的内幕信息泄露和内幕交易等代理问题较为普遍，这在信息透明度较低的公司更为严重，导致盈余公告前的股价异动明显。进一步地，本书研究表明，内幕信息泄露既加剧了股票市场信息披露的不公平性，也降低了资本市场的有效性。鉴于此，监管层可以考虑借鉴欧美发达国家在内部人交易和内幕交易监管的一些做法。例如，美国于 1934 年出台的《1934 年证券交易法》（*Securities Exchange Act of* 1934）中的反欺诈条款使执法机关能够很容易地将内部人在重大信息公告前的交易列为内幕交易案件；美国 1984 年出台的《内幕交易制裁法》（*Insider Trading Sanctions Act of* 1984）对内幕交易处罚做了严格的规定；1988 年的《内幕交易和证券欺诈施行法》（*Insider Trading and Securities Fraud Enforcement Act of* 1988）出台了内幕交易告密者的赏金计划，并规定高管对公司员工的内幕交易行为负责等。这些内幕交易法案大大加强了内幕交易的违规成本和内幕交易的打击力度。此后，美国部分上市公司甚至自己出台规定禁止内部人在重大事件公告前时间窗口进行股票交易（Huddart et al. , 2007）。

（2）应继续推进我国上市公司会计准则与 IFRS 的趋同，增强上市公司的财务报告质量和会计信息透明度。现阶段我国企业的信息透明度仍然较低，增加了投资者获取和理解公司信息的成本，不利于资本市场效率的提升。本书研究结论表明，财务报告质量和公司信息透明度低下可能诱发较多的内幕信息泄露和内幕交易等代理问题，降低了股票市场的定价效率。相反，财务报告质量和公司信息透明度较高有助于投资者更加容易地理解公司披露的信息，降低投资者的信息处理成本进而提高投资者对公司信息的反应速度。随着 2007 年新会计准则在我国上市公司实施，上市公司财务报告质量得到较大改善，在一定程度上能够抑制公司内部人的内幕交易行为。因此，监管层应继续推进会计准则与国际准则的趋同，进一步提高财务报表列报质量，增强上市公司信息披露水平和质量。

（3）鼓励财经媒体积极参与公司治理并加强财经媒体新闻报道的独立性。媒体报道是公司治理一种重要的外部监督力量，对约束公司内部人代理问题、加速公司信息在股票市场的流通具有重要作用。在我国新媒体和互联网大数据等信息技术迅猛发展的新时代背景下，媒体治理理应发挥更加重要的角色。本书研究结论支持了媒体报道对于加速公司信息融入股价，提升资本市场效率的积极意义。因此，监管层应进一步鼓励财经媒体积极关注和监督公司行为，并充分发挥财经媒体在传播公司信息的先锋作用。然而，由于财经媒体本身也在追逐利益，监管层应强化对财经媒体新闻报道的监督，确保财经媒体新闻报道的独立性及避免上市公司利用媒体（有偏）报道煽动投资者情绪和操纵股价。

（4）应进一步加快发展我国机构投资者和分析师队伍，强化机构投资者和分析师的行为规范。机构投资者和分析师是股票市场重要的治理机制，对于加速公司信息融入股价发挥至关重要的作用。本书研究结论表明，机构投资者的信息挖掘和利用、分析师的信息发现和解读功能有助于投资者更为及时地形成稳定的公司盈余预期，促使公司股价在盈余公告前更快地反映到股票价格。然而，一方面，现阶段我国股票市场机构投资者的规模仍相对较小，以散户为主的投资者结构特征仍未改变；分析师队伍建设也较为落后，部分上市公司甚至没有分析师对其进行跟踪和股票预测。因此，监管层应进一步加快发展机构投资者规模和建设分析师队伍，发挥机构投资者和分析师在公司治理和提升资本市场效率的积极意义。另一方面，机构投资者和分析师也有动机追逐私利，我国机构投资者常常与上市公司高管合谋操纵股票价格；部分分析师为了获取机构投资者的佣金收入也可能迎合机构投资者出具有偏的分析师预测。上述行为扰乱了资本市场的正常运行，并严重损害了中小投资者的权益。因此，监管层也应加强对机构投资者和分析师的监督，引导机构投资者和分析师更好地服务于资本市场效率的提升。

9.3　研究不足与未来研究方向

本书研究也存在一定的局限性，主要体现在以下两个方面。

（1）盈余公告前股价漂移的理论分析方面。本书尝试构建一个研究盈余公告前股价漂移的理论分析框架，这一框架有助于我们更好地理解我国上市公司盈余公告前股价漂移的形成机理。然而，限于笔者的个人能力，这一理论分析框架可能遗漏了其他影响盈余公告前股价漂移的作用机理，本书列举的股票市场与公司价值相关的信息集合也可能遗漏了其他重要的信息渠道。

（2）盈余公告前股价漂移的实证检验方面。本书主要从市场参与者的信息获取过程出发，构造几组实证研究对盈余公告前股价漂移进行检验，而没有专门针对股票市场各类信息集合进行检验。根据第 4 章的理论分析框架，股票市场存在的各类信息，包括上市公司自身披露的业绩预测和业绩预告信息、公允价值和股权投资信息等以及同行业其他公司和上下游公司的相关信息等，这些信息能够帮助投资者预判公司未来盈利状况和提前做出股票投资决策，进而对盈余公告前股价漂移具有重要影响。然而，由于篇幅有限，本书并未对其进行实证检验，而转而采用文献分析和案例介绍的方法进行理论层面的论述，以尽可能地让读者理解股票市场相关信息集合与公司未来现金流量的相关关系。此外，本书实证研究过程中尽管提出了信息泄露、信息传播、信息发现和挖掘几个角度进行分析，并从各个角度对其进行了较为稳健的论证；研究过程仍无法保证每个角度之间相互独立。例如，尽管机构投资者主要通过自身的信息挖掘活动形成盈余预期，机构也可能通过信息泄露这一渠道提前获取内幕信息。限于笔者能力，本书目前还未能完全将上述两种替代性途径区分出来。

上述研究不足正是未来进一步研究盈余公告前股价漂移的努力方向。

（1）如何完善本书构建的盈余公告前股价漂移的理论分析框架？未来可以通过对现实案例的观察和查阅国内外相关研究文献进一步补充可能影响公司未来现金流量的股票市场信息渠道，及其他可能的作用机理。进一步地，也可以尝试借鉴已有理论研究文献中的理论模型，加入一些衡量中国制度因素的影响变量，构建基于中国制度背景的理论分析模型，对本书理论分析框架提出的一些观点进行理论推导和验证。

（2）后续实证研究可以从股票市场各类信息源出发对盈余公告前股价漂移进行检验，进而考虑这些信息源（如公司发布的业绩预告信息）对盈余公告前股价漂移的影响如何作用于盈余公告后的股价漂移。这类研究不仅能够帮助我们进一步加深对盈余公告前股价漂移的理解，更重要的是帮助投资者构造一些量化投资方案，提高会计信息在资本市场投资决策中的应用价值。此外，未来的研究也可以从盈余公告前分析师预测调整、机构投资者调研等活动更加直接地捕捉市场参与者的信息发现和挖掘行为，进一步检验这些信息挖掘行为对盈余公告前股价漂移的影响，从而提供更加直接的经验证据。

（3）本书主要基于中国上市公司数据进行研究，后续研究可以采用多个国家的上市公司数据进一步验证本书提出的理论分析框架。例如，根据已有相关文献和本书的统计分析，我国上市公司与美国上市公司在盈余公告股价漂移形态上存在一定的差异。未来可以选取中概股上市公司（于美国资本市场上市的中国企业），同时在 A 股上市公司选取同行业规模相近的公司作为配对样本，分别考察这两类公司的盈余公告股价漂移形态，从而为中美两地资本市场的盈余漂移形态差异提供更加直接的经验证据。此类研究也能够为完善我国上市公司信息披露制度和提升资本市场效率找到改革的突破口。

参 考 文 献

[1] 白天玺，黄志忠．盈余波动，盈余持续性与盈余公告后漂移 [J]．当代会计评论，2015（1）：1 - 17．

[2] 才国伟，邵志浩，徐信忠．企业和媒体存在合谋行为吗？——来自中国上市公司媒体报道的间接证据 [J]．管理世界，2015（7）：158 - 169．

[3] 曾庆生．高管及其亲属买卖公司股票时"浑水摸鱼"了？——基于信息透明度对内部人交易信息含量的影响研究 [J]．财经研究，2014（12）：15 - 26．

[4] 曾庆生．公司内部人具有交易时机的选择能力吗？——来自中国上市公司内部人卖出股票的依据 [J]．金融研究，2008（10）：117 - 135．

[5] 陈灯塔，洪永淼．中国股市是弱式有效的吗——基于一种新方法的实证研究 [J]．经济学（季刊），2003（3）：97 - 124．

[6] 陈灯塔，周颖刚．理性恐慌，流动性黑洞和国有股减持之谜 [J]．经济学（季刊），2006（1）：379 - 402．

[7] 陈国进，张贻军，刘淳．机构投资者是股市暴涨暴跌的助推器吗？[J]．金融研究，2010（11）：45 - 59．

[8] 陈小悦，陈晓，顾斌．中国股市弱式效率的实证研究 [J]．会计研究，1997（9）．

[9] 陈作华，孙文刚．内部人交易行为研究述评与展望——基于信息优势的视角 [J]．财务研究，2017（1）：78 - 86．

[10] 戴德明，毛新述，姚淑瑜．上市公司预测盈余信息披露的有用性研究——来自深圳、上海股市的实证证据 [J]．中国会计评论，2005（2）：253 - 272．

[11] 邓传洲．允价值的价值相关性：B 股公司的证据 [J]．会计研究，2005（10）：55 - 62．

[12] 丁慧，吕长江，黄海杰．社交媒体、投资者信息获取和解读能力与

盈余预期——来自"上证 e 互动"平台的证据 [J]. 经济研究, 2018 (1): 153 – 168.

[13] 方军雄. 信息公开, 治理环境与媒体异化 [J]. 管理世界, 2014 (11): 95 – 104.

[14] 冯旭南. 中国投资者具有信息获取能力吗? ——来自"业绩预告"效应的证据 [J]. 经济学 (季刊), 2014 (2): 1065 – 1090.

[15] 葛家澍. 关于在财务会计中采用公允价值的探讨 [J]. 会计研究, 2007 (11): 3 – 8.

[16] 何诚颖, 程兴华. 基于中国证券市场的有效性研究——以高 B/M 类上市公司为例 [J]. 管理世界, 2005 (11): 145 – 151.

[17] 何佳, 何基报, 王霞, 翟伟丽. 机构投资者一定能够稳定股市吗? [J]. 管理世界, 2007 (8): 35 – 42.

[18] 何贤杰, 孙淑伟, 朱红军, 牛建军. 证券背景独立董事、信息优势与券商持股 [J]. 管理世界, 2014 (3): 148 – 162.

[19] 侯宇, 叶冬艳. 机构投资者、知情人交易和市场效率——来自中国资本市场的实证证据. 金融研究, 2008 (4): 131 – 145.

[20] 黄俊, 陈信元, 张天舒. 公司经营绩效传染效应的研究 [J]. 管理世界, 2013 (3): 111 – 118.

[21] 黄俊, 郭照蕊. 新闻媒体报道与资本市场定价效率 [J]. 管理世界, 2014 (5): 121 – 130.

[22] 蒋义宏, 童驯, 杨霞. 业绩预警公告的信息含量 [J]. 中国会计与财务研究, 2001 (3).

[23] 孔东民, 柯瑞豪. 谁驱动了中国股市的 PEAD? [J]. 金融研究, 2007 (10): 82 – 99.

[24] 孔东民, 刘莎莎, 陈小林, 邢精平. 个体沟通、交易行为与信息优势: 基于共同基金访问的证据 [J]. 经济研究, 2015 (11): 106 – 119.

[25] 孔东民, 刘莎莎, 应千伟. 公司行为中的媒体角色: 激浊扬清还是推波助澜? [J]. 管理世界, 2013 (7): 145 – 162.

[26] 雷倩华, 柳建华, 季华. 信息泄露与机构投资者信息发现优势——来自中国上市公司资产注入的证据 [J]. 重庆工商大学学报 (自然科学版), 2011 (5): 491 – 495.

[27] 李欢, 李丹. 上市公司信息环境与内部人交易 [J]. 中国会计评

论，2015（2）：157－180.

[28] 李琳，张敦力. 分析师跟踪，股权结构与内部人交易收益 [J]. 会计研究，2017（1）：53－60.

[29] 李培功，沈艺峰. 媒体的公司治理作用：中国的经验证据 [J]. 经济研究，2010（4）：14－27.

[30] 李培功，徐淑美. 媒体的公司治理作用——共识与分歧 [J]. 金融研究，2013（4）：196－206.

[31] 李心丹，宋素荣，卢斌，查晓磊. 证券市场内幕交易的行为动机研究 [J]. 经济研究，2008（10）：65－79.

[32] 李馨子，罗婷. 业绩预测历史准确度的声誉效应 [J]. 金融研究，2014（1）：152－166.

[33] 李馨子，肖土盛. 管理层业绩预告有助于分析师盈余预测修正吗 [J]. 南开管理评论，2015（2）：30－38.

[34] 郦金梁，何诚颖，廖旦，何牧原. 舆论影响力，有限关注与过度反应 [J]. 经济研究，2018（3）：126－141.

[35] 刘启亮，李祎，张建平. 媒体负面报道，诉讼风险与审计契约稳定性——基于外部治理视角的研究 [J]. 管理世界，2013（11）：144－154.

[36] 刘少波，彭绣梅. 公平信息披露与分析师预测精度——来自中国上市公司的经验证据 [J]. 证券市场导报，2012（3）：33－38.

[37] 刘永泽，孙翯. 我国上市公司公允价值信息的价值相关性——基于企业会计准则国际趋同背景的经验研究 [J]. 会计研究，2011（2）：16－22.

[38] 柳木华. 业绩快报的信息含量：经验证据与政策含义 [J]. 会计研究，2005（7）：39－43.

[39] 陆婷. 系统性定价偏误：中国 A 股盈余公告后的价格漂移研究 [J]. 金融研究，2012（3）：139－151.

[40] 罗玫，宋云玲. 中国股市的业绩预告可信吗？[J]. 金融研究，2012（9）：168－180.

[41] 平湖，李箐. 基金黑幕——关于基金行为的研究报告解析 [J]. 财经，2000（10）.

[42] 沈艺峰. 会计信息披露和我国股票市场半强式有效性的实证分析 [J]. 会计研究，1996（1）：14－17.

[43] 史永东，王谨乐. 中国机构投资者真的稳定市场了吗？[J]. 经济

研究, 2014 (12): 100 - 112.

[44] 谭松涛, 甘顺利, 阚铄. 媒体报道能够降低分析师预测偏差吗? [J]. 金融研究, 2015 (5): 192 - 206.

[45] 谭松涛, 阚铄, 崔小勇. 互联网沟通能够改善市场信息效率吗——基于深交所"互动易"网络平台的研究 [J]. 金融研究, 2016 (3): 174 - 188.

[46] 谭伟强. 流动性与盈余公告后价格漂移研究 [J]. 证券市场导报, 2008 (9): 30 - 37.

[47] 谭伟强. 盈余公告后价格漂移: 四十年研究回顾 [J]. 金融管理研究, 2013 (1): 94 - 111.

[48] 谭跃, 钟子英, 管总平. 公平信息披露规则能缓解证券分析师的利益冲突吗 [J]. 南开管理评论, 2013 (4): 43 - 54.

[49] 唐齐鸣, 张云. 基于公司治理视角的中国股票市场非法内幕交易研究 [J]. 金融研究, 2009 (6): 144 - 160.

[50] 田存志, 王聪, 吴甦. 中国证券市场报价制度的运行绩效——基于隐性交易成本和信息非对称程度的分析视角 [J]. 金融研究, 2015 (5): 148 - 161.

[51] 汪毅慧, 廖理, 邓小铁. 不对称信息、交易成本与投资者保护: 内地 (中国大陆) 和香港的比较研究 [J]. 金融研究, 2003 (10): 27 - 36.

[52] 王红建, 曹瑜强, 杨庆, 杨筝. 实体企业金融化促进还是抑制了企业创新——基于中国制造业上市公司的经验研究 [J]. 南开管理评论, 2017 (1): 155 - 166.

[53] 王乐锦. 我国新会计准则中公允价值的运用: 意义与特征 [J]. 会计研究, 2006 (5): 31 - 35.

[54] 王鑫. 综合收益的价值相关性研究——基于新准则实施的经验证据 [J]. 会计研究, 2013 (10): 20 - 27.

[55] 王亚平, 刘慧龙, 吴联生. 信息透明度、机构投资者与股价同步性 [J]. 金融研究, 2009 (12): 162 - 174.

[56] 王亚平, 吴联生, 白云霞. 中国上市公司盈余管理的频率与幅度 [J]. 经济研究, 2005 (12): 102 - 112.

[57] 王玉涛, 王彦超. 业绩预告信息对分析师预测行为有影响吗 [J]. 金融研究, 2012 (6): 193 - 206.

［58］王玉涛，薛健，李路．公允价值具有价值相关性吗？——基于金融资产的研究［J］．中国会计评论，2010（4）：383 - 398.

［59］魏明海，衣昭颖，李晶晶．中国情境下供应链中客户盈余信息传递效应影响因素研究［J］．会计研究，2018（6）：19 - 25.

［60］魏云鹤．上市公司投资性房地产公允价值应用研究［D］．首都经济贸易大学专业硕士学位论文，2017.

［61］温军，冯根福．异质机构、企业性质与自主创新［J］．经济研究，2012（3）：53 - 64.

［62］吴世农，吴超鹏．盈余信息度量，市场反应与投资者框架依赖偏差分析［J］．经济研究，2005（2）：54 - 62.

［63］吴世农．我国证券市场效率的分析［J］．经济研究，1996（4）：13 - 19.

［64］谢志华，崔学刚．信息披露水平：市场推动与政府监管——基于中国上市公司数据的研究［J］．审计研究，2005（4）：39 - 45.

［65］辛清泉，孔东民，郝颖．公司透明度与股价波动性［J］．金融研究，2014（10）：193 - 206.

［66］徐经长，曾雪云．综合收益呈报方式与公允价值信息含量——基于可供出售金融资产的研究［J］．会计研究，2013（1）：20 - 27.

［67］徐莉萍，辛宇，祝继高．媒体关注与上市公司社会责任之履行［J］．管理世界，2011（3）：135 - 143.

［68］徐莉萍，辛宇．媒体治理与中小投资者保护［J］．南开管理评论，2011（6）：36 - 47.

［69］薛健，窦超．并购重组过程中的信息泄露与财富转移［J］．金融研究，2015（6）：189 - 206.

［70］薛爽，赵立新，肖泽中，程绪兰．会计准则国际趋同是否提高了会计信息的价值相关性？——基于新老会计准则的比较研究［J］．财贸研究，2008（9）：62 - 67.

［71］薛爽．预亏公告的信息含量［J］．中国会计与财务研究，2001（9）：117 - 176.

［72］杨道广，汉文，刘启亮．媒体压力与企业创新［J］．经济研究，2017（8）：125 - 139.

［73］杨德明，林斌，辛清泉．盈利质量、投资者非理性行为与盈余惯性

[J]. 金融研究, 2007 (2).

[74] 杨德明, 林斌. 信息泄漏、处置效应与盈余惯性 [J]. 管理科学学报, 2009 (5): 110 - 120.

[75] 杨德明, 刘敏. 媒体监督影响了审计师决策么? [J]. 中国会计与财务研究, 2013.

[76] 杨德明, 赵璨. 媒体监督, 媒体治理与高管薪酬 [J]. 经济研究, 2012 (6): 116 - 126.

[77] 杨书怀. 上市公司信息泄露减少了吗? ——基于《上市公司信息披露管理办法》实施前后的比较 [J]. 财贸研究, 2012 (2): 143 - 150.

[78] 杨有红, 闫珍丽. 其他综合收益及其列报改进是否提高了盈余透明度 [J]. 会计研究, 2018 (4): 20 - 27.

[79] 杨玉龙, 孙淑伟, 孔祥. 媒体报道能否弥合资本市场上的信息鸿沟? ——基于社会关系网络视角的实证考察 [J]. 管理世界, 2017 (7): 99 - 119.

[80] 杨玉龙, 吴明明, 王璟, 吴文. 异质性媒体与资本市场信息效率 [J]. 财经研究, 2016 (3): 83 - 94.

[81] 姚颐, 刘志远. 震荡市场, 机构投资者与市场稳定 [J]. 管理世界, 2008 (8): 22 - 32.

[82] 游家兴, 吴静. 沉默的螺旋: 媒体情绪与资产误定价 [J]. 经济研究, 2012 (7): 141 - 152.

[83] 于李胜, 王艳艳. 信息不确定性与盈余公告后漂移现象 (PEAD) ——来自中国上市公司的经验证据 [J]. 管理世界, 2006 (3): 40 - 49.

[84] 于李胜. 盈余公告后漂移 (PEAD) 现象研究综述 [J]. 会计论坛, 2011 (1): 35 - 43.

[85] 于忠泊, 田高良, 齐保垒, 张皓. 媒体关注的公司治理机制——基于盈余管理视角的考察 [J]. 管理世界, 2010 (9): 14 - 27.

[86] 余佩琨, 李志文, 王玉涛. 机构投资者能跑赢个人投资者吗? [J]. 金融研究, 2009 (8): 147 - 157.

[87] 俞乔. 市场有效、周期异常与股价波动 [J]. 经济研究, 1994 (9): 43 - 50.

[88] 岳意定, 周可峰. 机构投资者对证券市场价格波动性的影响——基于 Topview 数据的实证研究 [J]. 中国工业经济, 2009 (3): 140 - 148.

[89] 张兵,李晓明.中国股票市场的渐进有效性研究 [J].经济研究,2003 (1):54-61,87-94.

[90] 张海燕,薛健,罗婷.机构投资者传递信息角色分析 [J].中国会计与财务研究,2009 (2):44-78.

[91] 张华,张俊喜.我国盈利公告效应的动态特征 [J].经济学(季刊),2004 (2):305-318.

[92] 张然,张会丽.新会计准则中合并报表理论变革的经济后果研究——基于少数股东权益、少数股东损益信息含量变化的研究 [J].会计研究,2008 (12):39-46.

[93] 张然,汪荣飞.投资者如何利用财务报表盈余信息:现状、问题与启示 [J].会计研究,2017 (8):41-47.

[94] 张圣平,于丽峰,李怡宗,陈欣怡.媒体报导与中国 A 股市场盈余惯性——投资者有限注意的视角 [J].金融研究,2014 (7):154-170.

[95] 张肖飞.个人投资者驱动了中国股市的 PEAD 吗?——基于某证券营业部交易数据的研究 [J].会计与经济研究,2012,26 (5):59-68.

[96] 张亦春,周颖刚.中国股市弱式有效吗?[J].金融研究,2001 (3):34-40.

[97] 张翼,林小驰.公司治理结构与管理层盈利预测 [J].中国会计评论,2005 (2):241-252.

[98] 张宗新,潘志坚,季雷.内幕信息操纵的股价冲击效应:理论与中国股市证据 [J].金融研究,2005 (4):144-154.

[99] 张宗新,杨通旻.盲目炒作还是慧眼识珠?——基于中国证券投资基金信息挖掘行为的实证分析 [J].经济研究,2014 (7):138-150.

[100] 赵宇龙.会计盈余披露的信息含量——来自上海股市的经验证据 [J].经济研究,1998 (7):42-50.

[101] 郑建明,黄晓蓓,张新民.管理层业绩预告违规与分析师监管 [J].会计研究,2015 (3):50-56.

[102] 朱茶芬,姚铮,李志文.高管交易能预测未来股票收益吗? [J].管理世界,2011 (9):141-152.

[103] 朱丹,刘星,李世新.公允价值的决策有用性:从经济分析视角的思考 [J].会计研究,2010 (6):84-90.

[104] 朱红军,何贤杰,陶林.中国的证券分析师能够提高资本市场的

效率吗——基于股价同步性和股价信息含量的经验证据［J］. 金融研究,
2007（2）: 110 - 121.

［105］朱红军, 汪辉. 公平信息披露的经济后果——基于收益波动性、
信息泄露及寒风效应的实证研究［J］. 管理世界, 2009（2）: 23 - 35.

［106］朱伟骅. 公司治理与内幕交易监管效率研究［J］. 经济学（季
刊）, 2009（1）: 271 - 288.

［107］Aboody, D. , Hughes, J. , Liu, J. Earnings quality, insider trading,
and cost of capital［J］. Journal of Accounting Research, 2005, 43（5）: 651 -
673.

［108］Aboody, D. , Lev, B. Information asymmetry, R&. D and insider
gains［J］. The Journal of Finance, 2000, 55（6）: 2747 - 2766.

［109］Ahern, K. R. Information networks: Evidence from illegal insider
trading tips［J］. Journal of Financial Economics, 2017, 125（1）: 26 - 47.

［110］Ajinkya, B. , Gift, M. Corporate managers' earnings forecasts and
symmetrical adjustments of market expectations［J］. Journal of Accounting Re-
search, 1984, 22（2）: 425 - 444.

［111］Ali, A. , Durtschi, C. , Lev, B. , Trombley, M. Changes in institu-
tional ownership and subsequent earnings announcement abnormal returns［J］.
Journal of Accounting, Auditing & Finance, 2004, 19（3）: 221 - 248.

［112］Allen, F. , Litov, L. , Mei, J. Large investors, price manipulation,
and limits to arbitrage: An anatomy of market corners［J］. Review of Finance,
2006, 10（4）: 645 - 693.

［113］Allen, F. , Qian, J. , Qian, M. Law, finance, and economic growth
in China［J］. Journal of Financial Economics, 2005, 77（1）: 57 - 116.

［114］Amir, E. , Kama, I. , Levi, S. Conditional persistence of earnings
components and accounting anomalies［J］. Journal of Business Finance & Ac-
counting, 2015, 42（7 - 8）: 801 - 825.

［115］Ayers, B. C. , Li, O. Z. , Yeung, P. E. Investor trading and the
post-earnings-announcement drift［J］. The Accounting Review, 2011, 86（2）:
385 - 416.

［116］Baker, M. , Litov, L. , Wachter, J. A. , Wurgler, J. Can mutual
fund managers pick stocks? Evidence from their trades prior to earnings announce-

ments [J]. Journal of Financial and Quantitative Analysis, 2010, 45 (5): 1111 –
1131.

[117] Ball, R. Anomalies in relationships between securities' yields and
yield-surrogates [J]. Journal of Financial Economics, 1978, 6 (2 – 3): 103 –
126.

[118] Ball, R. , Bartov, E. How naive is the stock market's use of earnings
information? [J]. Journal of Accounting and Economics, 1996, 21 (3): 319 –
337.

[119] Ball, R. , Brown, P. An empirical evaluation of accounting income
numbers [J]. Journal of Accounting Research, 1968, 6 (2): 159 – 178.

[120] Ball, R. , Shivakumar, L. How much new information is there in earn-
ings? [J]. Journal of Accounting Research, 2008, 46 (5): 975 – 1016.

[121] Barber, B. M. , Odean, T. All that glitters: The effect of attention and
news on the buying behavior of individual and institutional investors [J]. Review of
Financial Studies, 2008, 21 (2): 785 – 818.

[122] Barberis, N. , Shleifer, A. , Vishny, R. A model of investor sentiment
[J]. Journal of Financial Economics, 1998, 49 (3): 307 – 343.

[123] Barth, M. E. , Landsman, W. R. , Lang, M. H. International ac-
counting standards and accounting quality [J]. Journal of Accounting Research,
2008, 46 (3): 467 – 498.

[124] Bartov, E. Patterns in unexpected earnings as an explanation for post-
announcement drift [J]. Accounting Review, 1992, 67 (3): 610 – 622.

[125] Bartov, E. , Radhakrishnan, S. , Krinsky, I. Investor sophistication
and patterns in stock returns after earnings announcements [J]. The Accounting
Review, 2000, 75 (1): 43 – 63.

[126] Basu, S. Conservatism and the asymmetric timeliness of earnings
[J]. Journal of Accounting and Economics, 1997, 24 (1): 3 – 37.

[127] Battalio, R. H. , Mendenhall, R. R. Earnings expectations, investor
trade size, and anomalous returns around earnings announcements [J]. Journal of
Financial Economics, 2005, 77 (2): 289 – 319.

[128] Bernard, V. L. , Thomas, J. K. Evidence that stock prices do not
fully reflect the implications of current earnings for future earnings [J]. Journal of

Accounting and Economics, 1990, 13 (4): 305 – 340.

[129] Bernard, V. L. , Thomas, J. K. Post-earnings-announcement drift: Delayed price response or risk premium [J]. Journal of Accounting Research, 1989, 27: 1 – 36.

[130] Bettis, J. C. , Coles, J. L. , Lemmon, M. L. Corporate policies restricting trading by insiders [J]. Journal of Financial Economics, 2000, 57 (2): 191 – 220.

[131] Beyer, A. , Cohen, D. A. , Lys, T. Z. , Walther, B. R. The financial reporting environment: Review of the recent literature [J]. Journal of Accounting and Economics, 2010, 50 (2): 296 – 343.

[132] Bhattacharya, N. Investors' trade size and trading responses around earnings announcements: An empirical investigation [J]. The Accounting Review, 2001, 76 (2): 221 – 244.

[133] Bhattacharya, N. , Desai, H. , Venkataraman, K. Does earnings quality affect information asymmetry? Evidence from trading costs [J]. Contemporary Accounting Research, 2013, 30 (2): 482 – 516.

[134] Bhattacharya, U. Insider trading controversies: A literature review [J]. Annual Review of Financial Economics, 2014, 6 (1): 385 – 403.

[135] Bhattacharya, U. , Daouk, H. , Jorgenson, B. , Kehr C. H. When an event is not an event: the curious case of an emerging market [J]. Journal of Financial Economics, 2000, 55 (1): 69 – 101.

[136] Bhushan, R. An informational efficiency perspective on the post-earnings announcement drift [J]. Journal of Accounting and Economics, 1994, 18 (1): 45 – 65.

[137] Boehmer, E. , Wu, J. Short selling and the price discovery process [J]. The Review of Financial Studies, 2012, 26 (2): 287 – 322.

[138] Booth, G. G. , Kallunki, J. P. , Martikainen, T. Delayed Price Response to the Announcements of Earnings and Its Components in Finland [J]. European Accounting Review, 1997, 6 (3): 377 – 392.

[139] Brav, A. , Heaton, J. B. Competing theories of financial anomalies [J]. The Review of Financial Studies, 2002, 15 (2): 575 – 606.

[140] Bushee, B. J. The influence of institutional investors on myopic R&D

investment behavior [J]. Accounting review, 1998, 73 (3): 305 – 333.

[141] Bushee, B. J., Core, J. E., Guay, W., Hamm, S. J. The role of the business press as an information intermediary [J]. Journal of Accounting Research, 2010, 48 (1): 1 – 19.

[142] Bushee, B. J., Goodman, T. H. Which institutional investors' trade based on private information about earnings and returns? [J]. Journal of Accounting Research, 2007, 45 (2): 289 – 321.

[143] Bushee, B. J. Do institutional investors prefer near-term earnings over long-run value? [J]. Contemporary Accounting Research, 2001, 18 (2): 207 – 246.

[144] Bushee, B. J., Noe, C. F. Corporate disclosure practices, institutional investors, and stock return volatility [J]. Journal of Accounting Research, 2000, 38 (3): 171 – 202.

[145] Bushman, R. M., Piotroski, J. D., Smith, A. J. Insider trading restrictions and analysts' incentives to follow firms [J]. The Journal of Finance, 2005, 60 (1): 35 – 66.

[146] Cai, G., Ge, R., Zolotoy, L. The contagion effect of accounting scandals in business groups [R]. Working paper, 2019.

[147] Cai, G., Lin, B., Wei, M., Xu, X. The Role of institutional investors in post-earnings Announcement Drift: Evidence from China [R]. Working paper, 2018.

[148] Campbell, J. Y., Ramadorai, T., Schwartz, A. Caught on tape: Institutional trading, stock returns, and earnings announcements [J]. Journal of Financial Economics, 2009, 92 (1): 66 – 91.

[149] Campbell, J. Y., Lettau, M., Malkiel, B. G., Xu, Y. Have individual stocks become more volatile? An empirical exploration of idiosyncratic risk [J]. Journalof Finance, 2001, 56 (1): 1 – 43.

[150] Cao, S. S., Narayanamoorthy, G. S. Earnings volatility, post-earnings announcement drift, and trading frictions [J]. Journal of Accounting Research, 2012, 50 (1): 41 – 74.

[151] Chaffee, S. H., Nass, C. I., Yang, S. M. Trust in government and news media among Korean Americans [J]. Journalism Quarterly, 1991, 68 (1):

111 – 119.

[152] Chang, E. C. , Luo, Y. , Ren, J. Short – selling, margin – trading, and price efficiency: Evidence from the Chinese market [J]. Journal of Banking & Finance, 2014, 48: 411 –424.

[153] Chang, H. , Chen, J. , Fernando, G. D. , Lin, T. W. Do financial analysts use supply chain information in revising their earnings forecasts? [J]. Univeristy of Southern California, Working paper, 2009.

[154] Chang, H. , Liu, S. , Wan, K. M. The effect of the accelerated filing requirement of the Sarbanes-Oxley Act on insider trading [R]. SSRN Working paper, 2015.

[155] Chen, C. Time-varying earnings persistence and the delayed stock return reaction to earnings announcements [J]. Contemporary Accounting Research, 2013, 30 (2): 549 –578.

[156] Chen, L. H. , Huang, W. , Jiang, G. J. Herding on earnings news: The role of institutional investors in post-earnings-announcement drift [J]. Journal of Accounting, Auditing & Finance, 2017b, 32 (4): 536 –560.

[157] Chen, S. , Guo, J. , Tong, X. XBRL implementation and post-earnings-announcement drift: The impact of ownership structure in China [J]. Journal of Information Systems, 2017a, 31 (1): 1 –19.

[158] Cheng, Q. , Du, F. , Wang, B. Y. , Wang, X. Do corporate site visits impact stock prices? [J]. Contemporary Accounting Research, 2018, forthcoming.

[159] Cheuk, M. Y. , Fan, D. K. , So, R. W. Insider trading in Hong Kong: Some stylized facts [J]. Pacific-Basin Finance Journal, 2006, 14 (1): 73 –90.

[160] Choi, L. , Faurel, L. , Hillegeist, S. A. Insider trading and post-earnings announcement drift [J]. SSRN Working paper, 2017.

[161] Choi, S. B. , Soo, H. L. , Williams, C. Ownership and firm innovation in a transition economy: Evidence from China [J]. Research Policy, 2011, 40 (3): 441 –452.

[162] Chordia, T. , Goyal, A. , Sadka, G. , Sadka, R. , Shivakumar, L. Liquidity and the post-earnings-announcement drift [J]. Financial Analysts Jour-

nal, 2009, 65 (4): 18 - 32.

[163] Chordia, T. , Shivakumar, L. Earnings and price momentum [J]. Journal of Financial Economics, 2006, 80 (3): 627 - 656.

[164] Chung, D. Y. , Hrazdil, K. Market efficiency and the post-earnings announcement drift [J]. Contemporary Accounting Research, 2011, 28 (3): 926 - 956.

[165] Clement, M. , Frankel, R. , Miller, J. Confirming management earnings forecasts, earnings uncertainty, and stock returns [J]. Journal of Accounting Research, 2003, 41 (4): 653 - 79.

[166] Cohen, L. , Frazzini A. , Malloy C. The small world of investing: Board connections and mutual fund returns [J]. Journal of Political Economy, 2008, 116 (5): 951 - 979.

[167] Cohen, L. , Frazzini, A. Economic links and predictable returns [J]. The Journal of Finance, 2008, 63 (4): 1977 - 2011.

[168] Collins, D. Hribar, P. Earnings-based and accrual-based market anomalies: One effect or two? [J]. Journal of Accounting & Economics, 2000, 29 (1): 101 - 123.

[169] Da, Z. , Engelberg, J. , Gao, P. In search of earnings predictability [R]. Working Paper, 2000.

[170] Daniel, K. , Hirshleifer, D. , Subrahmanyam, A. Investor psychology and security market under-and overreactions [J]. Journal of Finance, 1998, 53 (6): 1839 - 1885.

[171] Dargenidou, C. , Tonks, I. , Tsoligkas, F. Insider trading and the post-earnings announcement drift [J]. Journal of Business Finance & Accounting, 2018, 45 (3 - 4): 482 - 508.

[172] De Long, J. B. , Shleifer, A. , Summers, L. H. , Waldmann, R. J. Noise trader risk in financial markets [J]. Journal of Political Economy, 1990, 98 (4): 703 - 738.

[173] Dechow, P. , Ge, W. , Schrand, C. Understanding earnings quality: A review of the proxies, their determinants and their consequences [J]. Journal of Accounting and Economics, 2010, 50 (2 - 3): 344 - 401.

[174] DellaVigna, S. , Pollet, J. M. Investor inattention and Friday earnings

announcements [J]. The Journal of Finance, 2009, 64 (2): 709 -749.

[175] Diamond, D. , Verrecchia, R. Disclosure, liquidity and the cost of capital [J]. The Journal of Finance, 1991, 46 (4): 1325 -359.

[176] Dontoh, A. , Ronen, J. , Sarath, B. On the rationality of the post-announcement drift [J]. Review of Accounting Studies, 2003, 8 (1): 69 -104.

[177] Drake, M. S. , Guest, N. M. , Twedt, B. J. The media and mispricing: The role of the business press in the pricing of accounting information [J]. The Accounting Review, 2014, 89 (5): 1673 -1701.

[178] Drake, M. S. , Roulstone, D. T. , Thornock, J. R. Investor information demand: Evidence from Google searches around earnings announcements [J]. Journal of Accounting Research, 2012, 50 (4): 1001 -1040.

[179] Durnev, A. A. , Nain, A. S. Does insider trading regulation deter private information trading? International evidence [J]. Pacific - Basin Finance Journal, 2007, 15 (5): 409 -433.

[180] Dyck, A. , Volchkova, N. , Zingles, L. The corporate governance role of the media: evidence from Russia [J]. Journal of Finance, 2008, 63 (3): 1093 -1135.

[181] Dyck, A. , Zingales, L. Private benefits of control: An international comparison [J]. Journal of Finance, 2004, 59 (2): 537 -600.

[182] Dyck, A. , Zingales, L. The corporate governance role of the media. The Right to Tell: The Role of the Media in Development (The World Bank, Washington DC), 2002: 107 -137.

[183] Easton, P. , Gao, G. , Gao, P. Pre-earnings announcement drift [R]. SSRN Working paper, 2010.

[184] Efendi, J. , Jin, D. P. , Smith, L. M. Do XBRL filings enhance informational efficiency? Early evidence from post-earnings announcement drift [J]. Journal of Business Research, 2014, 67 (6): 1099 -1105.

[185] Elliott, J. , Morse, D. , Richardson, G. The association between insider trading and information announcements [J]. Rand Journal of Economics, 1984, 15 (4): 521 -536.

[186] Eshleman, J. D. , Guo, P. The market's use of supplier earnings information to value customers [J]. Review of Quantitative Finance and Accounting,

2014, 43 (2): 405 – 422.

[187] Fama, E. F. , French, K. R. Common risk factors in the returns on stocks and bonds [J]. Journal of Financial Economics, 1993, 33 (1): 3 – 56.

[188] Fama, E. F. , MacBeth, J. D. Risk, return, and equilibrium: Empirical tests [J]. Journal of Political Economy, 1973, 81 (3): 607 – 636.

[189] Fama, E. F. Efficient capital markets: A review of theory and empirical work [J]. Journal of Finance, 1970, 25 (2): 383 – 417.

[190] Fang, L. , Peress, J. Media coverage and the cross-section of stock returns [J]. Journal of Finance, 2009, 64 (5): 2023 – 2052.

[191] Ferguson, A. , Matolcsy, Z. Audit quality and post earnings announcement drift [J]. Asia-Pacific Journal of Accounting & Economics, 2004, 11 (2): 121 – 137.

[192] Ferguson, A. , Matolcy, Z. Does PEAD really exist? University of Technology, Working Paper, 2003.

[193] Fidrmuc, J. P. , Goergen, M. , Renneboog, L. Insider trading, news releases, and ownership concentration [J]. Journal of Finance, 2006, 61 (6): 2931 – 2973.

[194] Finnerty, J. E. Insiders and market efficiency [J]. The Journal of Finance, 1976, 31 (4): 1141 – 1148.

[195] Fischer, P. Drift as an evolutionary outcome. Penn State University Working Paper, 2001.

[196] Forner, C. , Sanabria, S. Post-earnings-announcement drift in Spain and behavioral finance models [J]. European Accounting Review, 2010, 19 (4): 775 – 815.

[197] Foster, G. Intra-industry information transfers associated with earnings releases [J]. Journal of Accounting and Economics, 1981, 3 (3): 201 – 32.

[198] Foster, G. , Olsen, C. , Shevlin, T. Earnings releases, anomalies, and the behavior of security returns [J]. Accounting Review, 1984, 59 (4): 574 – 603.

[199] Francis, J. , Lafond, R. , Olsson, P. , Schipper, K. Information uncertainty and post-earnings-announcement-drift [J]. Journal of Business Finance & Accounting, 2007, 34 (3 – 4): 403 – 433.

[200] Frankel, R. Li, X. The characteristics of a firm's information environment [J]. Journal of Accounting and Economics, 2004, 37 (2): 229 – 259.

[201] Freeman, R. N. , Tse, S. An earnings prediction approach to examining intercompany information transfers [J]. Journal of Accounting and Economics, 1992, 15 (4): 509 – 23.

[202] Freeman, R. , Tse, S. The multiperiod information content of accounting earnings: Confirmations and contradictions of previous earnings reports [J]. Journal of Accounting Research, 1989, 27 (1): 49 – 79.

[203] Freeman, R. E. Management: A Stakeholder Approach [M]. Boston, MA: Pitman, 1984.

[204] Friedman, M. The case for flexible exchange rates [M]. In Essays in Positive Economics, Chicago: The University of Chicago Press (1953): 157 – 203.

[205] Frost, C. A. Loss contingency reports and stock prices: A replication and extension of banks and kinney [J]. Journal of Accounting Research, 1991, 29 (1): 157 – 169.

[206] Garfinkel, J. A. , Sokobin, J. Volume, opinion divergence, and returns: A study of post-earnings announcement drift [J]. Journal of Accounting Research, 2006, 44 (1): 85 – 112.

[207] Gompers, P. , Metrick, A. Institutional investors and equity prices [J]. Quarterly Journal of Economics, 2001, 116 (1): 229 – 259.

[208] Griffin, J. M. , Hirschey, N. H. , Kelly, P. J. How important is the financial media in global markets? [J]. The Review of Financial Studies, 2011, 24 (12): 3941 – 3992.

[209] Griffin, J. M. , Kelly, P. J. , Nardari, F. Do market efficiency measures yield correct inferences? A comparison of developed and emerging markets [J]. The Review of Financial Studies, 2010, 23 (8): 3225 – 3277.

[210] Grossman, S. , Stiglitz, J. On the impossibility of informationally efficient markets [J]. American Economic Review, 1980, 70 (3): 393 – 408.

[211] Gu, F. , Li, J. Q. Insider trading and corporate information transparency [J]. Financial Review, 2012, 47 (4): 645 – 664.

[212] Gu, Z. , Li, Z. , Yang, Y. G. Monitors or predators: The influence of institutional investors on sell-side analysts [J]. The Accounting Review, 2012,

88 (1): 137 – 169.

[213] Hassell, J. , R. Jennings, R. Relative forecast accuracy and the timing of earnings forecast announcements [J]. The Accounting Review, 1986, 61 (1): 58 – 75.

[214] Healy, P. M. , Palepu, K. G. Information asymmetry, corporate disclosure, and the capital markets: A review of the empirical disclosure literature [J]. Journal of Accounting and Economics, 2001, 31 (1 – 3): 405 – 440.

[215] Hertzel, M. G. , Li, Z. , Officer, M. S. , Rodgers, K. J. Inter-firm linkages and the wealth effects of financial distress along the supply chain [J]. Journal of Financial Economics, 2008, 87 (2): 374 – 387.

[216] Hew, D. , Skerrat, L. , Strong, N. , Walker, M. Post earnings announcement drift: Some preliminary evidence for the UK [J]. Accounting and Business Research, 1996, 26 (4): 283 – 293.

[217] Hirshleifer, D. A. , Myers, J. N. , Myers, L. A. , Teoh, S. H. Do individual investors cause post-earnings announcement drift? Direct evidence from personal trades [J]. The Accounting Review, 2008, 83 (6): 1521 – 1550.

[218] Hirshleifer, D. , Lim, S. S. , Teoh, S. H. Limited investor attention and stock market misreactions to accounting information [J]. The Review of Asset Pricing Studies, 2011, 1 (1): 35 – 73.

[219] Hirshleifer, D. , Lim, S. S. , Teoh, S. H. Driven to distraction: Extraneous events and underreaction to earnings news [J]. The Journal of Finance, 2009, 64 (5): 2289 – 2325.

[220] Hirshleifer, D. , Teoh, S. H. Limited attention, information disclosure, and financial reporting [J]. Journal of Accounting and Economics, 2003, 36 (1): 337 – 386.

[221] Hirst, D. E. , Koonce, L. , Venkataraman, S. Management earnings forecasts: A review and framework [J]. Accounting Horizons, 2008, 22 (3): 315 – 338.

[222] Hodge, F. D. , Kennedy, J. J. , Maines, L. A. Does search-facilitating technology improve the transparency of financial reporting? [J]. The Accounting Review, 2004, 79 (3): 687 – 703.

[223] Horton, J. , Serafeim, G. , Serafeim, I. Does mandatory IFRS adop-

tion improve the information environment? [J]. Contemporary Accounting Research, 2013, 30 (1): 388 – 423.

[224] Hou, K. Industry information diffusion and the lead-lag effect in stock returns [J]. The Review of Financial Studies, 2007, 20 (4): 1113 – 1138.

[225] Huang, A. H., Lehavy, R., Zang, A. Y., Zheng, R. Analyst information discovery and interpretation roles: A topic modeling approach [J]. Management Science, 2018, 64 (6): 2833 – 2855.

[226] Huang, X., Li, X., Tse, S., Tucker, J. W. Mandatory vs. voluntary management earnings forecasts in China [R]. SSRN Working paper, 2013.

[227] Huddart, S., Ke, B., Shi, C. Jeopardy, non-public information, and insider trading around SEC 10-K and 10-Q filings [J]. Journal of Accounting and Economics, 2007, 43 (1): 3 – 36.

[228] Hung, M., Li, X., Wang, S. Post-earnings-announcement drift in global markets: Evidence from an information shock [J]. Review of Financial Studies, 2015, 28 (4): 1242 – 1283.

[229] Hutton, A. P., Marcus, A. J., Tehranian, H. Opaque financial reports, R2, and crash risk [J]. Journal of financial Economics, 2009, 94 (1): 67 – 86.

[230] Jaffe, J. The effect of regulation changes on insider trading [J]. The Journal of Business, 1974, 47 (3): 410 – 428.

[231] Jeffrey, N. G., Rusticus, T., Verdi, R. Implications of transaction costs for the post-earnings announcement drift [J]. Journal of Accounting Research, 2008, 46 (3): 661 – 96.

[232] Jegadeesh, N., Titman, S. Returns to buying winners and selling losers: Implications for stock market efficiency [J]. The Journal of Finance, 1993, 48 (1): 65 – 91.

[233] Jensen, M. Some anomalous evidence regarding market efficiency [R]. SSRN, Working Paper, 1978.

[234] Jiang, F., Kim, A. K. Corporate governance in China: A modern perspective [J]. Journal of Corporate Finance, 2015, 32: 190 – 216.

[235] Joe, J. R. Why press coverage of a client influences the audit opinion [J]. Journal of Accounting Research, 2003, 41 (1): 109 – 133.

［236］Kale, J. , Kedia, S. , Williams, R. Product market linkages and managerial risk taking. Working paper, 2013.

［237］Kang, J. K. , Tham, M. , Zhu, M. , 2012. Spillover effects of earnings restatements along the supply chain ［R］. Nanyang Technological University, Singapore, working paper, 2012.

［238］Katz, E. , Haas, H. , Gurevitch, M. On the use of the mass media for important things ［J］. American Sociology Review, 1973, 38 （2）: 340 – 359.

［239］Ke, B. , Huddart, S. , Petroni, K. What insiders know about future earnings and how they use it: evidence from insider trades ［J］. Journal of Accounting and Economics, 2003, 35 （3）: 315 – 346.

［240］Ke, B. , Petroni, K. How informed are actively trading institutional investors? Evidence from their trading behavior before a break in a string of consecutive earnings increases ［J］. Journal of Accounting Research, 2004, 42 （5）: 895 – 927.

［241］Ke, B. , Ramalingegowda, S. Do institutional investors exploit the post – earnings announcement drift? ［J］. Journal of Accounting and Economics, 2005, 39 （1）: 25 – 53.

［242］Kim, D. , Kim, M. A multifactor explanation of post-earnings announcement drift ［J］. Journal of Financial and Quantitative Analysis, 2003, 38 （2）: 383 – 398.

［243］Kim, J. B. , Yu, Z. , Zhang, H. Can media exposure improve stock price efficiency in China and why? ［J］. China Journal of Accounting Research, 2016, 9 （2）: 83 – 114.

［244］Kim, O. , Verrecchia, R. E. Market liquidity and volume around earnings announcements ［J］. Journal of Accounting and Economics, 1994, 17 （1）: 41 – 67.

［245］Kim, Y. , Lacina, M. Park, M. S. Positive and negative information transfers from management forecasts ［J］. Journal of Accounting Research, 2008, 46 （4）: 885 – 908.

［246］Kimbrough, M. D. The effect of conference calls on analyst and market underreaction to earnings announcements ［J］. The Accounting Review, 2005, 80 （1）: 189 – 219.

［247］Kothari, S. P. Capital markets research in accounting ［J］. Journal of

Accounting and Economics, 2001, 31 (1 – 3): 105 – 231.

[248] Kovacs, T. Intra-industry information transfers and the post – earnings announcement drift [J]. Contemporary Accounting Research, 2016, 33 (4): 1549 – 1575.

[249] Kurov, A., Sancetta, A., Strasser, G., Wolfe, M. H. Price drift before US macroeconomic news: Private information about public announcements? [J]. Journal of Financial and Quantitative Analysis, 2019, 54 (1): 449 – 479.

[250] Lakonishok, J., Lee, I. Are insider trades informative? [J]. The Review of Financial Studies, 2001, 14 (1): 79 – 111.

[251] Lasser, D. J., Wang, X., Zhang, Y. The effect of short selling on market reactions to earnings announcements [J]. Contemporary Accounting Research, 2010, 27 (2): 609 – 638.

[252] Lee, Y. J. The effect of quarterly report readability on information efficiency of stock prices. Contemporary Accounting Research, 2012, 29 (4): 1137 – 1170.

[253] Lev, B., Zarowin, P. The boundaries of financial reporting and how to extend them [J]. Journal of Accounting Research, 37 (2): 353 – 385.

[254] Li, H., Tse, S. Y. Can supplementary disclosures eliminate post-earnings-announcement drift? The Case of Management Earnings Guidance [R]. SSRN Working Paper, 2008.

[255] Li, X., Heidle, H. Information leakage and opportunistic behavior before analyst recommendations: An analysis of the quoting behavior of NASDAQ market makers [R]. SSRN Working Paper, 2004.

[256] Liang, L. Post-earnings announcement drift and market participants' information processing biases [J]. Review of Accounting Studies, 2003, 8 (2 – 3): 321 – 345.

[257] Liu, B., McConnell, J. J. The role of the media in corporate governance: Do the media influence managers' capital allocation decisions? [J]. Journal of Financial Economics, 2013, 110 (1): 1 – 17.

[258] Livnat, J., Mendenhall, R. Comparing the post-earnings-announcement drift for surprises calculated from analyst and time series forecasts [J]. Journal of Accounting Research, 2006, 44 (1): 177 – 205.

[259] Louis, H. , Robinson, D. Do managers credibly use accruals to signal private information? Evidence from the pricing of discretionary accruals around stock splits [J]. Journal of Accounting and Economics, 2005, 39 (2): 361 –380.

[260] Louis, H. , Sun, A. X. Earnings management and the post – earnings announcement drift [J]. Financial Management, 2011, 40 (3): 591 –621.

[261] Louis, H. , White, H. Do managers intentionally use repurchase tender offers to signal private information? Evidence from firm financial reporting behavior [J]. Journal of Financial Economics, 2007, 85 (1): 205 –233.

[262] Lundholm, R. , Myers, L. A. Bringing the future forward: The effect of disclosure on the returns-earnings relation [J]. Journal of Accounting Research, 2002, 40 (3): 809 –839.

[263] Lustgarten, S. , Mande, V. Financial analysts' earnings forecasts and insider trading [J]. Journal of Accounting and Public Policy, 1995, 14 (3): 233 – 261.

[264] Mande, V. , Kwak, W. Do Japanese analysts overreact or underreact to earnings announcements? [J]. Abacus, 1996, 32 (1): 81 –101.

[265] Manne, H. G. Insider trading and the stock market. New York: Free Press, 1966: 131 –141.

[266] Mendenhall, R. R. Arbitrage risk and post-earnings-announcement drift [J]. The Journal of Business, 2004, 77 (4): 875 –894.

[267] Mendenhall, R. R. How naive is the market's use of firm-specific earnings information? [J]. Journal of Accounting Research, 2002, 40 (3): 841 – 63.

[268] Menzly, L. , Ozbas, O. Market segmentation and cross-predictability of returns [J]. The Journal of Finance, 2010, 65 (4): 1555 –1580.

[269] Milian, J. A. Unsophisticated arbitrageurs and market efficiency: Overreacting to a history of underreaction? [J]. Journal of Accounting Research, 2015, 53 (1): 175 –220.

[270] Mitchell, M. L. , Mulherin, J. H. The impact of public information on the stock market [J]. The Journal of Finance, 1994, 49 (3): 923 –950.

[271] Narayanamoorthy, G. Conservatism and cross-sectional variation in the post-earnings announcement drift [J]. Journal of Accounting Research, 2006, 44

(4): 763 – 789.

[272] Ng, J., Rusticus, T. O., Verdi, R. S. Implications of transaction costs for the post-earnings announcement drift [J]. Journal of Accounting Research, 2008, 46 (3): 661 – 696.

[273] O'Brien, P. C., Bhushan, R. (1990). Analyst following and institutional ownership [J]. Journal of Accounting Research, 1990, 28: 55 – 76.

[274] Pandit, S., Wasley, C. E., Zach, T. Information externalities along the supply chain: The economic determinants of suppliers' stock price reaction to their customers' earnings announcements [J]. Contemporary Accounting Research, 2011, 28 (4): 1304 – 1343.

[275] Pastor, L., Veronesi, P. Stock valuation and learning about profitability [J]. Journal of Finance, 2003, 58 (5): 1749 – 1789.

[276] Patatoukas, P. N. Customer-base concentration: Implications for firm performance and capital markets [J]. The Accounting Review, 2012, 87 (2): 363 – 392.

[277] Peress, J. Media coverage and investors' attention to earnings announcements [R]. Working Paper, 2008.

[278] Peress, J. The media and the diffusion of information in financial markets: Evidence from newspaper strikes [J]. The Journal of Finance, 2014, 69 (5): 2007 – 2043.

[279] Petersen, M. Estimating standard errors in finance panel data sets: Comparing approaches [J]. Review of Financial Studies, 2009, 22 (1): 435 – 480.

[280] Piotroski, J. D., Roulstone, D. T. Do insider trades reflect both contrarian beliefs and superior knowledge about future cash flow realizations? [J]. Journal of Accounting and Economics, 2005, 39 (1): 55 – 81.

[281] Rajgopal, S., Venkatachalam, M. Financial reporting quality and idiosyncratic return volatility [J]. Journal of Accounting and Economics, 2011, 51 (1 – 2): 1 – 20.

[282] Ramnath, S. Investor and analyst reactions to earnings announcements of related firms: An empirical analysis [J]. Journal of Accounting Research, 2002, 40 (5): 1351 – 1376.

［283］ Rangan, S. , Sloan, R. G. Implications of the integral approach to quarterly reporting for the post-earnings-announcement drift ［J］. Accounting Review, 1998, 73 (3): 353 – 371.

［284］ Ravina, E. , and Sapienza, P. , 2010. What do independent directors know? Evidence from their trading ［J］. Review of Financial Studies, 23 (3), 962 – 1003.

［285］ Richardson, S. , Sloan, R. G. , Soliman, M. T. , Tuna, I. Accrual reliability, earnings persistence and stock prices ［J］. Journal of Accounting and Economics, 2005, 39 (3): 437 – 85.

［286］ Rozeff, M. , Zaman, M. Overreaction and insider trading: evidence from growth and value portfolios ［J］. The Journal of Finance, 1998, 53 (2): 701 – 716.

［287］ Sadka, G. , Sadka, R. The post-earnings-announcement drift and liquidity risk ［R］. SSRN Working paper, 2004.

［288］ Sadka, R. Momentum and post-earnings-announcement drift anomalies: The role of liquidity risk ［J］. Journal of Financial Economics, 2006, 80 (2): 309 – 349.

［289］ Shivakumar, L. Accruals, cash flows and the post-earnings-announcement drift ［J］. Journal of Business Finance & Accounting, 2006, 33 (1 – 2): 1 – 25.

［290］ Shleifer, A. , Vishny, R. 1997. The limits of arbitrage ［J］. Journal of Finance, 1997, 52 (1): 35 – 55.

［291］ Soffer, L. C. , Lys, T. Post-earnings announcement drift and the dissemination of predictable information ［J］. Contemporary Accounting Research, 1999, 16 (2): 305 – 331.

［292］ Tetlock, P. C. Does public financial news resolve asymmetric information? ［J］. The Review of Financial Studies, 2010, 23 (9): 3520 – 3557.

［293］ Tetlock, P. C. Giving content to investor sentiment: The role of media in the stock market ［J］. Journal of Finance, 2007, 62 (3): 1139 – 1168.

［294］ Tetlock, P. C. , Saar-Tsechansky, M. , Macskassy, S. More than words: Quantifying language to measure firms' fundamentals ［J］. Journal of Finance, 2008, 63 (3): 1437 – 67.

[295] Truong, C. Post earnings announcement drift and the roles of drift – enhanced factors in New Zealand [J]. Pacific-Basin Finance Journal, 2010, 18 (2): 139 – 157.

[296] Truong, C. Post-earnings announcement abnormal return in the Chinese equity market [J]. Journal of International Financial Markets, Institutions & Money, 2011, 21 (5): 637 – 661.

[297] Udpa, S. C. Insider trading and the information content of earnings [J]. Journal of Business Finance & Accounting, 1996, 23 (8): 1069 – 1095.

[298] Wang, C. J. An examination of the impact of voluntary disclosure on post-earnings announcement drift [R]. SSRN Working paper, 2008.

[299] Wang, J. , Ye, K. Media coverage and firm valuation: Evidence from China [J]. Journal of Business Ethics, 2015, 127 (3): 501 – 511.

[300] Watts, R. Conservatism in Accounting. Working paper, Simon School of Business, University of Rochester, 2002.

[301] Watts, R. L. Systematic "abnormal" returns after quarterly earnings announcements [J]. Journal of Financial Economics, 1978, 6 (2 – 3): 127 – 150.

[302] Waymire, G. Additional evidence on the information content of management earnings forecasts [J]. Journal of Accounting Research22, 1984, 22 (2): 703 – 719.

[303] Wisniewski, T. P. , Bohl, M. T. The information content of registered insider trading under lax law enforcement [J]. International Review of Law and Economics, 2005, 25 (2): 169 – 185.

[304] Wurgler, J. , Zhuravskaya, K. Does arbitrage flatten demand curves for stocks? [J]. Journal of Business, 2002, 75 (4): 583 – 608.

[305] Yan, X. , Zhang, Z. Institutional investors and equity returns: Are short – term institutions better informed? [J]. Review of Financial Studies, 2009, 22 (2): 893 – 924.

[306] Yoon, H. , Zo, H. , Ciganek, A. P. Does XBRL adoption reduce information asymmetry? [J]. Journal of Business Research, 2011, 64 (2): 157 – 163.

[307] Yu, F. F. Analyst coverage and earnings management [J]. Journal of

Financial Economics, 2008, 88 (2): 245 – 271.

[308] Zhang, L. The effect of ex ante management forecast accuracy on the post-earnings-announcement drift [J]. The Accounting Review, 2012, 87 (5): 1791 – 1818.

[309] Zhang, Q. , Cai, C. X. , Keasey, K. Market reaction to earnings news: A unified test of information risk and transaction costs [J]. Journal of Accounting and Economics, 2013, 56 (2 – 3): 251 – 266.

[310] Zhang, X. F. Information uncertainty and stock returns [J]. The Journal of Finance, 2006, 61 (1): 105 – 137.

[311] Zheng, L. Short sales and post earnings announcement drift [R]. SS-RN Working paper, 2009.

[312] Zhu, C. , Wang, L. Insider trading under trading ban regulation in China's A – share market [J]. China Journal of Accounting Research, 2015, 8 (3): 169 – 191.

后　记

　　本书是在我博士学位论文的基础上修改形成的。在本书付印之际，我尤其感谢我的博士导师魏明海教授。这篇博士论文的完成，离不开魏老师在我攻读博士阶段对我的持续训练以及在博士论文写作过程中的不倦指导。魏老师对于这篇博士论文的完成付出了大量心血。能成为魏老师的门生是我一直以来的庆幸。感谢魏老师作为引路人将我从懵懂的学术"小白"引领至这个睿智和充满魅力的学术思辨殿堂。我至今仍深刻地记得魏老师在大四会计理论课上给我们教授的财务与会计研究范式。魏老师渊博的学识和独到的见解令我印象深刻且敬佩至今。我也依然记得我在魏老师指导下完成的第一个研究课题——中国企业的产权不完备性与股权"异象"。在此过程中，魏老师与我讨论了不下十次，且在每次跟我讨论之前均会将相关材料打印出来并逐一进行批阅和修改，让我近距离地感受到魏老师作为一名科研工作者对待学术毫不懈怠和勤勤恳恳的态度。无论是对待学术研究的热情，还是严谨扎实的治学态度，魏老师都一直是我学习的榜样。感谢魏老师在我求学道路上毫无保留地授业解惑，有目的和规划地锻炼我的科研能力，并在我迷茫的时候及时指引方向。感谢魏老师对我学术生涯的尽心尽责，不仅授予我做学问的方法，更时常言传身教塑造我做学问、做老师的态度，这些宝贵的经验和知识将作为引领我未来学术和教师生涯的明灯。感谢魏老师给予的点点滴滴，学生将受益终身。师恩如山，永生难忘！

　　感谢我的副导师郑国坚教授。感谢郑老师在学术上对我的谆谆教导，博士阶段第一篇实证论文便是在郑老师的指导下完成的；在完成博士论文的过程中，郑老师为我专门组织了多次讨论并指点迷津，帮助我不断完善论文的研究框架；读博生涯道阻且长，感谢郑老师在我论文屡投屡拒的情况下给予我的莫大支持和鼓励，让我越挫越勇，重拾自信。也正是与郑老师亦师亦兄的关系，日常生活中的一些烦恼，我常常会寻求郑老师的帮助，郑老师也不厌其烦地为我出谋划策。郑老师性格直爽，平易近人，这些年来与郑老师的交往就像"润物细无声"，我的许多为人处世方式、生活态度等都受到了郑老师潜移默化的影响。

感谢我的博士论文答辩委员会成员姜付秀教授、梁彤缨教授、辛宇教授、万良勇教授、曹春方教授，他们对论文提出了许多宝贵的意见和建设性的修改方向，帮助我提升了论文的框架、逻辑和写作水平。

感谢我的本科论文导师谭燕教授。本科论文是我第一篇完成度较高的学术论文，这要感谢谭燕老师对我本科论文的细致指导。也正是谭老师对待学术认真严谨的态度让我在本科阶段便认识到做学问的挑战和乐趣，从而加深了读博的决心。我也非常感谢中山大学管理学院的谭劲松教授、刘峰教授、林斌教授、徐莉萍教授、辛宇教授、刘运国教授、唐清泉教授、张俊生老师、曹春方老师、郑颖老师、吴兆旋老师、龚凯颂老师和蔡祥老师等会计系各位老师在本科阶段和硕博阶段对我的教导和帮助。中山大学管理学院会计系的老师们在教学方面尽心尽责，让我在本科和硕士阶段打下了比较扎实的专业素养；各位老师在平时也非常平易近人，让我感受到"中大会计大家庭"的温暖。

特别感谢美国罗德岛大学的林秉旋教授。林老师在我于美国罗德岛大学访问交流期间给予了我莫大的帮助，在写作博士论文过程中林老师也提出了许多专业独到的建议，使我获益匪浅。独自一人前往美国，一开始我是比较畏惧的，感谢林老师对我的照顾，让我在异国他乡也能够感到温暖。我也十分感谢香港理工大学的葛锐老师，感谢葛老师对我科研能力的认可，并带领我一起合作研究，同时也教会我在学术研究过程中将细心与严谨铭记于心。感谢香港中文大学的张田余教授。张老师为人谦和、学识渊博、治学严谨。感谢张老师在香港中文大学期间给予我悉心的指导和无微不至的关怀。

感谢暨南大学管理学院的黎文靖教授、中山大学岭南学院的柳建华老师和卢锐教授，他们既是我的老师，在学业上对我尽心指导；同时也是我的同门师兄，在生活上对我无限关怀。感谢岭南学院的罗党论教授，与罗老师的讨论总是妙趣横生，总是能够帮助开拓我的研究思路，灵感倍增。另外，感谢中大会计系的师兄师姐们，尤其是舒伟师兄、程敏英师姐、曹健师兄、林东杰师兄、李旎师姐、李晶晶师姐和陈姝师姐，感谢他们在日常学习生活中的照应和帮忙。感谢余德淦师兄，感谢他在美国对我的悉心照顾，帮助我逐渐适应陌生的环境，祝愿他回国后一切顺利。我也要特别感谢刘赔俊师兄、郑泽鑫师兄、韩聪师兄和吴立扬师姐，与他们的交流让我领略到学术研究之外的实务之美，他们丰富的人生阅历和处事原则将会是我一直学习的榜样。

　　在求学的道路上，感谢有良师指点迷津；而在单调的博士求学生涯中，我也非常庆幸能有一群好友相伴。感谢黎文飞、刘梦宁、彭杰、余雷、曹邦宇、朱海宁、叶敏健和马新啸等好友，他们在我需要帮助的时候义无反顾地伸出援手，给我的博士生活增添了许多乐趣，感谢他们给我的持续鼓舞，让我多了几分勇气可以更加坚定地走下去。

　　非常感谢家人对我选择读博的包容和理解。作为一个从农村走出来的大学生，本科毕业后选择继续攻读硕博无疑是一个重大的决定，这也给家庭带来了较重的经济负担。作为家里的长子，我本应早点进入社会赚取经济收入让父母能够安享晚年。父母一开始并不太同意我读博这个决定，但在我的坚持之下也慢慢得到了他们的理解和支持。我的父母亲年岁渐长，身体容易突发各种问题。每当看着父母斑驳的白发，我都会反复拷问自己选择读博是不是一个正确的选择。感谢父母的等待，感谢他们对于我选择读博的理解。感谢我的兄弟姐妹，他们在我读博期间替我分担照顾和陪伴父母的责任。感谢我的太太徐悦，非常庆幸我俩最终走到一起，也感谢她对我一直以来的支持和鼓励。

蔡贵龙

2022 年 2 月于康乐园